곽준혁 중국 중산대학교 철학과 교수

박세일 서울대학교 명예교수

강신준 동아대학교 경제학과 교수

최장집 고려대학교 명예교수

장대익 서울대학교 자유전공학부 교수

홍성욱 서울대학교 생명과학부 교수

오세정 서울대학교 명예교수

고전 강연 5

근대 사상과 과학

문화의 안과 밖

고전 강연

곽준혁
박세일
강신준
최장집
장대익
홍성욱
오세정

5
근대 사상과
과학

민음사

머리말

『고전 강연』은 네이버 문화재단이 지원하는 '문화의 안과 밖' 강연의 두 번째 시리즈 '오늘을 성찰하는 고전 읽기'를 책으로 엮은 것이다. '문화의 안과 밖'은 오늘날 학문의 여러 분야에서 문제가 될 만한 주제들을 다루면서, 학문의 현재 위상에 대한 일단의 성찰을 시도하고 그 기초의 재확립에 기여할 것을 목표로 한 기획이었다.

지금까지 우리 학문의 기본자세를 결정한 것은 긴급한 시대의 부름이었다. 이는 정당한 것이면서도, 전통적으로 학문의 사명으로 정의되어 왔던 진리 탐구의 의무를 뒷전으로 밀리게 하는 일이기도 했다. 그리하여 새삼스럽게 상기할 필요가 있는 것은 진리에 대한 추구가 문화의 핵심에 자리할 때 건전한 사회가 유지될 수 있다는 사실이다. 그리고 그에 비추어서만 현실 문제에 대한 진정한 해답도 찾을 수 있다.

'문화의 안과 밖'은 학문적 기준을 지키면서도 일반 청중에 열려 있는 강연 시리즈다. 일반 청중과의 대화는 학문 자체를 위해서도 중요한 의미를 지닌다. 그것은 특별한 문제에 집중하여 전문적으로 연구하는 학문을 보다 넓은 관점에서 되돌아보게 한다. 사회적 열림은 자연스럽게 학문이 문화 일반과 맺는 관련을 생각하게 한다. 그리고 그에 요구되는 다면적 검토는 학문 상호 간의 대화를 자극할 것이다.

그리하여 넓어지는 학문적 성찰은 당면하는 문제의 궁극적인 배경으로서 보편성의 지평을 상정할 수 있게 한다. 가장 넓은 의미에서의 건전한 사회의 바탕은 여기에 이어져야 마땅하다고 할 수 있다.

그러나 너무 넓은 관점에서 시도되는 성찰은 지나치게 일반적이고 추상적인 것이 되어 학문적 사고가 태어나는 구체적 정황을 망각하게 할 수 있다. 현실에 대한 개념적 이해는 학문이 추구하는 목표의 하나다. 이에 못지않게 중요한 것은 그러한 개념과 이해가 생성되는 이해의 동역학이다. 이것을 생각하게 하는 계기의 하나는 고전 텍스트의 주의 깊은 독서일 것이다. 그러나 고전이 된 텍스트는 새로이 해석되어야 비로소 살아 움직이는 현실로서 이해될 수 있다. 해석은 텍스트에 충실하면서 그것이 오늘의 삶에 지니는 의미를 생각해 보는 작업이다. 또 고전이 동시대에 지녔던 자리와 의미를 알아보는 일도 필요하다. 이러한 동시대적 의미를 밝힘으로써 고전은 삶의 핵심적 사건으로서 구체성을 얻게 되고, 오늘의 삶의 조명에 도움을 줄 수 있다.

물론 고전을 읽는 데에 한 가지 고정된 접근 방법이 있는 것은 아니다. 선택된 고전을 어떻게 읽느냐 하는 것은 고전의 독특한 성격에 따라, 또 강연자의 관심에 따라 다를 수밖에 없다. 접근 방법을 고정하는 것은 고전을 통하여 사회의 정신을 넓히고 깊게 하는 것이 아니라 그것을 좁히고 옅게 하는 일이 될 것이다.

이번 고전 강연 시리즈에서 다루는 텍스트는 50여 권에 한정된다. 이를 선택하는 것은 극히 어려운 일이었다. 우리는 강연에서 다루는 고전들이 다른 고전 텍스트로 나아가는 길을 열기를 희망한다. 시리즈의 처음, 1권에 자리한 여러 고전 전통에 대한 글은 보다 넓은 고전들의 세계로 나가는 길잡이로서 계획된 것이다. 고전 읽기가 우리 문화의 안과 밖을 넓히고 깊이 있게 하는 데 도움이 되기를 바란다.

문화의 안과 밖 자문위원회

참주와 다수의 협주곡

마키아벨리의 『군주론』 읽기

곽준혁 (중국 중산대학교 철학과 교수)

니콜로 마키아벨리(Niccoló Machiavelli, 1469~1527)

피렌체에서 4남매 중 셋째로 태어났다. 인문학에 대한 열정이 큰 아버지 덕분에 넉넉지 않은 형편에도 최고의 선생들에게서 라틴어와 문법 등을 배우며 기초를 쌓았다. 1495년 공직에 진출, 특히 외교와 전쟁 업무를 담당하며 능력을 인정받았다. 1512년 피렌체 공화정이 몰락하고 메디치가(家)가 정권을 장악하면서 서기장직에서 파직당하고 추방당하는 수모를 겪었다. 이 시기 산탄드레아의 산장에 칩거하며 『군주론』을 집필, 1513년에 탈고했다. 1526년 복귀했지만 혼란스러운 정국 속에서 다음 해 실각하고 얼마 지나지 않아 세상을 떠났다.

『군주론』은 정치권력의 획득과 유지를 위한 방법을 서술한 책으로 도덕과 구별되는 정치 고유의 영역을 주장하여 근대 정치사상의 기원이 되었다. 이외에도 『정략론』, 『로마사론』, 『전략론』, 『피렌체사』 등의 저서를 남겼다.

1 『군주론』의 아이러니

이탈리아 정치철학자 베네데토 크로체가 "아마도 풀리지 않을 문제"라고 고백한 것처럼,[1] 니콜로 마키아벨리의 저술들은 많은 수수께끼를 담고 있다. 기독교 윤리를 들먹이며 마키아벨리를 악마라고 지칭한 프리드리히 대왕의 비난처럼 '악의 교사'라 불리기도 하고, 이탈리아의 민족적 열망에 사로잡힌 조각가 스피나치가 마키아벨리의 가묘에 새겨 놓았듯이 "어떤 찬사도 그의 이름에 걸맞지 않다."라는 존경을 받기도 한다. 그리고 이러한 상반된 평가의 중심에『군주론』이 있다.

사실 아이러니는『군주론』이라는 제목에서부터 시작된다. 마키아벨리가 붙인 최초의 라틴어 제목을 글자 그대로 옮기면 '군주정에 대하여(De Principatibus)'이고, 이탈리아 말로는 'Sui Principati'로 옮겨야 했다. 그러나 1532년 블라도(Antonio Blado)가 교황 클레멘스 7세의 허가를 받기 위해 제목에 수정을 가한 후, 최초의 라틴어 제목은 지금의 '군주(Il Principe)'로 바뀌고 말았다. 그리고 동북아시아에서는 최초 일본어 번역본인 1886년『君論』을 따라 '론(論)'을 붙여『군주론(君主論)』으로 정착되었다. 최초의 라틴어 제목이 초대 로마 황제가 로마 공화정의 계승자임을 선전하기 위해 사용한 '원로원의 수장(princeps senatus)'이라는 말을 연상시킨다는 점을 고려할 때, 로마 공화정과 제정의 오묘한 결합을 상징하는 책의 원뜻을 전달하기에는 '군주'도 '군주론'도 턱없이 부족할 뿐이다.

또한『군주론』이 언제 그리고 누구에게 헌정되었는지도 수수께

참주와 다수의 협주곡

끼다. 1513년에 탈고된 사실에 대해서는 이견이 없지만, 마키아벨리가 최초에 의도한 대로 줄리아노에게 헌정했는지, 아니면 헌정사에 기록된 것처럼 줄리아노의 조카인 로렌초 메디치에게 바쳤는지는 확실하지 않다. 후자의 경우라고 해도, 대상이 바뀐 이유가 무엇인지, 로렌초에게 헌정되었는지, 로렌초가 읽었는지, 어느 것도 분명하지 않다.[2] 몇몇 필사본에는 1514년 12월 30일에 사망한 루이 12세가 "현재 프랑스 왕(El re di Francia presente)"이라고 명기되어 있기에,[3] 1516년 줄리아노가 죽어서 그에게 줄 수 없었을 것이라고 단정하기도 어렵다. 또한 모든 필사본이 하나같이 1516년 1월 23일에 사망한 페르난도 2세를 "현재 스페인 왕(El re di Spagna presente)"으로 표기하고 있기에,[4] 1516년까지 원고가 조금씩 첨삭되었다는 주장을 완전히 배제할 수도 없다.

이렇듯 헌정의 대상과 필사본의 차이를 두고 학자들 간에 논쟁이 그치지 않는 이유는 바로 『강의(Discorsi)』(1517) 때문이다. 『강의』가 공화정에 대한 저술이고, 『군주』가 군주정에 대한 저술이라는 일반적 기준에서 볼 때, '어떻게 동일한 저자가 상반되는 정치 체제에 대해 똑같은 비중을 둔 주장을 전개할 수 있느냐?'라는 의문이 생기는 것이다. 그러나 제목만 고려해도, 조금 다른 각도에서 이러한 의문에 접근할 수 있다. 비록 우리는 『로마사 논고(ローマ史論考)』라는 일본식 제목을 쓰고 있지만, 『강의』의 원래 제목은 '리비우스 첫 열 권에 대한 강의(Discorsi sopra la prima deca di Tito Livio)'이다. 즉 『강의』는 리비우스의 『도시의 건설로부터(Ab Urbe Condita)』에 내재된 로마 공화정의 붕괴와 로마 제정의 시작이 교차하는 순간의 시대적 열망을 공유하

고, 리비우스가 환기하려는 로마 공화정의 역사를 어떻게 수용하고 극복할 것인지를 동시에 설명하고 있는 것이다.

따라서 두 저술은 헌정의 대상과 논의의 주제가 초래하는 차이만큼이나 동일한 정치적 태도를 전달한다. 특히 두 가지 점에 주목할 필요가 있다. 첫째, 마키아벨리는 공화정에도 '제왕적 권력(potestà regia)'을 가진 '한 사람(uno solo)' 또는 왕국에서나 볼 수 있는 정치권력의 행사가 필요할 때가 있다는 점을 부각한다.[5] 둘째, 그는 군주정에서도 '다수' 또는 '인민'의 '지배받지 않고자 하는 욕구'를 충족시키는 것, 즉 인민의 자유를 보장해 주는 것이 정치 체제의 존속에 가장 중요한 조건이라는 점을 강조한다.[6] 그러기에 『군주』와 『강의』는 모두 군인보다 인민이 중요하다는 사실을 무시한 채 용병에게 매달리는 권력자들에 대한 한탄을 담고 있고, 두 저술 모두 개방적이고 강력했던 로마 공화정보다 폐쇄적이고 조용한 베네치아 공화정을 선호했던 귀족들에 대한 절망을 대변하고 있다.

2 두 가지 역설

이 글에서 필자는 『군주론』에 담겨 있는 또 다른 수수께끼를 다루려고 한다. 어떻게 보면 무척이나 익숙하게 느껴지기도 하지만, 결코 간단하지 않은 마키아벨리의 감추어진 얼굴 중의 하나를 소개하려고 하는 것이다. 그리고 이 감추어진 얼굴에 '참주와 다수의 협주곡(協奏曲)'이라는 이름을 붙여 보았다. 정치철학적 설명에 이렇듯 시적인 이름을 붙인 이유는 마키아벨리의 문장이 '신의 글(divina prosa)'이라는 평가를 받을 만큼 미학적으로 탁월했기 때문만은 아니다. 보다 직접적인 이유는 마키아벨리가 '정치적 성찰'과 '시적 가능성'의 결합을 통해 소수가 아니라 다수가, 귀족이 아니라 인민이 역사의 주인공이 되는, 당시로서는 상상하기 힘든 역설을 꿈꾸었기 때문이다.

누가 설득의 대상인가?

보다 구체적으로, 크게 두 가지 측면을 부각하고자 한다. 첫째, 마키아벨리의 『군주론』에 내재한 수사적 특징이다. 이때 '수사적' 특징은 마키아벨리가 자신의 저술을 통해 '누구'를 '어떻게' 설득하려 했느냐는 질문과 관련된다. 종종 이 질문은 인간의 본성과 관련된 마키아벨리의 인식론적 측면이나, 당시 지배적 담론과의 유사성에 초점을 둔 이념적 측면과 혼동되기도 한다. 그러나 『군주론』의 시대적 맥락이나 저술의 형식만으로는 살펴볼 수 없는 수사적 측면이 존재한다. 즉 '군주론'은 출판을 염두에 둔 저술인가 아니면 특정인 또는 특정 집단을 설득하기 위한 저술인가?' 그리고 '그가 누구에게 무엇을 가르치려고 했는가?'와 같은 질문에 답하고자 한다면, 시대적 맥락과 장르적 계통을 넘어 저술에 내재된 구체적인 설득의 내용과 방법을 들여다보아야만 한다는 것이다.

기존의 대답은 크게 세 가지 범주로 나뉘어 전개되었다. 첫째는 『군주론』을 거시적 안목을 담았다기보다 이탈리아의 해방을 위한 실용적이고 전략적인 구상을 담은 저술로 이해해야 한다는 입장이다. 마키아벨리의 『군주론』이 정치 현상에 대한 과학적인 분석을 담고 있고, 어떤 정치적 이념과 도덕적 굴레에도 구애받지 않는 정치만의 독립되고 자율적인 판단의 근거를 제시하고 있다는 견해도 이 범주에 포함된다. 둘째는 마키아벨리가 『군주론』을 집필한 후 공화주의자로 전향했다는 견해이다. 『군주론』의 탈고 시기와 관련된 오랜 문헌학적 논쟁이 반영하듯, 이러한 입장에서는 마키아벨리가 『군주론』과 『강의』를 저술한 목적과 태도가 달랐다고 해석한다. 셋째는 『군주론』의 대상이 군주가 아니라 시민이며, 동일한 맥락에서 『군주론』은 군주를 위한 교본이 아니라 공화정을 꿈꾸는 일반 시민을 위한 저술이라고 보는 입장이다. 이러한 입장은 프랑스의 사상가 루소가 "마키아벨리는 군주가 아니라 인민을 가르치고자 했음에도 피상적인 독서에 희생되었다."라고 개탄한 이후,7 혁명과 변혁의 시기마다 다시 등장하는 견해이다.

필자의 해석은 세 가지 입장 모두와 조금씩 차이가 있다. 『군주론』이 구체적인 행동 지침을 담고 있다는 점에서는 첫 번째 입장과 큰 차이가 없다. 그러나 마키아벨리가 정치 현상에 대한 과학적 분석을 제공하려 했다는 견해는 받아들이기 어렵다. 왜냐하면 마키아벨리의 설득은 그 목적이 매우 당파적이고, 예측 가능성과 객관성에 바탕을 두기보다 불확실성과 개연성에 주목하는 행동을 요구하고 있기 때문이다.

사실 『군주론』이나 『강의』를 꼼꼼하게 숙독한 독자는 마키아벨리의 조언에 무수히 많은 모순이 존재한다는 것을 알 수 있다. 비슷한 조건에 동일한 행동도 어떤 경우에는 칭찬을 받고 어떤 경우에는 비난을 받는다. 또한 결과가 만족스럽다고 반드시 칭찬을 받는 것도 아니다. 따라서 마키아벨리의 일관성 없는 평가들은 독자에게 보다 깊은 고민을 요구하고, 이러한 고민은 그의 모순된 제안들이 내포하는 또 다른 통찰을 얻는 계기를 제공한다. 즉 마키아벨리의 『군주론』이 현직에 있는 군주 또는 정치권력을 쟁취할 수 있는 능력을 가진 잠재적 군주들을 대상으로 한 것은 맞지만, 그러한 인물들을 설득하고자 하는 뚜렷한 수사적 목적을 가지고 있었으며, 그 목적은 마키아벨리가 궁극적으로 실현하고자 했던 정치적 구상과 결코 분리될 수 없다는 것이다.

두 번째 견해는 『군주론』과 『강의』가 거의 같은 시기에 저술되었다는 문헌학적 자료들을 통해 이미 많은 비판을 받고 있으므로 자세한 반박은 불필요할 것 같다. 다만 전술한 바와 같이 『군주론』과 『강의』는 군주정과 공화정 모두에 적용할 수 있는 정치적 조언을 전달하고 있고, 다수의 '지배받지 않으려는 욕구'와 소수의 '지배하고자 하는 욕구'의 긴장에 대한 일관된 설명은 두 저술이 헌정 대상의 차이에도 불구하고 동일한 정치적 전망을 갖고 있음을 짐작하기에 부족함이 없다는 점을 거듭 강조하고자 한다.

세 번째 입장은 마키아벨리의 '민중주의적'인 측면이 부각되면서 다시 각광을 받고 있는 견해이다. 물론 마키아벨리의 저술은 민중주의적인 측면을 강하게 표출하고 있다. 이러한 측면은 종종 부패한 사회를 개혁하기 위해 '제왕적 권력'이 필요하다는 마키아벨리의 조언과 함께 파시즘의 맹아로 비난받기도 하고,[8] 그람시(Antonio Gramsci)가 그러했던 것처럼 정치를 모르는 혁명 계층을 계도하기 위한 노력으로 칭송을 받기도 한다.[9]

문제는 『군주론』이 혁명의 시기마다 보여 준 '계몽주의적' 역할에도 불구하고, 마키아벨리가 처음부터 대중 또는 일반 시민을 대상으로 『군주론』을 집필했는지는 불확실하다는 점이다. 주지하다시피 『군주론』은 마키아벨리가 죽은 이후에 출판되었고, 출판되기 전부터 수기로 된 책이 돌아다녔지만 이것을 읽고 토론할 수 있는 사람은 당시로서는 매우 제한적이었다. 게다가 마키아벨리는 권력의 주변에 있는 사람들이 받아들이기 힘든 정치적 전망을 설명하고자 했기에, 『군주론』이 처음부터 시민 또는 인민을 대상으로 했다는 주장을 그대로 받아들이기는 힘들다. 오히려 '지배하려는 욕구'를 가진 '소수'가 설득의 대상이었다고 보는 것이 더욱 자연스럽다.

어떤 공화주의자인가?

두 번째로 중요한 주제는 마키아벨리의 『군주론』에 내재된 '공화주의'이다. 최근까지 '마키아벨리즘'이라는 냉소적 비난으로부터 마키아벨리를 구제하기 위한 노력은 크게 두 가지 방향으로 나타났다. 하나는 마키아벨리의 저술에서 브루니(Leonardo Bruni)로 대표되는 '시민적 공화주의'를 찾아내려는 노력이고, 다른 하나는 마키아벨리로부터 근대 자유주의의 맹아를 찾으려는 경향이다.

결론부터 말하자면, 전자는 마키아벨리가 아리스토텔레스의 철학적 성찰로부터 상당히 이탈한 사실을 과소평가했을 뿐만 아니라 당시 시민적 공화주의에 내재했던 귀족주의적 속성에 마키아벨리가 강하게 반발했다는 사실을 간과했고, 후자는 '지배하려는 욕구'를 가진 '소수'가 마키아벨리의 공화주의에서 갖는 의미에 무관심했다.

시민적 공화주의 또는 시민적 인문주의(Bürgerhumanismus)는 밀라노의 참주 비스콘티(Giangaleazzo Visconti)의 절대주의 정치 공세에 대항하기 위한 인문주의자들의 공화주의 운동을 일컫는 것으로, '철학적 삶(vita contemplativa)'에 매몰되었던 14세기 인문주의자들과는 달리 '정치적 삶(vita activa)'을 지향했던 15세기 인문주의자들의 학문적 자세를 부각하기 위해 만들어진 명칭이다. 시민적 공화주의를 주된 흐름으로 보는 입장에서, 르네상스 시대 정치 문화는 개인주의의 출현에 조응하는 전제 정치의 만연으로 단순화되지 않는다.[10] 대신 시민적 자유와 정치적 참여를 내용으로 하는 아리스토텔레스 정치철학이 부활함으로써, 시민적 공화주의가 주된 흐름으로 간주된다.[11] 그리고 마키아벨리의 공화주의도 시민적 공화주의의 테두리를 벗어나지 못했다고 해석된다.

물론 마키아벨리로부터 시민적 공화주의자들이 읊조리던 아리스토텔레스의 언어들을 찾아볼 수 없는 것은 아니다. 그러나 마키아벨리에게 아리스토텔레스와 같이 '좋은 삶(eu zen)'과 '탁월함(arete)'의 상관관계를 증명하고자 하는 욕심이 있었는지는 미지수다. 왜냐하면 마키아벨리는 정치가의 탐욕을 절제라는 도덕적 훈계로 제어할 생각도 없고, 영원한 진리를 찾아내려는 철학적 욕심도 없기 때문이다. 게다가 '지배받지 않으려는 욕구'를 가진 다수에게서 정치 공동체에 참여하려는 자연적 본성을 찾거나 아니면 그것을 당연히 갖추어야 할 덕성으로 제시하려는 의도도 찾아볼 수 없다.

또한 전제(專制)에 대한 반감, 로마 공화정의 영광, 그리고 시민적 애국심과 같은 공화주의 요소들을 마키아벨리가 거듭 언급한 것은 부인할 수 없다. 그러나 그에게는 시민적 공화주의자들이 강조했던 조화와 단합은 찾아볼 수 없고, 정치적 혼란을 이유로 집단으로서의 인민을 정치로부터 배제하려는 공화주의의 귀족적 편견도 발견할 수 없다. 대신 그는 갈등을 미화하고, 보다 민중 친화적인 제도를 꿈꾼다. 『군주론』조차 '자유(libertà)'의 용례를 따라가면 결국 공화정이 군주정보다 우월한 정치 체제라는 주장과 마주하게 된다. 그리고 『강의』는 고전적 공화주의의 '조화(homonoia)'라는 덕목을 '갈등(disunióne)'의 역학으로 대체하고, 집단으로서 인민은 거대한 제국을 만들 가장 중요한 정치적 '힘'으로 부상한다.[12] 그리고 억압으로부터 벗어나거나 정치권력의 전제를 막기 위해 인민이 일으킨 소요(tumulto)는 시민적 자유라는 이름으로 정당화된다.[13] 이때 시민적 공화주의의 '귀족적 심의'와 '철학적 성찰'은 집단적 갈등을 전제한 '민주적 심의'와 '쟁투적 견제'로 대체된다.

또한 마키아벨리의 자유에 대한 논의를 다수의 '지배받지 않으려는 욕구'만으로 축소해서 설명하는 것도 한계가 있다. 마키아벨리에게는 '지배하려는 욕구' 때문에 자유를 갈망하는 집단이나 '지배를 피하려는 욕구' 때문에 자유를 갈망하는 집단이나, 그들의 욕구가 갖는 정치적 비중이 동일하다. 특히 지배하려는 욕구를 가진 소수를 설득의 대상으로 삼는 『군주론』은 더욱 그렇다. 그가 말하는 자유를 '지배당하지 않으려는 욕구', 즉 다수의 자유만으로 국한해서 해석하는 것은 무리가 있다는 것이다.

보편적 자유의 보장과 집단적 갈등의 종식만을 목적으로 했다면, 지배하려는 사람과 지배를 피하려는 사람들 사이의 끊임없는 쟁

참주와 다수의 협주곡

투 속에서 자유가 실현된다고 보았던 마키아벨리의 정치철학은 제한적 가치만을 가질 것이다. 『군주론』에서 반복적으로 언급된 '참주의 열정'과 '다수의 욕망'이 빚어내는 연대는 제도의 창출을 위한 수단적 의미만을 가질 것이고, 결과적으로 『군주론』이 제시하는 '군주'는 정쟁으로부터 독립한 제도의 총체로서 근대적 '국가(stato)'를 암시하거나 안전을 위해 각자의 권리를 주권자에게 양도하는 '사회 계약(social contract)'의 또 다른 상징으로 전락할 것이다.

그러나 『군주론』은 철저하리만큼 '지배하려는 욕구'를 가진 사람들에게 초점을 맞추고 있다. 그리고 '지배하려는 욕구'를 가진 사람들에게 갈등을 조정하는 역할에 만족하라고 가르치지도, 동물적인 수단을 사용하지 말라는 주문도 하지 않는다. 대신 국가 간의 전쟁과 다름없이 국내 정쟁에 임할 수밖에 없는 '권력 정치'의 진면모를 보여준다. 당시로서는 이처럼 군사적 개념을 국내 정치에 적용하고, 힘과 권력에 대한 이기적 욕망을 제어하기보다 부추기는 공화주의 사상가는 너무나도 생소했다. 또한 이기적 욕망과 끝없는 힘에 대한 열망을 두둔하고, 신(神)이 아니라 인간의 힘을 통해 이탈리아를 절망으로부터 해방시키려는 새로운 내용의 구속사(救贖史)적 열망을 피력한 공화주의 정치가도 드물었다.

종합하자면, 마키아벨리의 공화주의에 감추어진 또 하나의 얼굴은 '참주'와 '다수'의 협주곡이다. 다수를 위해 헌신할 수밖에 없는 이유를 납득한 참주, 그러한 참주를 통해 정치적 공간에서 자신들의 '지배받지 않으려는' 욕구를 표현할 수 있게 된 다수, 그리고 이러한 다수의 지지를 통해 유지되고 존속되는 군주의 정치권력, 이 모든 것이 소수와 다수의 갈등이 만들어 내는 정치적 역학 속에 스며들어 있다. 바로 여기에서 마키아벨리의 정치철학이 갈등의 미학으로 수렴되는 지점이 마련된다.

3   참주 길들이기

1513년 마키아벨리가 『군주론』을 탈고했을 때, 피렌체는 이른바 역설이 필요한 사회였다. 어느 사회보다 박진감이 넘치고 활기찬 도시였지만, 메디치 가문의 복귀와 함께 생명력을 잃고 절망감에서 헤어나지 못하고 있었다. 연이은 공화주의 정부의 실패는 시민들에게 패배감만 안겨 주었고, 외세와 교황을 앞세운 메디치 가문의 통치는 강대국의 위협으로부터 도시를 지킬 수 있는 최선의 선택으로 여겨졌다. 그러기에 고매한 인문주의자들은 도덕적 공론과 종교적 귀의로 현실을 회피했으며, 좌절한 공화주의자들은 어설픈 권력론에 고취되어 시민들의 자유마저 위협하는 제왕적인 군주 통치의 필요성을 역설하고 나섰다. 당시 카이사르에 대한 새로운 평가들이 보여 주듯, 개인의 욕망과 전제적 지배의 결합은 안정을 위해서라도 불가피하거나 당연한 것처럼 받아들여졌던 시대였다.

새로운 참주론
이렇듯 군주주의가 득세하던 시대, 마키아벨리는 참주를 은밀하게 비난하거나 참주의 속성을 몇몇 폭력적이고 일탈적인 인간의 특성으로 귀착시키는 태도를 거부한다. 이때 마키아벨리가 말하는 '참주(tyrannos)'는 우리가 종종 구별 없이 사용하는 '폭군(despotes)'과 다른 한 가지 특징이 있다. 바로 '인민의 지지'이다. 참주는 인민이 귀족들의 횡포에 견디다 못해 한 사람의 지도자를 중심으로 결집하고, 이 지도자가 권력을 쟁취한 후에 오히려 백성의 자유를 빼앗고 잔혹하게 통치하는 형태를 일컫는 것이다.

고대 정치철학에서도 이러한 참주에 대한 설명을 볼 수 있다. 여기서는 참주의 잔혹한 통치를 초래한 과도한 욕구에 대한 철학적 반성이 주된 내용을 구성한다. 민중의 지도자가 법 위에 군림함으로써 신처럼 행동하는 양태를 설명하거나, 욕망(eros)이 절제되지 않고 만족함이 없어 술에 취한 것 같은 일탈적 행위와 일치시키거나, 인민의 자유에 대한 과도한 요구가 무자비한 통치의 빌미를 제공했다는 점을 부각하거나, 공적인 것을 사적인 것으로 전용(轉用)하는 부패한 정치의 단면과 동일시하기도 했다.

마키아벨리는 이러한 고전적 이해에 자기만의 해석을 덧입힌다. 첫째, 군주와 참주의 구분을 파괴한다. 『군주론』 15장에서 19장까지 전개되는 군주의 자질에 대한 설명에서 보듯, 마키아벨리는 소크라테스 이후 지속된 '올바른 삶'의 기준을 한꺼번에 허물어 버린다. 자기가 『강의』의 3권 6장에서 참주라고 폄하했던 판돌포 페트루치도 『군주론』 20장에서는 엄연히 군주(principe)일 뿐만 아니라 탁월한 용인술을 가진 인물로 등장시킨다. 『군주론』 6장과 13장에서 시라쿠사의 참주 히에론(Hieron)은 새로운 군주의 전형으로 묘사되기까지 한다. 인민의 지지가 필요하다는 점, 자기만의 군대를 가져야 한다는 점, 그리고 외세로부터 다수를 보호함으로써 권력을 유지할 수 있다는 점에서, 마키아벨리에게 참주와 군주는 전혀 구별되지 않는 존재로 간주된다.

둘째, 좋은 삶에 대한 논의보다 영광과 공포에 초점을 둔 이야기를 통해 참주를 설득하려고 노력한다. 전술한 바와 같이, 마키아벨리는 군주에게 귀족의 음모로부터 완전히 자유로울 수 없으며, 인민의 지지를 얻지 못하면 권력뿐만 아니라 목숨도 부지할 수 없을 것이라고 공공연하게 경고한다. 즉 참주가 다수를 위해 봉사하도록 유도하기 위해 철학적 성찰을 통한 계도보다 '지배하고자 하는 욕구'를 이용하는 것이다.

셋째, 참주의 속성을 특정 인물에 국한하지 않고 누구나 상황이 허락된다면 그러한 속성을 가질 수 있다는 점을 강조했다. 고대 정치철학에서도 참주의 속성은 특정 인물에 국한되지는 않는다. 정의로운 분노(thumos)도 제어되지 못하면 폭력적 지배욕으로 변질되듯, 누구나 참주의 속성을 가질 수 있는 여지를 갖고 있다고 보았던 것이다. 그러나 마키아벨리처럼 참주의 속성을 변질되거나 일탈한 것이 아니라 '자연인'이라면 누구나 동일한 상황에서 가질 수 있는 기질로 이해한 경우는 없다.

모든 도시에는 두 개의 다른 기질들(umori)이 발견되는데, 이러한 기질들은 이것으로부터 비롯된다. 인민은 귀족들에게 명령받거나 지배당하지 않기를 원하고(il populo desidera non essere comandato né oppresso dai grandi), 귀족은 인민을 명령하고 지배하기를 원한다는 것이다. 이러한 두 가지 욕구로부터 세 가지 결과 중 하나가 발생한다. 그것은 바로 군주정(principato), 자유(libertà), 또는 방종(licenzia)이다.[14]

위에서 보듯이 마키아벨리는 모든 도시에서 '지배하려는 욕구'를 가진 집단과 '지배받지 않으려는 욕구'를 가진 두 집단이 발견된다고 본다. 이때 귀족과 동일시되는 '소수(pochi)'는 전자를 통해 표현된 참주의 속성을, 인민과 동일시된 '다수(lo universale)'는 후자의 기질을 가진다. 즉 '소수'의 욕구는 정치 체제와 관계없이 어느 사회나 존재하며, 또한 정치 현상 속에서 항상 제 역할이 있다는 점이 강조된다.

또한 마키아벨리는 두 가지 집단적 기질을 특정 사회에서만 발견되거나 계층 또는 계급적 의식으로 고정된 것이 아니라, 언제나 어느 누구에게서나 돌출할 수 있는 심리적 성향으로 이해하고 있다. 『강의』 1권 46장과 47장에서 보듯, 참주의 속성은 상황이 허락된다면 인민 또는 다수 중 일부에게서도 나타날 수 있다. 지배하려는 집단의 오만함이 인민에게 지배하고자 하는 열망을 불러일으킬 수도 있고, 피렌체의 '대중 지도자들(popolari)'과 같이 시민의 이익을 대변함으로써 자기들의 지배하고자 하는 욕구를 충족하는 지도자도 있다. 그러기에 '지배받지 않으려는 욕구'가 자유가 아니라 방종으로 귀결될 수 있다는 마키아벨리의 경고는 중요하다. 특히 인민의 정치 참여의 기회가 보장된 체제일수록, 자유가 방종이나 전제로 전락할 위험성은 더욱 커질 수밖에 없다는 논리적 추론이 가능하다. 다시 말하자면, '명령받지 않으려는 욕구'까지 허용하면 방종이 되고, 오직 '지배받지 않으려는 욕구'만을 충족해 줄 때 자유(libertà)를 향유할 수 있다는 것이다.

두 개의 소실점

세 가지 측면을 모두 고려한다 해도, 두 가지 난점이 여전히 우리의 이해를 방해한다. 첫째는 '지배하려는 욕구'와 '명령하려는 욕구'가 뚜렷이 구분되지 않는다는 것이다. 타인의 행위를 강제 또는 규제하려는 욕구는 단지 다수에 의해 어떻게 받아들여지느냐의 문제만 있을 뿐, 동일한 욕구의 다른 표현이라고 볼 수밖에 없다는 것이다. 둘째는 다수에게서 '지배받지 않으려는 욕구'로부터 '명령받지 않으려는 욕구'를 구분해서 제어할 동기나 의무를 찾을 수 없다는 것이다. '명령받지 않으려는 욕구'가 자발적으로 소멸되거나 억제되지 않기에, 다수가 '명령받지 않으려는 욕구'를 자발적으로 포기 또는 억제할 수밖에 없는 필연적 조건은 외부적으로 강제된다는 것이다.

바로 여기에 『군주론』의 헌정사에서 '두 개의 소실점'이 갖는 수사학적 의미에 주목해야 할 이유가 있다.

왜냐하면 풍경을 그리는 사람들이 산과 높은 곳의 특징(natura)을 고려하기 위해서는 낮은 곳으로 내려가고 낮은 곳의 특징을 고려하기 위해서는 산꼭대기로 가듯, 인민들의 본질(natura)을 잘 알기 위해서는 군주가 되어야 하고 군주의 본질을 잘 알기 위해서는 인민이 되어야 하기 때문입니다.[15]

여기에서 마키아벨리가 사용한 비유는 실제로 당시에 사용되고 있던 원근법이다. 레오나르도 다빈치와의 친분에서 보듯, 그림과 지도 제작에 대해 마키아벨리는 남다른 지식을 가지고 있었다. 문제는 지도 제작의 지식이 아니다. 우리가 주목해야 할 문제는 바로 '군주'와 '인민'의 속성을 모두 알고 있는 '새의 눈'이 마키아벨리에게 있고, 이러한 눈으로 조망한 정치 현상에 대한 지식은 '지배하려는 욕구'나 '지배받지 않으려는 욕구'를 일방적으로만 충족하는 지식과는 다른 전망을 갖고 있다는 것이다.

다시 말하자면, 마키아벨리는 자신이 참주적 욕망을 가진 인물이 알아야 할 인민의 속성을 아는 사람이고, 인민의 '명령받지 않으려는 욕구'를 제어할 수 있는 군주의 능력을 아는 사람이라고 말한다. 보다 구체적으로, 그는 군주가 '지배받지 않으려는 욕구'를 충족함으로써 얻게 될 정치적 보상, 즉 '지배하고자 하는 욕구'를 충족하면서도 '지배받지 않고자 하는 욕구'를 만족시킬 수 있는 방법을 안다고 말하는 것이다.

이런 측면에서 보면, 마키아벨리가 『군주론』에서 제시하는 조언의 핵심은 참주적 속성과 인민의 욕구가 창출하는 앙상블이다. 시민적 공화주의자도, 그리고 전제 군주를 옹호하는 자도 모두 거부할 수 없는 통상적인 용어 속에는 늘 참주의 방식으로 인민의 지지를 획득한 사람의 기민하고 신중한 행동이 자리를 잡는다. 『군주론』에서 마키아벨리가 위대한 영웅은 아니지만 반드시 모방해야 할 인물로 거론한 히에론이 좋은 사례이다.

그는 사사로운 개인에서 시라쿠사의 군주가 되었다. 그 기회(la occasione)를 제외하고 그는 운명의 여신으로부터 아무것도 부여받지 않았다. 왜냐하면 시라쿠사인들은 외압을 받자 그를 우두머리로 선택했고, 거기에서부터 그는 그들의 군주(principe)가 될 자격이 있음을 입증했기 때문이다.[16]

위에서 보듯, 마키아벨리는 히에론이 시라쿠사의 왕이 된 과정에서 인민의 지지를 확보했다는 점을 강조하고, 이렇게 인민의 지지를 통해 우두머리가 된 것을 일종의 '기회'라고 표현한다. 인민의 지지를 받은 것은 단순히 운에 의해서가 아니라 히에론 스스로 쟁취했다는 점을 부각한 것이다.

한 걸음 더 나아가 마키아벨리는 폴리비오스의 『역사』 1권을 마음대로 수정한다. 아니 왜곡까지 서슴지 않았다.

히에론은 즉각 시라쿠사인들의 용병 부대가 쓸모없다는 것을 알았다. 왜냐하면 그들은 우리 이탈리아인 용병 대장들 같았기 때문이다. 그는 그들을 데리고 있기도 내버려 두기도 어렵다고 생각했기에, 그들 모두를 박살 내고, 그 후에는 다른 사람들의 군대가 아니라 자기 자신의 군대(le arme sua)로 전쟁을 치렀다.[17]

폴리비오스에 따르면, 히에론은 시라쿠사가 고용한 용병들이 마메르티니에게 도륙되도록 의도적으로 내버려 두고, 이후 시라쿠사 시민들과 자기가 새로 모집한 용병들을 데리고 전쟁을 치른다. 마키아벨리는 폴리비오스의 기록을 옮기는 듯 보이지만, 히에론이 새로 용병을 모집한 사실과 이들을 통해 도시를 통치했다는 사실은 침묵한다. 마치 히에론이 시민군으로 구성된 군대를 통해 도시를 통치한 것처럼 기술한 것이다. 아마 당시 지식인들은 마키아벨리가 히에론이 권력을 획득하는 데에는 "극심한 어려움을 겪어야 했지만, 유지하는 데는 어려움이 거의 없었다."라고 말한 부분에서 실소를 금하지 못했을 것이다.[18]

이렇듯 마키아벨리는 참주가 권력을 획득하고 유지하는 방식을 진지하게 모방할 것을 주문한다. 군주는 인민의 '지배받지 않으려는 속성'을 우선적으로 충족해 주어야 하고, 인민과 귀족 중에 하나만을 자기편으로 선택해야 한다면 주저하지 말고 인민을 선택해야 한다고 충고한다.[19] 또한 군주는 무엇보다 인민에게 '외세로부터 자유'와 '귀족의 수탈로부터 자유'를 제공해야 한다고 말한다. 그리고 이런 방식만이 군주가 지배하고자 하는 욕구의 충족과 국가의 유지라는 두 마리 토끼를 동시에 잡을 수가 있다는 조언한다.

이런 과정을 통해, 인민 모두를 공포의 도가니 속으로 몰아넣는 '비인간적 잔인함(inumana crudeltà)'도, 똑같이 지배하고자 하는 욕구를 가진 소수를 다스리는 방식도, 다수의 '지배받지 않고자 하는 욕구'의 충족이라는 새로운 판단 근거를 통해 평가받게 된다. 즉 인민의 소극적인 욕구의 충족만이 참주가 궁극적으로 실현해야 할 정치적 목적이 되는 역설이 가능해진 것이다.

4 새로운 공화주의

공화주의 담론의 역사에서 본다면, 마키아벨리가 당시 귀족들이나 유력 가문의 자제들과 달리 대학 교육을 받지 못했다는 사실은 행운이었는지도 모른다. 아버지로부터 이어받은 공화주의 정신과 어머니로부터 물려받은 시인의 기질이 그의 독자적인 사상을 낳았기 때문이다. 아버지가 가졌던 "군주 한 명에게 의지하는 통치보다 인민에 의해 만들어진 법을 통한 통치가 월등하다."라는 생각은 이후 그의 소신이 되었고,[20] 어머니의 남다른 시적 능력은 그의 문장이 틀에 박힌 인문주의 교양을 훨씬 뛰어넘어 공직 생활과 저술 활동 속에서 끊임없이 소용돌이치도록 만들었을 뿐만 아니라 그의 정치적 상상력에 시대를 넘어 숨 쉴 수 있는 생명력을 불어넣었다.[21] 그러기에 마키아벨리의 사상은 인문주의자들의 것과는 너무나도 달랐고, 간명하면서도 정확한 그의 문장은 일찌감치 '신이 내린 글'이라는 찬사를 받기에 부족함이 없었다.

동일한 이유에서 당시 피렌체에서 지배적 지위에 있던 사람들에게 마키아벨리는 이방인일 수밖에 없었다. 그에게는 이렇다 할 가문의 힘도, 정치적 연대도 없었다. 단지 아버지와 교류가 있었던 인문주의자들의 관심, 그리고 본인의 재능이 전부였다. 그래서인지 그의 삶은 유쾌함 뒤에 고독이 스며들어 있고, 그의 저술은 수사적 기교 안에 예언가적 탄식이 배어 있다. '위대한 예언가(maggiore profeta)'라고 칭찬한 사람도 있었지만, 피렌체의 귀족과 실력자들은 그의 말에 주목하지 않았다.[22] 비록 그의 탁월한 분석력과 간결한 문체가 필요한 경우는 많았지만, 그들에게 마키아벨리는 그저 '다른 생각'을 하는 이방인일 뿐이었다.

프란체스코 귀치아르디니(Francesco Guicciardini)도 예외는 아니었다. 그도 마키아벨리가 '다수' 또는 '인민'을 지나치게 신뢰한다고 판단했다.

> 그러나 어떤 도시의 통치를 귀족이든 인민이든 맡겨야 할 필요가 있다면, 나는 귀족을 선택하는 것이 낫다고 믿습니다. 그들이 더 신중하고 좋은 자질을 갖고 있어, 적절하게 통치할 것이라는 희망을 더 갖게 되기 때문입니다. 반면 인민은 무지하고 혼란스러우며, 나쁜 자질을 많이 가졌기에, 모든 것을 나쁘게 만들거나 파괴할 뿐입니다. 나는 이 차이를 더 이상 논의하지 않겠습니다. 당신이 공화정을 팽창 지향적으로 만들든지 유지하는 쪽으로 만들든지 말입니다. 사실 인민의 정부는 팽창과도 유지와도 무관합니다. 그리고 로마의 정체는 혼합이지 인민적이지 않았습니다.[23]

그러나 귀치아르디니가 우려할 만큼 마키아벨리가 다수 또는 인민의 판단을 무조건 옹호했다고 보기는 어렵다. 다수 또는 인민이 '지배받지 않으려는 욕구'를 관철시키기 위해 분노하거나 저항하는 것에 대해서는 전폭적인 지지를 보냈지만, 다수와 인민이 종종 지배 또는 예속을 지향할 수 있기에 지도자의 역할이 중요하다는 말도 빠뜨리지 않았기 때문이다. 물론 계층 간의 공존이 아니라 다수와 인민의 자유와 안전에 더 많은 비중을 두었기에, 마키아벨리의 공화주의가 당시 인문주의자들의 귀족적 공화주의와 차이가 있었던 점은 부인할 수 없다. 그럼에도 불구하고, 마키아벨리가 요구하는 공화주의는 참주의 속성을 가진 행위자들에게 또 다른 중요한 역할을 부여하고 있다. 바로 인민들이 '명령받지 않으려는 욕구'를 제어할 수밖에 없는 필연성(necessità)을 지속적으로 제공하는 일이다.

무장한 예언가

종종 인민들의 '명령받지 않으려는 욕구'는 시민적 덕성의 상실이나 부패한 사회의 단면처럼 이해되고, 이러한 맥락에서 마키아벨리가 주문하는 통치는 곧 '제왕적 통치'와 동일시되는 경우를 보게 된다. '무장한 예언자'와 관련된 논의가 대표적 사례일 것이다.

무장한 예언자는 모두 획득했고 무장하지 않은 사람들은 파멸당했다. 왜냐하면 지금까지 말한 것들 외에도, 인민의 본성은 변덕스럽기 때문이다. 그들에게 무언가를 설득하기란 쉽지만, 그들을 설득된 상태로 유지하기란 어렵기 때문이다. 그래서 일은 다음과 같은 방식으로 수행되어야 한다. 그들이 더 이상 믿지 않을 때, 강제로 그들을 믿게 만들 수 있어야 한다. 만약 모세, 키루스, 테세우스, 그리고 로물루스가 무장하지 않았다면, 우리 시대 지롤라모 사보나롤라 신부에게 일어났듯이 그들은 그들의 체제를 오랫동안 유지할 수 없었을 것이다. 대중이 사보나롤라가 만든 제도를 더 이상 믿지 못하게 되자 그는 몰락하고 말았다. 그는 믿었던 사람들을 확실히 붙잡을 방식도, 믿지 않는 사람들을 믿게 만들 방식도 없었던 것이다.[24]

위에서 보듯, 마키아벨리는 인민의 '지배받지 않으려는 속성'에 대한 일방적 기대만으로 스스로의 공화주의를 채색할 생각은 없었다. 그러나 단순히 사보나롤라처럼 인민을 지나치게 과신해서도 안 되고, 인민을 자기편으로 묶어 둘 수 있는 무력의 필요성만을 역설한 것도 아니다. 무력만이 '믿었던 사람들'을 붙잡을 수 있는 방식이라는 주장도, '믿지 않는 사람들'을 믿게 만들 유일한 방도라는 주장도 발견할 수 없다.

사실 마키아벨리의 '무장하지 않은 예언자'에 대한 이야기는 왜 피렌체 시민들이 더 이상 사보나롤라를 믿지 못했는지를 일러 주지 않는다. 해답은 『강의』에 있다.

> 시민들을 보호하는 다른 주요 법들(costitutioni) 중 어떤 법이 제정되도록 사보나롤라가 힘을 썼는데, 이 법은 누구나 8인회나 시정위원회가 국사범으로 유죄를 선고한 경우에 인민에게 호소할 수 있도록 하는 것이었다. 그는 오랫동안 강력히 권고했고, 크나큰 어려움 끝에 이 법을 얻어 냈다. 이 법의 승인 후 곧 시민 다섯 명이 시정위원회로부터 국가 대사를 이유로 사형을 선고받았고, 그들은 인민에게 호소하려 했지만 허락되지 않았던 일이 일어났다. 이 법이 지켜지지 않은 것이다. 다른 어떤 사건보다 그것만큼 수도사의 평판을 훼손한 것은 없었다. 왜냐하면 소청 제도가 유익하면, 반드시 준수되어야 했기 때문이다. 만약 유용하지 않다면, 그는 그 법이 제정되도록 하지 말았어야 했다. 이 사건은 그 법이 위반된 이후 행해진 수많은 설교에서 수도사가 법을 어긴 사람들을 비난하지도 용서하지도 않았기에 더 주목을 받게 되었는데, 마치 그 일이 그의 목적에 부합되기에

비난하길 원하지는 않지만 그렇다고 용서할 수도 없었던 것 같았기 때문이다. 그의 야심만만하고 파당적인 정신(l'animo suo ambizioso e partigiano)이 노출되었기에, 그는 명망을 잃었고 그에 대한 비난이 커졌다.[25]

마키아벨리는 사보나롤라가 최초에 인민으로부터 정치적 정당성을 획득하게 된 계기에 주목한다. '시민들을 보호하는 법안'이라는 표현에서 보듯, 사보나롤라는 '지배받지 않으려는 욕구'를 충족해 줄 수 있다는 인민의 기대를 통해 정치적 정당성을 확보했다. 그리고 그러한 정당성은 귀족들의 집요한 방해에도 불구하고 자신이 원하는 법을 제정할 수 있었던 힘의 근원이었다. 그러나 이렇게 형성된 사보나롤라의 권력은 연이은 일방적 행위를 통해 전면적인 위기를 맞이한다. 설사 귀족들을 견제하기 위해 어쩔 수 없었다고 해도, 권력자들의 무분별한 행동과 사보나롤라의 침묵은 인민이 '명령받지 않으려는 욕구'를 자발적으로 버릴 수 있는 '필연성'을 송두리째 파괴해 버린다. 마키아벨리가 부언하듯, 사보나롤라는 로마 공화정의 지도자들로부터 정치적 혜안을 배워야 했다. '인민에게 호소'하는 제도를 파당적 손해에도 불구하고 지켜 냄으로써 로마 공화정의 지도자들이 공화정을 유지할 수 있었던 지혜를 배워야만 했다는 것이다.

경멸을 피하는 법

사보나롤라의 정치적 실패에 대한 마키아벨리의 평가는 그의 공화주의가 갖는 또 다른 단면을 보여 준다. 표면적으로는 인민의 변덕으로부터 스스로를 방어할 수 있는 무력의 필요성이 부각된다. 그러나 자세히 보면 참주의 욕구를 달성하기 위해 군주가 피해야 하는 바가 함께 설명되고 있다. 궁극적으로 군주는 무소불위의 무력을 가지고서도 스스로를 지킬 수 없는 처지에 봉착하지 않을 방도를 배우게 된다.

체사레는 과거의 엄격함이 레미로에 대한 증오를 양산했다는 것을 알았기에, 인민의 마음을 정화하고 그들을 전적으로 자기편으로 만들고자 했다. 그는 만약 어떤 잔인함이 자행되었다면, 그것은 자신으로부터 비롯된 것이 아니라 행정관의 거친 본성으로부터 나왔다는 것을 보여 주고 싶었던 것이다. 그리고 이 기회를 잡아, 그는 어느 아침 레미로를 두 동강을 내어 나무 조각 하나와 피 묻은 칼과 함께 체세나 광장에 두었다. 인민들은 이 광경의 잔인함에 만족을 느끼면서도 멍해졌다.[26]

위의 사례는 두 가지를 보여 준다. 첫째, 과도한 폭력은 인민에게 두려움만큼이나 혐오와 증오를 양산하고, 이러한 부정적 평판은 궁극적으로 군주로부터 권력을 앗아 가는 결과를 초래한다는 것이다. 신속한 일 처리를 위해 라미로(Ramiro de Lorqua)의 잔인함이 필요했지만, 체사레는 지나친 폭력은 인민의 지지가 아니라 증오를 양산할 수밖에 없다는 점을 잘 알았다는 것이다. 둘째, 힘을 통해서든 기만을 통해서든 증오의 대상이 되거나 경멸받는 것을 피해야 한다는 것이다.[27] 주지하다시피 체사레는 라미로와 전혀 다를 바 없는 잔인함을 보여 주었지만, 법을 집행한다는 외양을 유지함으로써 인민이 '명령받지 않을 욕구'를 포기하면서도 경멸할 수 없는 위엄을 확보했던 것이다.

많은 사람이 마키아벨리가 갈등의 순기능을 역설한 첫 정치철학 자라는 점을 강조한다. 그러나 대부분은 그의 갈등에 관한 서술로부터 갈등의 제도화만을 찾으려고 애쓴다. 어쩌면 이러한 경향은 무분별한 갈등이 초래한 정치적 파국에 대한 역사적 기억에서 비롯된 것일 수 있다. 그러나 마키아벨리의 갈등에 대한 서술은 퇴행적인 결과를 초래한 갈등도 지극히 일상적인 정치 현상의 하나로 다루고 있다. 그리고 마키아벨리의 『군주론』이 제시하는 군주의 상(象)은 '지배하려는 욕구'와 '지배받지 않으려는 욕구'를 중재하는 조정자라기보다, 인민과의 연대의 끈을 지속적으로 확보할 수 있는 방안을 끊임없이 고민하고 실천하는 참주의 속성이 더욱 강하다.

마키아벨리의 『군주론』에 묘사된 군주는 고전적 공화주의가 그렸던 시민적 덕성을 체화한 애국지사도 아니고, 인민의 집단적 의사를 대변하는 근대적 의미의 주권자도 아니며, 우리가 당연하게 받아들이는 자율적 행위자로서의 '국가'를 의미하지도 않는다. 대신 자신의 지배하려는 욕구를 충족하기 위해서라도 끊임없이 '지배하려는 욕구'와 '지배받지 않으려는 욕구'의 갈등 속에서 새로운 연대의 이유를 만들어 낼 수밖에 없는 특이한 형태의 참주이다. 그러기에 마키아벨리의 공화주의는 지금도 쉽게 납득할 수 없는 독특함을 갖고 있다. 그리고 그 핵심에는 자유를 위해서는 갈등을 통한 변화뿐만 아니라 갈등의 지속이 요구되고, 공공선의 창출을 위해서는 인민의 자유만큼이나 정치가의 지배욕이 필요하다는 조언이 자리를 잡고 있다.

참주와 다수의 협주곡

5 마키아벨리와 우리

마키아벨리의 참주 교육에 담긴 수사적 의도와 그가 그렸던 공화주의 리더십이 현재에 주는 의미는 무엇일까? 500년 동안 축적된 연구들을 되돌아본다면 무수히 많은 의미와 교훈을 찾아낼 수 있을 것이지만, 여기에서는 두 가지 점을 지적하고자 한다.

첫째, 다수가 갖는 소극적 열망, 즉 '지배받지 않으려는 욕망'으로부터 공공선의 근거를 찾아내고, 이러한 다수의 열망을 충족할 수 있는 제도를 확립함으로써 강력한 나라를 만들 수 있다고 역설한 것이다. 살펴보았듯이, 지배당하지 않기를 원하는 다수의 열망은 마키아벨리의 정치적 상상력의 근원이었다. 다수의 소극적 열망을 충족한다는 전제가 없으면, "군주는 인민의 편에 서야만 스스로의 지위뿐만 아니라 자기의 안전도 도모할 수 있다."라는 『군주론』 9장의 충고와 지배욕에 휩싸인 정치가들의 권력 본능을 자극하는 그의 조언들은 상충할 수밖에 없다. 반면 이러한 모순은 '결과를 보는' 다수의 지배받지 않으려는 욕구, 즉 '비(非)지배 자유'가 충족될 때 비로소 군주의 정치적 야망이 실현될 가능성이 커진다는 설득을 통해 해소된다. 바로 이것이 부도덕한 아가토클레스(Agathocles)와 다를 바 없었던 히에론이 중요한 사례로 묘사되는 이유이며, 바로 이것이 모두가 흠모하던 카이사르가 마키아벨리에게 참주에 불과한 인물로 취급당하는 이유이다.

최근 마키아벨리의 공화주의가 갖는 특성을 민주적 또는 민중적이라는 범주에서 분석하는 학자들이 늘고 있다. 몇몇 학자들은 마키아벨리의 공화주의를 아테네 민주정이 표방한 정치적 원칙과 결합시키려고 한다. 사실 마키아벨리의 정치사상에서 '인민' 또는 '다수'가 갖는 비중에 대해서는 많은 연구자가 공감하고 있다. 그러나 그의 정치사상을 인민 주권에 기초한 '민주주의'라는 틀로 설명하는 것은 무리가 있다. 다만 민주주의와 공화주의가 지향하는 바가 '비지배 자유'를 통해 가장 이상적으로 결합할 수 있다는 점을 부인하기는 힘들다. 만약 민주주의와 공화주의를 각각 고유한 전통을 갖고 있으면서도 시대와 상황에 따라 긴장 또는 결합하면서 발전된 정치적 원칙으로 이해한다면, 마키아벨리로부터 민주주의의 제도적 운영과 관련된 지혜를 얻을 수 있을 것이다.

둘째, 참주의 속성에 대한 정치적 통찰이다. 마키아벨리는 참주의 속성이 자발적으로 제어되거나 폐기되리라 믿지 않았다. 그리고 그로부터 당파적 갈등을 부패와 연관시키거나, 조화를 불화보다 앞세우거나, 건강했던 로마인들의 '영광에 대한 목마름'을 몰락기의 '권력과 돈에 대한 굶주림'과 비교하는 태도도 발견되지 않는다. 대신 우리는 그가 묘사한 수많은 사례가 인민의 정치적 목표는 '지배'가 아니라 '비지배'가 되어야 한다는 점을 직간접적으로 부각하고 있음을 발견하게 된다. 그는 '지배받지 않으려는 욕구'가 '지배하려는 욕구'로 전환되는 정치 사회적 조건 속에서 부패의 단초를 찾고, '지배받지 않으려는 욕구'에 충실한 인민과 이들의 욕구를 실현시키려는 군주로부터 건강한 사회의 초석을 발견하고자 노력했던 것이다.

공화주의의 역사를 돌이켜 보면, '비관적 현실주의'가 팽배할 때마다 등장하는 특이한 정치적 태도가 있다. 바로 카이사르와 나폴레

옹과 같은 참주의 출현을 사회 전반의 총체적 부패와 연관시키고, 이들의 출현을 방기한 정치가들을 모두 개인적 탐욕에 매몰된 선동가로 치부하는 것이다.[28] 로마 공화정의 말기가 그러했고, 메디치 가문의 독재가 다시 시작된 16세기 피렌체가 그러했으며, 프랑스 혁명 이후가 그러했다.

마키아벨리는 바로 이러한 '비관적 도덕주의'의 이면에 존재하는 '악'이 두 가지 잘못된 정치적 결과를 낳는다고 말한다. 하나는 무분별한 폭력의 행사이다. 그는 도덕을 전면에 내세운 비관주의는 정치뿐만 아니라 인간도 부정한다는 역사적 경험을 냉정하게 바라보기를 원한다. 또 다른 하나는 정치적 무관심이다. 그는 좌절의 종착 지점이 정치에 대한 환멸로 귀결되는 피렌체의 반복된 실패를 바로잡고 싶어 했다. '비지배의 관철'이라는 관점에서 정치를 바라본다면, 힘의 논리에 기초한 비관적 현실주의가 아니라 시민적 견제력에 기초한 변화의 제도화가 시민의 정치적 삶을 보다 풍부하게 만들 수 있다는 것이다.

물론 마키아벨리가 가졌던 모든 생각이 피렌체가 당면했던 시대적 요구를 통해 정당화되는 것은 아니다. 특히 그가 주창했던 제국적 팽창의 필요성은 그가 내세웠던 '비지배'와의 길항을 결코 해소하지 못한다. '악의 교사'라는 비난으로부터는 스스로를 방어할 수 있겠지만, 애국심을 단지 집단적 이기심의 발현으로 전락시켰다는 비판으로부터는 자유로울 수 없다는 것이다. 그렇다고 마키아벨리의 저술들을 현재의 필요에 맞춰 왜곡할 필요는 없다. 대신 그의 주장이 갖는 의미를 차분하게 고민하고, 다양한 각도에서 숙의할 필요가 있다. 인간의 욕망에 대한 통찰력, 정치권력에 대한 심미안, 제도적 구상에 내재된 신중함, 그리고 그의 전복적 상상력까지, 모두 있는 그대로 논의하고 토론해야 한다. 이런 과정을 통해서만, 그가 가졌던 '다수'에 대한 생각도, 그가 그렸던 제국에 대한 구상도, 모두 '비지배'의 실현으로 수정되고 귀결될 수 있을 것이라 믿기 때문이다.

곽준혁   미국 시카고 대학에서 마키아벨리 연구로 정치학 박사 학위를 받았다. 고려대학교 정치외교학과 교수, 경북대학교 정치외교학과 교수, 이탈리아 볼로냐 대학 방문교수, 숭실대학교 가치와 윤리 연구소 공동소장을 역임했다. 현재 중국 중산(中山)대학교 철학과 교수로 재직 중이며, 영국 루틀리지(Routledge) 출판사의 "Political Theories in East Asian Context" 시리즈 책임 편집자를 맡고 있다. 저서로 『마키아벨리 다시 읽기: 비지배를 꿈꾸는 현실주의자』, 『지배와 비지배』, 『경계와 편견을 넘어서』 등이 있고 역서로 『선거는 민주적인가』, 『신공화주의』 등이 있다.

31

애덤 스미스의 도덕철학 체계
── 철학·윤리학·법학·경제학의 통일적 파악을 위하여

애덤 스미스의 『도덕감정론』과 『국부론』 읽기

박세일 (서울대학교 명예교수)

애덤 스미스(Adam Smith, 1723~1790)
영국 스코틀랜드의 항구 도시 커콜디의 관리 집안에서 유복자로 태어났다. 1737년 글래스고 대학에 입학해 라틴어, 그리스어, 자연철학, 도덕철학을 공부했고, 3년 후 장학금을 받아 옥스퍼드 베일리얼 칼리지에서 수학했지만 교육에 실망해 학위를 마치지 않고 떠났다. 에든버러에서 수사학에 관해 공개 강연을 한 것이 호평을 받아 1751년 글래스고 대학 교수로 임명되었고 이듬해 도덕철학 교수로 자리를 옮겼다. 이때의 강의를 반영한 『도덕감정론』을 1759년 출간했다. 이후 귀족의 개인교사로 유럽을 여행하면서 프랑수아 케네 등 중농학파와 교류하여 크게 영향을 받았다. 고향으로 돌아와 10년간 집필에 몰두한 끝에 1776년 『국부론』을 발표해 명성을 얻었다. 이 책에서 경제학을 체계적 과학으로 이룩하여 근대 고전경제학의 창시자로 자리매김했다. 말년에 스코틀랜드 관세 위원, 글래스고 대학 총장 등을 지냈고 1790년 에든버러에서 세상을 떠났다.

1   문제의 제기

현대는 위기의 시대라고 일컬어진다. 세계 경제는 1997년 아시아 금융 위기, 2008년 세계 금융 위기라는 두 차례의 혹독한 금융 위기를 겪었으며 그 이후에도 지구촌 전체의 경제 회복은 지체되고 있다. 오히려 저성장과 양극화의 경향이 보편화, 장기화되고 있다. 뿐만 아니라 환경 파괴와 핵의 위협, 소자화와 노령화라는 인구 구조의 변화, 20세기적 복지 국가 이념의 파탄, 국제 금융 질서의 개편 문제, 새로운 보호 무역주의의 대두 등 각종 어려운 문제에 직면하고 있다.

중요한 것은 이러한 세계 경제의 위기는 단순히 경제나 경제학의 위기가 아니라 도덕의 위기, 국가의 위기, 가정의 위기 등을 포함하는 사회 총체적 위기의 일환에 불과하다는 사실이다. 주지하듯이 윤리학, 법학, 경제학 등의 각종 학문이 19세기 이후 독립, 분화되면서 각자 자기 완결적인 학문 분야로 특화되어 왔다. 그 과정에서 각 분야의 학문적 정치성(精緻性)과 치밀성(緻密性)은 크게 제고되었으나 인간과 사회 문제를 보다 근원적이고 총체적으로 파악하려는 관점은 크게 약화되었다.

세계사적 변혁의 시기, 위기의 시기에 필요한 것은 일면적, 부분적 사고가 아니라 다면적, 총제적 사고 그리고 보다 근원적인 문제 파악이다. 그런 의미에서 오늘날 현대 사회의 모든 위기 현상은 현대의 학문이 일면적·부분적·현상적 사고의 범위를 벗어나지 못해서, 환언하면 인간 및 사회 문제에 대한 보다 근원적·다면적·총체적 이해가 빈곤해서 야기된 것으로 볼 수 있지 않을까?

여기에 근대 시민 사회 형성기의 사회사상가인 애덤 스미스에게 주목하게 되는 이유가 있다. 그는 일반적으로『국부론(國富論, The Wealth of Nations)』의 저자로서 근대 경제학의 창시자로서만 알려져 있으나, 인간 사회의 경제 활동 측면에만 관심을 가졌던 협의의 경제학자는 결코 아니었다. 오히려 그는 근대 시민 사회 형성기에 인간과 사회의 근본 문제에 대해 총체적으로 인식하려 노력했던 사회철학자였다. 또한 과학 방법론, 수사학, 신학, 문학, 윤리학, 법학, 역사 이론, 국가론, 정치경제학 등 광범위한 분야에서 하나의 거대한 학제적(學際的) 체계를 수립하려고 노력했던 사회철학자였다.

18세기는 학문이 아직 각각의 분야로 완전히 분화되기 이전이기 때문에 대부분의 근대 사상가에게서 학제적 경향이 나타나지만, 애덤 스미스의 경우처럼 거대한 학제적 체계를 수립하는 데 성공한 예는 찾아보기 힘들다 하겠다. 그래서 그는 흔히 시스템 수립자(system builder)라고 불리기도 한다.

이러한 배경하에서 이 글의 목적은 우선 애덤 스미스의 사상 체계의 전체상, 더 구체적으로는 그의 도덕철학(moral philosophy)의 전 체계를 '통일적'으로 파악해 보려는 데 있다. 주지하는 바와 같이 애덤 스미스는 1751년 1월 모교였던 글래스고 대학에 윤리학 담당 교수로 부임했고, 다음 해인 1752년 4월부터 같은 대학의 도덕철학 담당으로 전보되어 이후 1763년 1월 대학을 떠날 때까지 약 12년간 도덕철학을 강의했다.

Moral philosophy는 흔히 도덕철학(道德哲學)이라고 번역되고 있으나, 오늘날의 학문적 분류로 보면 사회철학에 가까운 것이다. 도덕철학은 당시 철학의 이론적인 면, 인식론적인 면을 중심으로 하는 자연철학(natural philosophy)에 대칭되는 분야로서, 철학의 실천적인 면을 주요 관심으로 했다.

애덤 스미스의 강의 내용은 다음과 같이 크게 네 부문으로 구성되어 있었다.

제1부 자연신학(natural theology)

제2부 윤리학(ethics)

제3부 법학(jurisprudence)

제4부 정치경제학(political economy)

제1부의 강의 내용은 기록으로 남아 있지 않으나, 신의 존재에 대한 증명, 신의 여러 특성들, 그리고 종교가 존재하게 된 인간의 심성 원리 등이 주된 내용이었다고 전해진다. 제2부의 강의 내용은 1759년에 초판이 나와 대단한 호평을 받았던 『도덕감정론(*The Theory of Moral Sentiment*)』에 집약되어 있다고 볼 수 있다.

제3부의 강의 내용도 스미스가 직접 저술한 단행본으로는 전해지지 않는다. 제3부 강의의 주요 내용은 스미스 사후 거의 100년이 지나고 나서 1895년 캐넌(Edwin Cannan) 교수가 발견한 학생들의 강의 노트 두 권을 통해 전해지고 있다. 이 『법학 강의(*Lectures on Jurisprudence*)』는 1896년 『글래스고 대학 강의(*Lectures on Jurisprudence, Police, Revenue and Arms*)』라는 제목으로 출판되었는바, 두 부분으로 나뉘어 있다.

첫 번째 부분은 정의(正義, on justice)에 관한 내용으로서 그의 도덕철학 강의의 제3부인 협의의 법학 강의에 해당하고, 두 번째 부분은 정책론 혹은 치정(治定, on police)에 관한 내용으로서 그의 도덕철학 강의의 제4부를 형성하는 정치경제학 부문에 해당한다고 볼 수 있다. 이 두 번째 부분의 내용이 그 후 더욱 발전되어 1776년 『국부론』이란 단행본으로 출간된다.

『국부론』을 완성한 후 스미스는 본래 1759년 『도덕감정론』의 말미에서 이미 독자들에게 약속했고 또한 스스로도 필생의 사업 중 하나라고 여겼던 『법학』의 집필에 들어가지만, 결국 완성하지 못하고 1790년 세상을 떠난다. 죽기 며칠 전 방대한 분량의 『법학』 미완성 원고가 스미스 자신의 요구에 따라 소각됨으로써, 오늘날 그의 법학에 대한 이론은 앞에서 이야기한 학생들의 강의 노트 『법학 강의』를 통해서만 간접적으로 전해진다. 안타까운 일이다.

이 글의 목적이 이상과 같은 애덤 스미스 세계의 전체상, 그의 도덕철학 체계의 통일적 인식에 있다는 것은 이미 앞에서 밝힌 바 있으나, 이를 더욱 구체적으로 이야기하면, 그의 도덕철학 체계를 구성하는 신학, 윤리학, 법학, 정치경제학 네 부문이 어떠한 내적 연관을 가지고 하나의 통일 체계를 이루었는지, 왜 그의 도덕철학 체계는 네 부문으로 구성되지 않을 수 없었으며, 왜 그의 강의는 신학에서 출발하여 윤리학, 법학, 정치경제학의 순서로 나아가지 않을 수 없었는지 등을 밝히는 것이 된다.

이를 밝히는 것은 곧 애덤 스미스의 이론적·실천적 문제의식, 바꾸어 말하면, 그가 해결해 보려고 노력했던 당시의 과제가 무엇인가를 구명하는 작업이다. 소위 '애덤 스미스의 과제'를 밝히는 것이다.

그런데 애덤 스미스의 과제는 곧 그가 살고 있던 18세기 유럽의 시대적 과제였다. 왜냐하면 애덤 스미스도, 많은 대사상가와 마찬가지로, 그가 살던 시대의 과제를 풀려고 진지하게 투쟁한 사상가이고 철학자였기 때문이다. 그러면 그가 살던 18세기 유럽의 시대적 과제란 무엇이었는가? 다음의 두 가지로 요약할 수 있을 것이다:

첫째는 이론적 과제라고 볼 수 있는바, 근대 시민 사회(modern society)의 구성 원리, 조직 원리, 질서 원리를 해명하는 것이다. 도대체 근대 사회란 어떠한 조직 원리 위에 성립하는 사회인가? 그리고 그것을 질서 지우는 것은 어떠한 원리인가?

둘째는 보다 실천적 문제라고 볼 수 있는바, 중상주의 즉 상업의 체계(system of commerce)를 비판, 극복하고, 자유의 체계 즉 자연적 자유의 체계(system of natural liberty)를 확대, 발전, 정착시키는 일이다.

물론 위의 두 역사적·시대적 과제는 상호 밀접하게 연관되어 있다. 1688년의 명예혁명 이후 영국에서 개화하기 시작한 '자유의 체계'가 스미스의 생존 당시는 종래의 '상업의 체계'와 병존하고 있었다. 이러한 상황에서 상업의 체계를 구성하는 중상주의적이고 특권적인 각종 정책과 법을 완전히 철폐하고 자유의 체계를 전면적 차원에서 세우는 것이 대단히 시급하고 중요한 시대적 과제였다. 그런데 이를 위해서는 무엇보다도 자유의 체계에 기초한 사회(근대 시민 사회)가 무질서와 정체를 결과하지 않고 질서와 조화 속에서 지속적으로 발전하고 향상할 수 있다는 사실을 증명해야 했다. 또한 그러한 자유의 체계가 인간의 본성에도 합치한다는 사실을 밝혀야 했다. 이러한 실천적 과제가 곧 자유에 기초한 근대 시민 사회의 구성 원리, 조직 원리, 질서 원리를 구명하는 이론적 작업이 되기도 하는 것이다.

근대 시민 사회의 구성·조직·질서 원리를 밝히는 작업이 당시 얼마나 절실한 시대적 과제였던가를 이해하기 위해서는 역사를 약간 거슬러 올라가 중세 사상의 특징을 살펴볼 필요가 있다.

중세 사상은 주지하는 바와 같이 기독교-가톨릭 사상의 지배하에 있었고, 당시의 가톨릭 사상은 신분과 직분(職分, callings)에 기초를 둔 봉건적 사회 질서를 합리화하는 데 활용되고 있었다. 즉 인간은 신의 피조물이기 때문에 독자성과 자기 완결성을 가질 수 있는 존재가 아니었다. 각자 상이한 능력이 있으나 단독으로는 불완전한 존재였다. 이러한 불완전한 자들이 모여 각자의 신분과 능력에 맞는 직분에 충실하면서 공공선에 봉사해야 한다는 것이 중세적 공동체의 구성 원리였다.

마치 신체의 각 부분이 자기의 기능과 역할을 충실히 해야 인간이 건강한 몸을 유지할 수 있듯이, 각자가 자신의 신분과 직분을 잘 지켜 나갈 때 사회의 일체성이 보장되고 질서와 평화가 유지될 수 있다는 것이다. 따라서 사회 평화는 결코 각자가 자유롭게 행동하는 데서 나오는 것이 아니라, 수분(守分)하고, 상호애를 가지고 서로 협력하는 데서 보장될 수 있다고 보았다. 그래서 인간은 각종 중세적 법, 정치, 종교, 도덕 등의 규제 아래 놓이게 되었던 것이다. 그러한 규제가 있기에 불완전한 존재들이 모인 공동체가 질서와 평화를 유지할 수 있다고 보았다. 따라서 중세에는 엄밀한 의미에서 국가(타율적 질서)는 있었으나 사회(자생적 질서)는 존재하지 않았고, 신은 존재했으나 개인(자유로운 개인)은 존재하지 않았다.

이 중세적 질서 원리가 붕괴되고 17∼18세기경부터 본격적인 근대 시민 사회가 형성되기 시작하면서 신으로부터 인간의 해방, 국가로부터의 개인의 해방이 빠르게 진행되었다. 인간은 더 이상 신분과 직분에 얽매일 필요가 없어졌고, 거주 이전의 자유, 직업 선택의 자유를 가지게 되었다. 보편 교회의 권위와 전통은 약화되었고, 인간의 이성은 해방되었다. 그런데 신으로부터의 인간의 해방은 인간 이성의 해방으로 끝나지 않고 인간 본능의 해방, 인간 감성의 해방까지를 결과하게 되었다.

바로 여기에서 중요한 의문이 제기되는 것이다. 특히 종래 익숙해 있던 중세적 사회관에서 볼 때에는, 이성은 물론 본능과 감성까지 해방된 자유로운 개인들이 모여서 사회를 형성할 때 과연 그 사회에 질서와 화평, 발전을 기대할 수 있을까 하는 의문이 제기되는 것이다. 본능의 해방은 이기심 혹은 자애심(self-love)의 해방을 의미하는데, 과연 이기적인 인간들이 자기의 욕구대로 자유롭게 활동할 때 그들이 모인 사회에 질서와 발전이 보장될 수 있겠는가, 만일 보장된다고 한다면 그 근거 내지 원리는 무엇인가?

이 문제에 대한 명확한 답이 나오지 않으면 소위 '상업의 체계'를 대체할 '자유의 체계'의 성립은 원리적으로 어려워진다. 또한 '중세적 공동체'를 대체할 '근대 시민 사회'도 원리적으로 성립하기 어려워진다. 따라서 이 문제의 규명은 곧 중세적 논리를 극복하고 근대 시민 사회의 구성·질서 원리를 밝히는 작업이 됨과 동시에 중상주의 경제를 넘어 자유주의 경제를 도입해야 하는 이론적·사상적 기초를 제공하는 작업이 된다.

애덤 스미스의 도덕철학 체계

각종 중세적 속박에서 벗어난 인간들이 자기의 의사(意思)와 정감(情感)대로, 자애심에 따라 자유롭게 활동하면서도 사회가 무질서와 정체에 빠지지 않을 수 있는가? 이 문제는 비단 애덤 스미스만의 과제가 아니었고, 근대 사회사상가 모두가 고민하던 18세기 유럽의 시대적 과제였다. 사실 이 문제를 해명하기 위해 여러 측면에서 나름대로 노력했던 것이 근대 사회사상가들, 그중에서도 영국의 경험주의 철학자들의 면면이라 할 수 있다.

근대 시민 사회의 구성·질서 원리를 밝히는 이러한 시대적 과제에 대하여 일면적이 아니라 다면적, 체계적으로 해답을 찾으려고 노력했던 유일한 사상가가 바로 애덤 스미스였고, 그의 도덕철학 체계는 이러한 노력의 산물이었다. 그러면 과연 그는 어떠한 이론 구성을 통하여, 어떠한 이론 내용을 가지고 이러한 시대적 과제에 답하려 했던가? 이를 그의 도덕철학 강의 순서인 자연신학, 윤리학, 법학, 정치경제학의 순서를 따라 검토해 보도록 하자. 이를 통하여 애덤 스미스 사상 체계의 전체상을 통일적으로 파악함과 동시에 그의 사상이 어떻게 발전해 갔는지도 함께 알 수 있게 될 것이다.

2 자연신학

근대적 시민 사회의 구성·질서 원리를 구명하기 위해 필요한 제1단계 작업은 이 세상에, 즉 자연, 역사, 사회에 일정한 원리와 법칙이 존재한다는 사실을 증명하는 일이다. 만일 세상이 원칙 없이 우연으로 움직이고 있다면, 시민 사회의 질서 원리를 연구하려는 노력 자체가 논리적으로 무의미하기 때문이다.

세상에 일정한 원리와 법칙이 존재한다는 사실의 증명을 애덤 스미스는 당시의 자연신학(自然神學), 즉 이신론(理神論, deism)에서 찾았던 것 같다. 스미스 자신이 자연신학 강의에서 무엇을 이야기했는지에 대한 구체적 문헌은 없으나, 당시 이신론자들의 주장이 무엇이었던가는 우리에게 잘 알려져 있다.

이신론은 영국 경험주의의 토양에서 나온 신학 이론으로서, 신을 우주 만물의 창조자로서, 만물의 제1원인으로서는 인정하지만, 현존하는 만물의 임의적 변화를 초래하는 지배자로서는 인정하지 않는다. 즉 기적 등 계시(啓示) 종교관은 거부하는 것이다. 우주 만물은 신에 의해 만들어졌고, 그 속에 신의 구상이 내재해 있으나, 일단 만들어진 후에는 독자의 법칙에 따라 움직인다는 것이다. 신과 우주 만물의 관계는 예컨대 시계를 만든 자와 시계의 관계와 같다고 볼 수 있다.

이신론은 1687년 뉴턴(Isaac Newton)의 중력의 법칙 발견으로 절정에 달했던 근대 물리학적 자연상과 논리 구조가 매우 흡사하다. 뉴턴적 우주관이란 개개의 천체가 각자 독립하여 존재하고 움직이나, 중력의 법칙에 의해, 즉 인력(引力)에 의해 하나의 정연한 우주의 질서를 이룬다는 것이다. 이 인력이 우주와 자연의 질서 원리이며, 그것은 우주 창조 이후 신의 자의(恣意)에서 독립된 불변의 법칙이 되는 것이다.

여기서 하나 지적해 두어야 할 것은, 애덤 스미스가 살았던 당시를 풍미하던 영국의 경험론은 독일의 관념론과는 달리 원리적으로 볼 때 '인간과 자연(우주)은 동일하다'는 사고가 지배적이었다는 사실이다. 그리하여 영국의 철학에는 '인성', '인간적 자연'을 뜻하는 human nature라는 용어가 대단히 많이 나온다. 환원하면 인간의 형태로, 인간의 모습으로 나타난, 자연으로서의 인간 파악이다. 즉 자연의 일부 혹은 자연의 연장으로서의 인간관이다. 독일 관념론과는 달리 여기서 자연과 인간은 결코 대립과 분열의 관계가 아니었다.[1]

주지하듯이 독일의 관념론·이상주의 철학에서 인간은 자연과 대립적 존재로서, 과연 인간이 자연으로부터 얼마나 독자성을 가지는가가 중요한 문제였다. 인간은 주관(인식 주체)이었고 자연은 객관(인식 대상)이었으며, 주관을 보다 근원적인 것으로 보았다. 자유의 문제도 독일에서는 칸트의 예에서 볼 수 있듯이 "자연으로부터의 자유(Freiheit von der Natur)"라고 이해되었다. 인간이 자신을 엄격히 자연으로부터 구별하여 자기 자신의 독자의 법칙을 세우는 것, 즉 자율(自律, Autonomie) 혹은 자유 의지(自由意志)가 곧 독일 관념론에서 말하는 자유의 의미였다.

예컨대 독일 관념론의 관점에서 물을 마시고 싶을 때 물을 마시는 것은 하나의 자연적 행위일 뿐이고, 이는 결코 도덕적 선(善)이 아니다. 왜냐하면 자연적 욕망에 대한 복종, 즉 타율이 되기 때문이다. 오히려 물을 마시지 않고, 물을 마시고 싶다는 욕망으로부터 주체성을 유지하는 데서 자율, 자유 의지, 자유 성립의 계기를 찾으려 했던 것이 독일 관념론의 입장이다.

이와 같이 독일에서는 철학의 주된 주제가 인간과 자연을 준별하고 그 관계를 탐구하는 것에 있었으므로 순수한 인간이 연구의 주 대상이 되었고 육체, 욕망, 감정을 가진 생생한 인간과 인간과의 관계에 대한 연구, 즉 인간과 사회와의 관계에 대한 이론은 큰 발전을 이루지 못했다. 따라서 이론철학 면에서는 큰 발전이 있었으나, 실천철학, 예컨대 사회의 구성 원리와 조직 법칙을 밝히는 데는 영국의 경험론과 대비할 때 크게 뒤떨어지게 되었다.

반면에 영국의 경험론에서는 육체, 욕망, 감정이 있는 개성적이고 경험적인 인간이 주된 관심이었으며, 자연과 인간을 원리적으로 동일하게 보았다. 위의 예에서 물을 마시고 싶을 때 물을 마시는 것은 자연적, 즉 인간적이기 때문에 선한 것이고, 오히려 물을 마시지 못하게 하는 타인의 외적 강제가 악이 되는 것이다. 그러므로 영국에서 자유(liberty)는 이러한 외적 강제, 외적 장애의 제거 내지 부재를 의미하는 것이 된다. 이와 같이 인간을 구체적·경험적 존재로 파악하고, 이를 인간적 자연으로서 긍정적으로 수용했으므로, 영국의 철학은 인생과 인간적 자연에 대해 더욱 심층적으로 이해하고 동시에 이러한 구체적 인간들이 모여 사는 사회에서 인간과 인간과의 관계를 구명하려 했던 것이다.

여하튼 중요한 것은 영국 경험론의 전통에서 자연(우주)과 인간은 본질적으로 원리상 동일하다고 파악되었다는 점이다. 그렇다면 우주가 인력의 법칙과 같은 '숨은 성질(원리)'이 존재하여 질서 정연한 통일체를 이루듯이 인간 사회에도 인간 사회를 질서 지우는 어떠한 '숨은 성질(원리)'이 개인에게 내재하는 것은 아닐까 하는 질문이 나오게 된다.[2]

우주에서 개개의 천체가 독자적으로 운행하면서 하나의 거대한 질서를 이루듯이, 인간 사회에도 개개의 인간들이 독자적으로 자유롭게 활동하면서도 하나의 질서와 조화를 이룰 수 있음을 증명하려면, 그 질서 원리는 신의 계시와 명령 등 외부에서 주어지는 것이 아니라 인간 개인, 즉 인간적 자연에 내재하는 원리에서 찾아야 하는 것이 된다.

여기서 애덤 스미스의 도덕철학 체계는 논리적으로 인간에 내재하는 이런 '숨은 성질'에 대한 탐구로 넘어갈 수밖에 없고, 이 탐구가 그의 도덕철학 강의의 제2부인 윤리학을 구성하게 되는 것이다.

3   윤리학 —『도덕감정론』

중세적 속박에서 벗어난 자유로운 개인들이 모인 사회에 질서와 조화를 보장하는, 개개 인간에 내재하는 숨은 성질(원리)은 무엇인가? 사적 욕망의 자유로운 추구가 가능해진 개인들이 모여서 자유의 체계를 형성할 때 과연 사회는 질서와 조화, 발전을 지속할 수 있는가? 그 원리가 인간의 본성(human nature) 속에 내재해 있다면, 그것은 무엇인가?

이 문제에 대하여 당시 영국에는 두 가지 흐름이 있었다. 첫째는 케임브리지의 플라톤 학파를 중심으로 하는 그룹으로서, 그들은 데카르트의 합리주의의 영향을 받아 인간 심성에 내재하는 사회 질서 원리를 개인의 '이성'에서 찾으려고 했다. 둘째 흐름은 섀프츠베리의 영향을 받은 스코틀랜드 학파로서 모든 개인에 내재하는 상식적인 '도덕 감각(moral sense)'에서 사회 질서 원리를 찾으려 했다. 즉 인간은 이성적, 이론적 판단을 경과하지 않고도, 직감적으로 선한 행위를 선으로 감지하는 도덕 감각이 있기 때문에 사회의 질서와 조화가 달성될 수 있다고 보았다. 이 견해는 스미스의 스승인 허치슨(Francis Hutcheson)이나 스미스 자신에게 큰 영향을 주었다.

그러나 스미스는 도덕 감각의 내용을 무엇으로 볼 것인가를 두고 섀프츠베리나 허치슨과 견해를 달리했다. 섀프츠베리는 인간이 가지고 있는 인애심(仁愛心, benevolence) 혹은 이웃에 대한 관심(social nature of mankind)을 사회 질서와 발전을 위한 도덕 감각의 주 내용으로 보았다. 맨더빌(Bernard Mandeville) 등은 이러한 섀프츠베리의 도덕감정론이 교양인(men of sense and culture)에게만 해당할 뿐 하층 노동 계층 사람들(labouring poor)의 도덕 감각은 될 수 없다는 비판을 하기도 했다.

섀프츠베리의 귀족적 도덕감정론을 극복하고자 했던 허치슨은 절대 빈곤 하에서는 자기 보존의 본능이 도덕적인 것이 될 수 있으나, 그 수준을 넘으면 이웃에 대한 사랑(love of fellow creatures)만이 도덕적이라는 주장을 전개했다. 그러나 이러한 절충론도 결국은 인애를 사회에 질서를 부여하는 도덕 감정의 주 내용으로 파악한다는 점에서는 섀프츠베리와 크게 다르다고 볼 수는 없었다.[3]

이에 반해 애덤 스미스는 도덕 감정의 기초 내지 내용은 인애가 아니라, 계층이나 계급에 관계없이 모든 인간이 가지고 있는 '동감(同感, sympathy)의 능력'이라고 주장했다. 그는 『도덕감정론』의 서두에서 "아무리 인간이 이기적이라 해도, 타인의 행불행에 관심을 가지게 하는 요인, 원리가 인간의 본성 속에 명백히 내재해 있다. (……) 타인의 슬픔을 보고 슬픔을 함께 느끼는 감정의 존재는 증명을 요하지 않는 하나의 명백한 사실이고, 그 사람이 얼마나 선하냐, 유덕하냐에 좌우되지 않는 본원적 감정의 하나이다.”라고 말하고 있다.[4][5]

여기서 동감이란 자기를 타인의 입장과 동일한 입장에 놓고, 타인이 느끼는 것과 동일한 것을 느낄 수 있는 능력, 환언하면 상상에서의 역지사지(imaginary change of situation) 능력을 전제한다. 따라서 타인의 슬픔뿐 아니라 기쁨에 대해서도 동감의 원리가 작용하기 때문에 단순한 연민(pity)과는 다르다. 동감이란 엄밀히 말하면 상상에서의 역지사지 능력에 기초한 행위자와 제3자(관찰자)의 감정 일치(coincidence of sentiments)를 의미한다고 볼 수 있다.[6]

그런데 여기서 중요한 것은, 동감의 성립을 위해서는 제3자 즉 관찰자가 행위자가 처한 제반 사정을 구체적으로 잘 알려고 노력해야 함(well-informed spectator)과 동시에 행위자도 제3자와의 감정 일치 내지 감정 이입을 위해 노력해야 한다는 사실이다. 행위자의 모든 사정에 대해 제3자가 아무리 숙지하려고 노력해도 감정의 정도에 있어서 당사자와 제3자 사이에 완전한 일치를 이루기 어려운 것이 일반적이다. 예컨대 육체적 고통(pain)의 경우 행위자와 제3자 사이의 감정은 상당한 격차가 생길 수 있다. 또한 자연스러운 감정보다는 부자연스러운 감정의 경우 더욱 서로 일치하기가 어려울 것이다.

이러한 양자 간의 감정의 격차는 ‘상상에서의 역지사지의 상호성’에 의해서 극복되어야 하는 것이다. 입장을 바꾸어 느끼고 생각하는 것은 단지 제3자 측에서만 일방적으로 행하는 것이 아니고 동시에 행위자 측에서도 제3자의 입장으로 자신의 처지를 바꾸어 놓고 생각하여, 서로 감정이 일치되도록 노력하는 과정이라는 것이다. 환원하면 행위자 측에서도 제3자의 동감(양자의 감정 일치)을 얻기 위해서 자신의 감정을 조절하고 제어하고 억제하는 노력을 하게 마련이라는 것이다.

그러면 왜 서로가 이러한 노력을 하게 되는가? 이에 대한 스미스의 답은 간단하다. 상호 동감의 즐거움(pleasure of mutual sympathy)은 인생의 가장 큰 즐거움의 하나이기 때문이다. 그는 이렇게 말한다. "우리의 가슴속에 있는 감정과 동일한 이웃의 동감(fellow-feeling)을 느끼는 것보다 더 큰 즐거움은 없고, 반대로 이웃의 동감의 부재(不在)를 느끼는 것보다 더 충격적인 것은 없다."[7]

이러한 동감의 원리를 매개로 한 행위자와 제3자 간의 관계는 나아가 한 개인이 자신의 행위를 판단(관찰)할 때에도 성립할 수 있다. 예컨대 한 개인도 강렬한 이기적 충동에 지배되는 행위자로서의 자기와 상상에 의해 제3자의 입장에 서서 반성하는 자기로 분열될 수 있고, 그 분열 위에도 동감의 원리는 작용할 수 있다는 것이다. 스미스는 이 상상에서의 제3자를 가상의 공평한 관찰자(supposed impartial spectator) 혹은 마음속의 이상적 인간(ideal man within breast)이라고 표현하고 있다.[8]

이와 같이 애덤 스미스는 동감의 성립을 위한 행위자와 제3자 간의 자기반성과 상호 노력이라는 개별적 경험이 무수히 축적되는 과정 속에서 인간 행위의 적정성(propriety) 여부를 판단하기 위한 보편타당한 사회적 가치(도덕)의 판단 기준이 형성된다고 주장한다.

스미스의 견해에 의하면, 이타적 행위뿐만 아니라 이기적 행위, 즉 자애심(自愛心)에 기초한 행위도 제3자의 동감을 얻어 낼 수 있다면 행위의 적정성, 즉 도덕성을 획득할 수 있게 된다. 공평한 관찰자가 자신도 동일한 입장이었다면 같은 행위를 할 것이라고 동감할 수 있는 행위라면, 그 행위는 도덕적인 것이 되고, 그 행위의 동기가 이기적이냐 이타적이냐는 문제가 되지 않는다는 것이다.

따라서 이기적 행위도 도덕적일 수 있고, 이타적 행위도 비(非)도덕적일 수 있다. 예컨대 자신과 자신의 가족은 전혀 돌보지 않고 타인만을 위한 이타 행위에 몰두하는 것과 같은 극단적인 경우는 공평한 관찰자의 동감을 얻기 어려울 것이고, 따라서 그 행위가 아무리 이타적인 동기에 기인한다고 해도 도덕적이 되기 어렵다. 마찬가지로 이기적 행위도 극단적이거나 과도하지 않아서 공평한 제3자의 공감을 얻어 낼 수 있는 범위 내의 행위라면 얼마든지 도덕적이 될 수 있다.

이상과 같이 애덤 스미스는 자유로운 인간이 자기의 욕구를 추구하는 사회에서도 질서와 조화가 이루어지는 원리(인간성에 내재하는 숨은 성질)를 인간의 '이성'이나 '인애'에서 구하지 않고 '동감의 원리'에서 찾고 있다. '동감의 원리' ── 입장을 바꾸어 놓고 느끼고 생각해 볼 수 있는 인간의 역지사지 능력, 그 능력을 통하여 인간과 인간 사이에 상호 감정 일치(동의)를 구하려는 노력, 상호 동감을 이루었을 때의 즐거움, 또한 상호 동감을 얻기 위해 각자가 자신의 이기심과 자애심을 공정한 제3자의 동감을 얻어 낼 수 있는 범위 내에서 조절하고 자제하면서 추구하려는 인간의 자연 발생적 감정(노력) ── 에서 스미스는 근대 시민 사회 질서 원리의 기초를 찾는 것이다. 인간의 본성에 내재해 있는 이러한 숨은 성질 소위 '동감의 원리'가 근대 시민 사회의 '자유의 체계'의 성립을 가능하게 하는 내적 조건이 된다.

계속하여 스미스는 중립적 관찰자의 동감을 얻을 수 있는 범위까지 이타 행위가 확대되는 것을 '인애(beneficence)의 덕'이라고 부르고 중립적 관찰자의 동감을 받을 수 있는 범위까지 이기적 행위가 제한, 억제되는 것을 '정의(justice)의 덕'이라고 부른다. 그런데 그는 이 양자의 덕이 근본적으로 큰 차이가 있음에 주목한다.

인애는 타인에 대한 적극적 시혜이므로, 만일 사람들이 이를 행하지 않더라도 타인으로부터 감사의 감정을 일으키지 않음에 불과하고, 타인으로부터 보복 감정을 불러일으키지는 않는다. 왜냐하면 인애에는 수익자는 있으나 피해자는 없기 때문이다. 그러나 이기심의 경우는 이것의 추구가 타인의 생명, 신체, 재산, 명예 등에 대한 침해로 나타나기 쉬우므로, 정의의 덕의 침해는 필연적으로 피해자를 낳으며, 피해자의 강력한 보복 감정을 유발한다. 따라서 타인에 대한 침해는 엄격히 규제되어야 하고 그렇게 할 때에만 '정의의 덕'이 성립하게 된다. 여기서 스미스가 말하는 정의는 교환적(交換的) 내지 교정적(矯正的) 정의 개념이며 배분적(配分的) 정의를 의미하는 것은 아님에 주목할 필요가 있다.

여하튼 그는 인애의 덕과 정의의 덕의 사회적 기능과 의미를 구별할 것을 강조하면서 다음과 같이 이야기한다. "인애는 정의보다 사회의 존속을 위해 덜 중요하다. 비록 살기에는 불편하겠지만 인애가 없어도 사회는 존속할 수 있으나, 정의가 부재하면 사회는 붕괴된다. (……) 정의는 사회라는 구축물을 지지하는 주된 기둥이다. 만일 이

애덤 스미스의 도덕철학 체계

기둥이 제거된다면 전 인간 사회는 순식간에 잿더미로 화할 것이다."[9] 사회는 구성원 간에 상호 애정이 없어도 공리(公利) 감정만으로 존립할 수는 있으나, 정의가 침범당하게 되면 혼란이 극에 달하여 사회의 존립 자체가 불가능하게 된다는 것이다. 따라서 정의의 준수는 사회 존립의 기초가 되는 것이다.

그러면 이 '정의의 덕'은 외적 강제 없이 자발적으로 지켜질 수 있을까? 이 점에 대하여 스미스는 어느 정도 낙관적이었다. 정의는 보편적인 정도의 도덕(common degree of morality)이므로 보편적인 인간성(common humanity)이라면 어느 정도 자발적으로 지킬 것을 기대할 수 있다고 보았다. 특히 인간 본성에는 앞에서 본 '동감의 원리'라는 숨은 성질이 있기 때문에 이기심의 발현은 중립적 관찰자의 동감을 얻는 범위 내에서 어느 정도 자발적으로 자제될 수 있다고 보았다.

그러나 스미스는 이 낙관론에 자족할 수 없었다는 사실을 고백한다. 그는 "정의의 원칙들은 최고도로 엄정(precise)하고 정확(accurate)해야 하며, 조금도 예외나 수정이 허용되어서는 안 된다. (……) 정의의 원칙들은 마치 문법의 규칙들(rules of grammar)과 흡사하다."라고 본다.[10] 이타적 행위는 많을수록 좋으며 과도하기가 어렵지만, 이기적 행위는 쉽게 과도해질 수 있다. 인애라는 가치는 사회를 보다 아름답게 하는 장식물이지만 정의라는 가치는 사회가 존립할 수 있는 기초이다. 따라서 인애는 사회적으로 강제될 수 없으나, 정의의 준수는 추호의 예외도 없이 엄격하고 정확하게 강제되어야 한다.

정의가 위와 같은 성질을 갖는다면 보편적인 인간성을 가진 인간들의 동감의 원리에 기초한 정의의 미덕(virtue of justice)만으로는, 즉 중립적 관찰자가 동감할 수 있는 범위 내로 이기심을 자발적으로 자제하는 것만으로는 결코 사회 유지에 충분하지 못하게 된다. 여기서 논리적 필연으로서 애덤 스미스는 정의의 법(law of justice)의 필요를 주장하면서 이에 대한 분석으로 넘어가지 않을 수 없게 되는 것이다.

이상과 같이 사회(자유 사회)가 질서 속에서 존재하기 위한 불가결의 조건이 정의의 실현이라는 사실에서부터, 그리고 정의가 가져야 하는 엄밀성과 일의적(一義的) 확정성의 필요로부터, 근대 시민 사회의 구성·질서 원리를 구명하려는 그의 도덕철학 체계는 당연히 제3부 법학으로 이행하지 않을 수 없게 된다.[11]

그리하여 그는 『도덕감정론』의 말미에서 다음과 같이 이야기한다. "나는 별개의 논문에서 법과 통치의 일반 원리에 대하여 논하려 한다. 또 그러한 일반 원리가 상이한 사회 및 시대에서 어떻게 변혁되어 나타나는가도 논하려 한다. 단순히 정의에 대해서만이 아니라, 정치, 국가 수입, 군비 등 법의 대상(object of law)이 되는 모든 것에 대하여 논하려고 한다."[12] 법에 대하여 별개의 논문을 쓰겠다는 이 약속은 앞에서 언급한 바와 같이 불행히도 지켜지지 못하고 말았으나, 당시 그의 생각에 대한 대체적 윤곽은 『법학 강의』 노트에 나타나 있다.

4   법학 ——『법학 강의』 노트

『법학 강의』 노트에서 스미스는 법학을 "시민 정부의 지도 원리 (rules by which civil governments ought to be directed)" 혹은 "법과 통치

의 일반 원리(general principles of law and government)"에 대한 이론이라고 정의한다.[13] 한마디로 말하면, 그는 입법자의 과학(the science of a legislator)으로서 법학을 이해했으며, 그 목적은 오늘날 말하는 협의의 법학뿐 아니라 시민 사회에서 정치, 행정, 경제 일반의 조직·구성 원리를 밝히는 것이다. 따라서 그에게 법(학)의 목적은 첫째가 정의(justice)이고, 다음이 국가의 풍요(opulence)를 위한 치정(police), 정부 기능의 유지를 위한 정부 수입(revenue), 그리고 국방(arms)으로 나뉜다. 이 중 '정의' 부분이 『법학 강의』의 제1부를 구성하고 나머지 목적에 대한 논의가 『법학 강의』의 제2부를 구성한다.

그런데 이 제2부는 이미 언급한 바와 같이 엄밀히 보면 정치경제학 부문에 속하는 것으로 뒤에 별도로 발전시켜 『국부론』으로 독립하게 된다. 따라서 스미스의 도덕철학 체계는 그 스스로가 『도덕감정론』에서 밝힌 바와 같이 대별하여 '윤리학과 법학의 두 부분'으로 나뉜다고 볼 수도 있으며, 글래스고 대학의 강의에서는 윤리학의 전제로서 자연신학에 대한 논의가 있었고 정치경제학은 법학 속에 포함되어 있었다. 이제 『법학 강의』 제1부에 대한 논의로 들어가자.

앞의 윤리학(『도덕감정론』)에서 이기심의 자유로운 행사를 허용하더라도 인간 본성에 내재하는 동감의 원리 때문에 인간에게는 이기심의 행위를 제한하는 '정의의 덕'이 나올 수 있음을 보았다. 그러나 정의는 엄격하고 정확하게 지켜지지 않으면 무질서와 혼란으로 사회의 존립 자체가 위협을 받기 때문에 엄격한 외적 강제, 즉 '정의의 법'이 필요함을 보았다. 즉 지금까지 근대 시민 사회의 구성·질서 원리로서 '동감의 원리'와 '정의의 원리'가 성립되어야 함을 본 셈이다.

그러면 여기에서 애덤 스미스가 정의의 원리를 시민 사회의 구성 원리의 하나로서 주장할 때, 그의 정의관, 그의 정의 개념은 무엇인가? 그는 『법학 강의』 제1부에서 정의의 개념을 교환적 정의(commutative justice)와 배분적 정의(distributive justice)로 나누고, 후자는 덕성들의 집합 혹은 적정한 인애(proper beneficence), 즉 적극적 덕(positive virtue)으로 분류한다. 그리고 전자 즉 교환적 정의는 침해로부터 안전(security from injury)이라는 소극적 덕(negative virtue)으로 분류한다. 그리하여 배분적 정의는 실현되어야 하나 그 실현을 강제할 수 없는 불완전한 권리(imperfect right)라고 보고, 교환적 정의는 그 실현을 요구할 수 있을 뿐 아니라 동시에 강제할 수 있는 완전한 권리(perfect right)라고 보아, 전자는 도덕 체계의 대상 내지 윤리학의 대상이고 후자야말로 진정한 법학의 대상이라고 주장한다.[14]

그 결과 그는 『법학 강의』에서 완전한 권리, 즉 교환적 정의에 국한해 논의할 것을 천명하고, 정의의 목적을 침해로부터의 안전 확보로 정의하여 사회 구성원 간에 이런 의미의 정의를 확보하는 것이 모든 개명된 통치(시민 국가)의 제1의 주된 목적이 되어야 한다고 주장한다.[15] 그는 계속하여 정의의 파괴는 권리가 박탈당할 때 발생한다고 하여 침해(injury)를 권리(right)의 박탈로 보고 있다.

그리하여 그는 인간 사회에서 발생할 수 있는 다양한 침해의 양태를 분석함으로써 각종 권리에 대한 분석으로 넘어간다. 권리는 개인으로서의 권리, 가족의 일원으로서의 권리, 사회의 한 구성원으로서의 권리 등 세 차원에서 논할 수 있음을 밝히고, 개인의 경우는 신체·명예·재산상의 권리로 나누어 논하고 있다. 이에 따라 『법학 강

애덤 스미스의 도덕철학 체계

의』제1부는 공법(公法)·가족법·사법(司法)의 순서로 구성되어 있다.

　여기서 스미스의 법학 연구 방법론과 관련해 몇 가지 지적해 둘 중요한 문제가 있다.

　첫째는, 그가 『법학 강의』에서 전개한 정의론(권리론)은 원리적으로 『도덕감정론』에서 전개한 동감의 이론 위에 기초해 있다는 사실이다. 즉 애덤 스미스는 부정의(不正義)라고 판단하고 처벌하는 근거를 공정한 제3의 관찰자가 가지는, 가해자에 대한 반감과 피해자에 대한 동감에서 구한다. 가해자에 대한 반감이란 가해자의 동기에 대한 부인이고, 피해자에 대한 동감이란 피해자의 분개에 대한 동감이다.

　특히 그는 정의론의 기초를 공정한 방관자의 동감을 얻을 수 있는 피해자의 분개(resentment)라는 감정에서 찾는다. 피해자의 분개가 이해관계가 없는 제3자에 의해 동감될 때 가해자에 대한 처벌은 정의로운 것이 된다고 보아, 처벌의 근거를 원칙적으로 피해를 받았을 때 피해자가 느끼는 분개에 두고 있다. 따라서 처벌의 근거를 공공적 이익의 향상에서 구하려는 그로티우스(Hugo Grotius)나 푸펜도르프(Samuel von Puffendorf), 흄(David Hume) 등의 효용정의론(效用正義論)과는 근본적으로 다른 입장을 취하는 것이 애덤 스미스의 동감정의론(同感正義論)이다.[16]

　그는 결코 일상의 부정의에 대한 처벌을 시인하는 근거가 정의의 공공적 효용성에 있다고 보지 않았다. 그는 "모든 사람은, 가장 우매하고 사려가 없는 사람들까지도, 사기, 배신, 부정을 혐오하고 그런 자들이 처벌받는 것을 보고 기뻐한다."라고 하면서[17] 보통 사람들이 정의를 판단하는 근거는 효용이 아니라 동감이라고 주장한다.[18]

이러한 동감정의론이 실은 각종 중상주의 정책과 법을 비판하는 실천적 문제와 깊은 관련이 있음이 지적되어야 한다. 왜냐하면 공공복리나 효용이 정의의 근거라고 하는 사고야말로 국가가 강제하는 법의 범위를 부당하게 확대해 각종 중상주의적인 정책·법의 존재를 지지하는 근거가 될 수 있고, 종국적으로는 '자유의 체계'를 파괴하는 결과를 낳을 수 있기 때문이다.

물론 스미스가 동감 원리에 기초한 인간들의 정의로운 행위(침해에 대한 처벌)가 결과적으로 공공적 효용을 실현한다는 사실 자체를 부정하는 것은 아니다. 그는 보통 사람들의 일상의 의식 속에 사회 복지와 보존에의 욕구가 있다는 점을 인정한다. 비록 그가 이 욕구를 정의의 기초라고는 보지 않았으나, 조물주가 인간 본성(인간적 자연)의 구조 속에 부정(침해)에 대한 분개(보복 감정)와 이에 대한 동감의 원리 등을 부여했기 때문에, 결과적으로 정의가 지켜지고 일반인이 직접적으로 의도하지 않았던 공공적 효용도 실현되는 것으로 보았던 것이다.

그의 동감정의론은 소유권 취득에 관한 이론에서 가장 잘 예시되어 있다. 그는 선점(先占, occupation), 첨부(添附, accession), 시효 취득(時效取得, prescription), 상속(succession), 증여(voluntary transference) 등 다섯 가지 배타적 지배권(소유권)의 취득 원인을 밝힌 후, 예컨대 왜 우리가 선점에 배타적 지배권을 인정하는가 하는 문제를 제기하고, 그 이유로서 공정한 관찰자가 최초 점유자의 기대에 동감하고, 선점자가 침해를 받았을 때 느끼는 분개에 동감하기 때문이라고 주장한다. 이와 같이 소유권이란 권리 성립의 계기를 당사자의 합리적 기대

(reasonable expectation)와 그것이 침해되었을 때의 분노에 대한 공평한 방관자의 동감에서 찾고 있다. 기본적으로 동일한 논리를 여타 소유권 발생 원인에도 적용한다.

스미스의 법학 방법론과 관련해 두 번째로 지적해 둘 문제는, 그의 『법학 강의』가 사적 법학(historical jurisprudence), 즉 실정법 발전의 역사를 파악하는 데 주된 비중을 두고 있다는 사실이다.[19] 이미 본 바와 같이, 스미스는 정의(법)의 기초를 '개인의 분개'와 '집단적 동감'의 원리로 파악하는바, 집단적 동감이란 시대와 장소에 따라 어느 정도 가변적일 수밖에 없으므로, 법에 대한 연구는 소위 '역사적 동감'과 그 변화에 대한 연구를 빠뜨릴 수 없게 된 것이다.

그러나 그의 실증적 법사(法史) 연구는 실정법으로부터 독립되어 있는 정의의 자연적 원리들, 환언하면, 초역사적 동감의 원리 혹은 자연법 원리(natural jurisprudence)를 구명하기 위한 기초 작업에 불과함을 잊어서는 안 된다. 스미스의 의도는 실정법 체계의 역사적 고찰 그 자체에 있는 것은 아니었다. 그의 진정한 목적은 역사적 고찰을 통해 초역사적 자연법 원리를 파악하는 데 있었고 이 초역사적 자연법의 원리에 기초하여 기존의 실정법(즉 중상주의법)을 비판하고 대안을 제시하고자 했던 것이다.

그가 법학에서 역사적 분석의 방법을 취한 주된 이유가 이와 같이 자연법 원리를 발견하기 위함임은, 『법학 강의』 모두(冒頭)에서 "법학이란 모든 국민의 법의 기초가 될 만한 일반 원칙을 연구하는 것"이라고 밝히고, 『법학 강의』 말미에서 "이리하여 우리는 자연법과 실정법(laws of nations) 모두에 대한 고찰을 완료했다."[20]라고 결론 내리는 것에서도 알 수 있다.

더 나아가 그는 미개 사회로부터 문명사회에 이르는 실정법의 역사를 각각 역사 발전 단계에 상응하는 법의 역사(역사적 동감의 역사)로서 파악했을 뿐 아니라, 동시에 자연법이 스스로를 실현·발현해 가는 동적(動的) 과정으로 파악한다. 그래서 그는 미개 사회의 법이 그 역사 발전 단계에 상응하는 면도 있으나 자연법으로부터 일탈된 면도 컸다고 보았다. 반면에 문명사회의 법은 모든 사회에 타당한 자연법이 보다 많이 발현되었다고 보았다.

따라서 사람들의 미개와 야만이 각국의 실정법을 자연법으로부터 일탈시키는 중요 원인의 하나라고 지적하고, 그 이외의 일탈 원인으로서 (1) 국가의 기본 구조(constitution), 즉 통치의 이해, (2) 통치를 전제화(專制化)하고 있는 특정 계급 사람들의 이해, (3) 재판소의 기본 구조 등을 들고 있다. 여기서 특히 '특권 계급의 이해관계'로 인해 실정법이 자연법으로부터 괴리·일탈되는 현상에 대한 지적은 스미스가 뒤의 『국부론』 제2편에서 전개한 중상주의적·특권적인 각종 국가 정책과 법에 대한 비판과 깊은 연관이 있음에 주목할 필요가 있다.

그러면 스미스가 말하는 자연법 혹은 자연법 원리란 구체적으로 무엇을 의미하는가? 결론부터 이야기하면, 영국의 명예혁명에 의해 성립된 '자유의 합리적 체계'를 의미한다. 그는 『법학 강의』 제1부 공법편에서 미개에서 문명에 이르는 각종 통치 형태의 성립과 발전, 그리고 경제 과정의 변화와의 상호 관계 등을 고찰한 후, 전 역사 과정의 최후에 명예혁명에 의해 '자유의 체계'가 확립되었음을 밝힌다. 그리고 이것이 모든 사람의 정의의 감정에 의해 지지될 수 있는 '자유의 합리적 체계'임을 주장한다. 곧 스미스적인 자연법 원리가 되는 셈이다.

그러면 『법학 강의』의 제1부에 대한 소개는 간단히 여기서 줄이고 다시 본론으로 돌아가자. 앞의 『도덕감정론』에서 우리는 사회가 질서와 평화를 유지하기 위해서는 정의가 실현되어야 하지만, 정의는 엄정하고 정확하게 실현되어야 하브로 각자의 이기심의 자발적 억제에 기초한(동감의 원리에 따른) 정의의 덕만으로는 부족하고, 국가에 의한 외적 강제가 수반되는 정의의 법이 필요함을 보았다. 그리하여 『법학 강의』 제1부에서 정의(법)의 내용, 법의 역사적 모습(laws of nations)과 법의 초역사적인 바람직한 모습(laws of nature) 등을 분석했다.

그렇다면 근대 시민 사회는 과연 정의의 법만 잘 지켜지면 질서와 평화를 유지할 수 있는가? 정부가 공권력에 의해 정의의 법의 실현만 확보한다면 사회는 스스로 질서, 조화 속에서 발전, 성장할 수 있는가?

이것이 다음의 문제이다. 이에 대하여 스미스는 아니라고 보았다. 그는 자유 사회의 평화와 발전을 위해서는 정의의 법만으로는 불충분하고 상공업의 발달을 구체적 내용으로 하는 치정이 필요하다고 보았다. 여기에 『법학 강의』가 제1부 정의 편(on justice)으로 끝나지 않고 제2부 치정 편(on police)을 두게 된 이유가 있다. 또 여기에 제2부의 치정 편이 뒤에 『국부론』이라는 단행본으로 독립·발전되어, 국부(國富)의 성질 및 원인에 대해 스미스가 본격적으로 연구하게 되는 소이(所以)가 있는 것이다.

치정(治定, police)이라면 오늘날에는 경찰을 의미하지만 스미스 시대에는 보다 광의로 해석되어 외정(外政)을 의미하는 폴리시(policy)와 대조적으로 내정(內政) 일반을 의미하는 용어로 사용되었다. 스미스는 치정의 목표를 청결(cleanliness), 안전(security), 저렴함 혹은 풍부함(cheapness or plenty)으로 들고 있다. 그리고 치정의 필요 중에서 특히 저렴함과 풍부함의 필요를 다음과 같이 이야기하고 있다.

우리는 최대의 치정이 있고 법적 규제가 가장 많은 도시가 반드시 최대의 안전에 있지 못함을 본다. 파리에는 치정에 대한 법률이 여러 권의 책으로도 부족할 정도로 많으나, 런던은 두세 개의 간단한 법률만 있을 뿐이다. 그러나 파리에서는 살인 없이 지나가는 밤이 거의 없는 반면에 런던은 파리보다 더 큰 도시인데도 (살인 사건은) 1년에 3~4건 정도에 그치고 있다. 이를 보고 혹자는 치정이 많으면 오히려 안녕을 기할 수 없는 것이 아니냐고 할지 모르나, 그것은 원인을 잘못 파악한 것이다. 영국도 봉건 시대, 적어도 엘리자베스 여왕 말기까지는 프랑스와 같았다. (……) 프랑스에는 지금도 봉건적 유습이 남아 있고 이것이 앞서 말한 차이를 낳는다. 파리의 귀족들은 우리보다 많은 노비를 가지고 있고, 그들은 주인의 기분에 따라 쉽게 해고되기도 하는, 극히 궁박한 사정에 놓여 있다. 이것이 이들로 하여금 가공할 만한 범죄 행위를 하도록 내모는 원인이 된다.[21]

가신(家臣)을 한 사람 이상 둔 사람이 없는 글래스고에서는 에든버러보다 살인 사건이 적게 일어난다. 글래스고에서는 살인 사건이 수년에 한 번 정도 발생하나 에든버러에서는 매년 발생하고 있다. 그러므로 범죄를 방지하는 것은 치정(police)이 아니라, 타인에 의지해서 사는 사람 수를 줄

애덤 스미스의 도덕철학 체계

이는 것이다. 종속(dependency)만큼 인간을 타락시키는 것은 없으며, 자립(independency)이야말로 인간의 정직을 함양하는 것이다. 상업과 공업을 육성하는 것이 바로 자립을 높이는 것이고, 이것이 범죄를 방지하는 최선의 치정이다. 이렇게 함으로써 좀 더 나은 임금을 받게 되고 그 결과 성실한 태도가 전국에 일반화된다.[22]

결국 정의는 법적 규제의 강화만으로는 확보되지 않으며, 상공업을 발달시켜 재화를 풍부하고 저렴하게 만들고 모든 시민을 (경제적·정신적으로) 자립적이고 정직하고 근면한 인간으로 만들어야 자유 사회 질서가 쉽게 유지·발전될 수 있다는 주장이다. 모든 국민을 봉건적 관계에서 해방시켜 경제적으로도 자유로운 근대적 인간으로 만들기 위해서는 상공업을 발달시키고 국부를 증대하지 않으면 안 된다는 것이다. 그리하여 그는 위에서 인용된 관찰을 『법학 강의』 제2부의 모두에서 제시하고 계속하여 국부의 증대, 상공업 발달을 위한 분업(division of labor)의 이익, 잘 알려진 핀 제조 공장의 예, 인간이 가지고 있는 자발적 교환 성향의 중요성, 자연 가격과 시장 가격의 차, 독점의 병폐, 화폐론 등을 전개하고 있다.

이상에서 애덤 스미스가 왜 『법학 강의』를 2부로 구성하여 제1부에서 정의를 논하고 제2부에서 풍부(豊富)와 저렴(低廉)을 위한 치정에 대하여 논할 수밖에 없었는지, 환언하면 그의 도덕철학 체계의 제4부가 왜 정치경제학이 되었는지, 또 그가 후에 별개의 단행본으로 『국부론』을 쓰게 된 배경과 문제의식이 무엇이었는지 등이 명백해졌다고 하겠다.

5 정치경제학 —『국부론』

본래『법학 강의』의 제2부였다가 후에 독립하여 발전된『국부론 (*An Inquiry into the Nature and Cause of the Wealth of Nations*)』은 어떻게 하면 국부의 증대가 가능한가, 바꾸어 말하면 한 나라의 풍부와 염가(廉價) 는 어떠한 질서 내지 원리 속에서 이루어지는가를 주제로 한다.

우선 부(富, wealth, opulence)의 정의에 대해서 당시 지배적인 입장 에 있었던 중상주의자들은 금, 은 등의 귀금속으로 만들어진 화폐와 그 양으로 보았다. 그러나 스미스는 부란 화폐 그 자체가 아니라 화폐 로 구매할 수 있고, 사람들에 의해 소비의 대상이 될 수 있는 재(財, 필 수품 및 편의품) 그 자체라고 주장한다. 재가 부라는 것이다. 그러면 재 는 어떻게 생기는가? 살아 있는 인간의 노동에 의해 만들어진다. 그 러므로 '노동의 생산물'이야말로 재의 근원이고 부의 본질이다. 부와 재를 증대시키는 원인이 노동에 있다면, 노동은 어떻게 부와 재를 증 대시키는가?

스미스는 국부의 결정 요인으로 대별하여 다음의 두 가지를 제시 한다. 하나는 노동의 숙련, 기교 및 판단(skill, dexterity and judgement), 즉 노동의 생산성이고, 다른 하나는 생산적 노동자와 비생산적 노동 자의 비율이다. 그래서 스미스는 노동의 생산성이 높아질수록, 또한 인구 전체에서 생산적 노동자의 비율이 증대할수록 국부가 증대한다 고 주장한다. 그는 특히 후자보다 전자의 중요성을 강조한다.

노동의 생산성 제고가 주요 관심사이므로, 스미스는『국부론』제 1편 제1장을 노동 생산성 증가 요인에 대한 분석에서 출발한다. 노동 생산성의 증가란 연년(年年)의 노동 생산물의 증가를 의미한다. 그러면 연년의 노동 생산물의 증가는 어디서 오는가? 스미스는 분업에서 온다고 주장한다. 하나의 생산 공정에 투입되는 노동자를 늘리고 생산 공정을 세분화하여 각자가 자기가 맡은 분야에만 노력을 집중하면 전체 생산물은 크게 증가한다는 것이다. 환언하면 분업이 세분화될수록, 즉 분업 특화(specialization of labor)의 정도가 높아질수록, 노동 생산물이 많아진다는 것이다.

스미스는 잘 알려진 핀 제조 공장의 예를 들고 있다. 혼자 핀 하나를 만드는 것보다 세 명이 세 개의 공정으로 나누어 분업하여 만들면 그 생산량이 세 배가 아니라 다섯 배, 열 배가 될 수 있다는 것이다. 그는 분업이 주는 주요 이익으로 기교의 개선, 시간의 절약, 직공들에 의한 기계의 발명이라는 세 가지를 들고 이 분업의 이익이 생산물의 증가 즉 생산성의 증가를 가져온다고 본다.

그러면 분업의 세분화의 크기, 노동 특화의 정도는 무엇에 의하여 결정될까? 그것은 '시장의 크기'에 의해 정해진다고 본다. 생산물 시장이 크면 클수록 많은 생산량이 필요하므로 분업 세분화의 필요와 여지도 커진다. 그러나 시장이 작으면 많은 생산물이 필요하지 않으므로 그만큼 분업 세분화의 필요와 여지도 작아진다. 그래서 일반적으로 세계 자유 무역을 하는 나라일수록, 수출 산업 분야일수록 분업 세분화의 필요와 여지가 커지고 그만큼 생산성 향상의 여지가 커진다고 할 수 있다.

스미스는 흥미로운 지적을 한다. 인간은 도대체 왜 분업을 하고 그 생산물을 교환하게 되었는가? 이에 대한 답을 그는 다른 동물에서는 발견되지 않는, 인간만이 가진 교환 성향(交換性向, propensity to truck, barter, exchange)에서 찾는다. 인간 사회의 질서와 조화 원리를 인간의 본성 속에서 찾으려는 스미스류의 방법론적 특색의 일단을 여기서도 볼 수 있다. 시작은 이렇게 인간성에 내재하는 교환·거래 성향에서 출발했지만, 인간의 분업과 시장에서의 교환 활동은 인간이 가지고 있는 이기심, 자애심에 의해 지속적으로 촉진되고 발전되어 왔다고 본다.

부, 재 증대의 또 다른 원인의 하나인 생산적 노동의 비율에 대한 그의 견해를 보자. 스미스에 의하면 생산적 노동(productive labor)이란 노동 대상의 가치를 증가시키는 노동이고, 비생산적 노동(unproductive labor)은 가치의 증가를 전혀 가져오지 못하는 노동이다. 예컨대 제조공의 노동은 가치 증식적이므로 생산적이지만, 하인의 노동(서비스)은 창출되는 순간 소멸되어 버리고, 나중에 같은 양의 노무(勞務)를 획득할 수 있는 아무것도 생산해 내지 않기 때문에 비생산적으로 보는 것이다. 그는 하인 이외에도 군인, 성직자, 법률가, 의사, 문필가, 예술가 등도 비생산적 노동의 범주에 넣는다.

나아가 한 사람의 생산적 노동의 비율은 그들을 취업시키기 위해 사용되는 자본량(資本量, capital stock)과 그 자본이 사용되는 특정의 방법에 의존하고 비례한다. 그런데 자본 증가의 직접적인 원인은 절약(saving)과 인색(parsimony)이기 때문에, 절약에 의해 자본이 증가하면 생산적 노동의 고용이 늘어나 국부는 증가하게 된다. 예컨대 노비를 고용하고 있는 귀족이 절약을 하면 비생산적 노동인 노비는 실업하게 되지만, 그 절약분은 자본으로 전환하여 실업화한 노비들의 생산적 노동에의 고용 기회를 확대하게 된다. 그래서 결과적으로 생산적 노동의 비율은 증대한다. 따라서 애덤 스미스는 낭비를 경계한다. 나아가 자본이 무분별하게 사용되거나 성공 가망이 없는 부문에서 사용되는 것 등도 낭비와 마찬가지라고 지적하고 있다.

요컨대 '절약을 통한 자본의 축적'이 앞에서 거론한 '분업을 통한 노동 생산성의 증대'와 함께 국부 증대의 주요 원인임을 강조한다. 이상이 『국부론』 제1편과 제2편의 주요 골자이다. 제3편과 제4편에서는 역사 분석과 중상주의적 정책·법, 소위 '상업의 체계'에 대한 비판이 중심을 이루고, 제5편에서는 공공 부문(public sector)에 대한 분석이 주 과제로 되어 있다.

『국부론』은 경제학의 고전으로서 그 내용이 이미 잘 알려져 있기 때문에 여기서 더 이상의 상론은 피하기로 한다. 다만 『국부론』에 나타난 그의 사상적 특징만 두 가지 지적해 두고자 한다.

첫 번째 특징은 『도덕감정론』에서 전개한 '동감의 원리'와 『국부론』에서 전개한 '교환의 원리'='경쟁의 원리'='시장의 원리'가 실은 동일한 논리 구조 위에 서 있다는 사실이다. 그리고 이 두 원리가 모두 중세적 속박에서 인간의 이성뿐 아니라 본능까지 해방된 '근대적 자유 사회'에서 개인적 이기심이 사회적 선(공익)으로 전환될 수 있는 조건이라는 사실이다.

두 원리가 동일한 논리 구조 위에 서 있다는 사실은 우선 양자가 공히 인간의 본성 속에 내재하는 자연적 성향에서 출발함을 의미한다. 동감의 원리란, 인간이 상호 동감 속에서 큰 희열을 느끼는 성향이 있다는 경험적 사실에 기초한다. 또한 교환의 원리는 인간의 본성 속에 거래·교역·교환하려는 성향 내지 충동이 내재해 있다는 경험적 사실에 기초한다.

중요한 것은 이 두 가지 원리, 공감의 원리와 교환의 원리가 모두 인간의 이기적 충동을 사회적 선으로 전환하는 역할 내지 기능을 한다는 사실이다. 이기적 충동을 중립적 제3자 혹은 공정한 관찰자의 동감을 얻어 낼 수 있는 범위 내에서 자제하도록 만드는 동감의 원리가, 그대로 이기심을 도덕적으로 만드는 데 기여하는 원리가 된다. 왜냐하면, 도덕적 판단의 기준은 행동의 동기에 있지 않고, 그 행위에 대한 중립적 제3자의 동감이 성립하는지의 여부에 의해 좌우되기 때문이다.

한편 인간성에 내재하는 교환 성향도 실은 그 활성화의 계기는 인간의 이기적 동기에 있다. 애덤 스미스는 다음과 같이 이야기한다. "거의 모든 동물류에서 각 동물은 성숙하면 완전 독립하며, 자연 상태에서는 다른 동물의 도움을 필요로 하지 않는다. 그러나 인간은 항상 다른 동포의 도움을 필요로 하는데, 단지 그들의 선심에만 기대해서는 그 도움을 얻을 수가 없다. 그가 만약 그들 자신의 자애심이 자기에게 유리하게 발휘되도록 할 수 있다면, (……) 그들의 도움을 얻으려는 그의 목적은 더 효과적으로 달성될 것이다. (……) 내가 원하는 것을 나에게 주시오. 그러면 당신이 원하는 것을 가지게 될 것이오, 라고 (……) 우리가 매일 식사를 마련할 수 있는 것은 푸줏간 주인과 양조장 주인, 그리고, 빵집 주인의 자비심 때문이 아니라, 그들 자신의 이익을 위한 그들의 고려 때문이다. 우리는 그들의 자비심에 호소하지 않고, 그들의 자애심(이기심)에 호소하며, 그들에게 우리 자신의 필

애덤 스미스의 도덕철학 체계

요를 말하지 않고, (그것이) 그들 자신에게 유리함을 말해야 한다.”[23]

이와 같이 스미스는 인간의 이기적 동기가 교환을 통하여 쌍방 모두에게 유리한, 소위 공익을 결과할 수 있음을 주장하는 것이다. 교환 성향이 없으면 공업이 성립할 수 없고, 분업이 없으면 부와 재의 해마다의 증대가 달성될 수 없기 때문에, 교환 성향 자체는 이기적 동기에서 출발하지만 교환 과정의 결과는 국부의 증대라는 공익의 증대, 즉 사회적 선을 결과한다는 것이다.

특히 이 교환 성향이 뒤에 상론할 공정·자유 경쟁적 시장 질서하에서 작동할 때 국부의 증대라는 공익에의 기여(자원의 효율적 배분을 통한 기여)는 더욱 커진다. 예컨대 교환 질서가 경쟁적일수록 제조업자는 보다 양질의 상품을 보다 저가로 공급하려고 노력하게 되므로, 노력의 동기 자체는 비록 이윤 추구라는 이기적 동기일지라도, 그 사회적 결과는 소비자 이익의 증대라는 공익에의 기여로 나타난다.

이상과 같이 인간의 이기심, 자애심은 동감의 원리에 의해 인간 내부에서 견제를 받으며, 동시에 교환의 원리, 특히 경쟁적 교환의 원리에 의해 외부적으로도 공익에 유리한 방향으로 작동하도록 인도되는 것이다.

두 번째 그의 사상적 특징은, 그가 단순한 자유방임론자가 아니라는 사실이다. 흔히들 애덤 스미스를 자유방임론자로 이해하는 경향이 있다. 그의 주장을, 현실을 있는 그대로 두면 ‘보이지 않는 손(invisible hand)’에 의하여 자동적으로 사회적 공공선이 이루어진다는 것으로 이해하는 경향이 지배적이다. 이러한 주장을 ‘소극적 자유방임론’이라고 부른다면, 그는 결코 소극적 자유방임론자가 아니었다.

보다 정확히 이야기하면 그를 '적극적 자유방임론자'라고 부르는 편이 옳을 것이다.[24]

스미스의 '방임(放任)'은 인간과 인간 사회에 내재하는 자연법칙의 해방, 중세적 또는 중상주의적 각종 규제로부터 '인간의 활동력'의 해방을 의미하는 것이었지, 오늘날 통상적으로 이해되고 있듯이 현실을 그대로 내버려 두자는 것은 결코 아니었다. 특히 오늘날 신고전학파의 주류 경제학자들 중에서 이러한 오해가 많이 발생하고 있다.

이러한 오해의 주된 요인은 애덤 스미스의 자연법적 세계관의 배경, 즉 그의 자연신학과 윤리학, 『도덕감정론』에 대한 체계적이고 통일적인 이해의 부족에서 나온다고 본다. 또한 애덤 스미스는 현실의 경제·시장 행태 및 구조에 대한 자세한 관찰, 경험적·실증적 분석을 중시한 데 반하여, 오늘날의 신고전학파 경제학의 주류는 다분히 현실에 대한 구체적 분석 없이 이론 모델을 중심으로 한 추상적 인식 위주로 나아가고 있는바, 이러한 연구 방법론의 차이도 위와 같은 오해가 발생하는 한 원인이 된다고 생각한다.

애덤 스미스의 '적극적 자유방임론'은 자유롭고 공정한 경쟁 시장 메커니즘의 작동을 전제로 한 방임이다. 자유·공정 경쟁을 제한하고 방해하는 현실을 그대로 두고 방임하겠다는 것은 결코 아니다. 그는 『국부론』에서 동업 조합의 배타적 특권을 보장하는 법령을 맹렬히 공격할 뿐 아니라, 상인의 독점 이윤 추구 본능이 정치권력과 유착하여 생기는 각종 비능률, 불공정을 크게 경계하고 반대한다.

주의할 것은 스미스가 결코 이기심, 즉 사적 이익 추구 동기의 예찬론자는 아니었다는 사실이다. 그는 다만 그러한 동기의 강력함을

애덤 스미스의 도덕철학 체계

인정하고, 그러한 동기가 일정한 경우, 즉 자유·공정 경쟁 시장하에서는 공익의 증대 즉 국부의 증대로 연결될 수 있음을 밝힌 것이다. 따라서 자유·공정 경쟁 시장을 전제하지 않는 이기심, 즉 사적 이윤 추구 동기는 결코 사회적 선이 될 수 없다.

그는 『법학 강의』 제2부에서 이미 "독점은 공공의 풍요를 파괴한다(Monopolies destroy public opulence).", "기업의 배타적 특권을 인정하는 것도 동일한 효과가 있다."라고 주장했다.[25] 또한 『국부론』의 제1편 제11장 결론에서도 "경쟁을 제한하는 것은 항상 상인과 제조업자에게 이익이 된다. (……) 그러나 그것은 즉 경쟁을 제한하는 것은 항상 공공의 이익과 상충한다. 왜냐하면, 경쟁을 제한하면 상인과 제조업자는 자기 자신의 이익을 위해 동료 시민들에게 불리한 세금(예를 들어 상품의 가격 인상)을 부과할 수 있기 때문이며, 이로 인해 상인과 제조업자들은 이윤을 자연적인 수준 이상으로 올릴 수 있기 때문이다. 따라서 이러한 계급들(상인과 제조업자)이 제안하는 어떤 새로운 상업적 법적 규제들에 대해서는 항상 큰 경계심을 가지고 주목해야 한다. 그리고 그것들을 매우 진지하고 주의 깊게 오랫동안 신중하게 검토한 뒤에 채택해야 한다. ― 그것은 일반적으로 공익을 속이고 억압까지 하는 것으로 이익을 보는 계급들에서 나오기 때문이다."라고 쓰고 있다.[26]

결국 이러한 의미에서 애덤 스미스가 주장하는 자유방임은 단순한 자유방임이 아니라 실은 '반독점(反獨占) 선언'이다. 따라서 진정한 자유방임은 경제에 대한 정부의 무조건적 불개입(문자 그대로의 방임)을 의미하는 것이 아니라 정부의 개입과 불개입을 동시에 요구하는 것이 되어야 한다. 독점을 결과하는 기존의 각종 정부 규제에 대해서는 불개입 원칙(규제 철폐), 즉 자유방임의 원칙이 지켜져야 하지만, 경쟁을 제한하는 기존의 독과점 구조(동업 조합의 자율 규제 등)에 대해서는 개입 원칙, 즉 반독점 정책이 반드시 필요하다. 이것이 진정한 의미의 스미스적 자유방임론이다. 그러한 의미에서 애덤 스미스야말로 역사상 최초의 '질서정책론자(秩序政策論者, Ordnungspolitikust)'라 하겠다.

6   요약 및 결론

지금까지 애덤 스미스의 도덕철학 체계를 통일적으로 인식하기 위해 그가 어떠한 문제의식에서 도덕철학 강의를 자연신학, 윤리학, 법학, 경제학의 순으로 엮었는가, 그리고 각 분야가 어떠한 내적 연관 속에서 하나의 통일적 체계를 구성하는가를 보았다. 간단히 대강을 정리해 본다면 다음과 같을 것이다.

애덤 스미스의 기본 문제의식은 중세적 속박에서 벗어난 자유로운 개인들이 모여 사는 자유 사회, 이성뿐 아니라 사적 욕망의 추구도 중세적 구속에서 해방된 자유로운 근대 시민 사회가 과연 질서, 평화, 발전을 이룰 수 있는가 하는 것이었다. 그리하여 근대 시민 사회의 질서, 조화의 합리성과 필연성을 규명함으로써, 환언하면, 근대 시민 사회의 질서·조직·구성 원리를 밝힘으로써 소위 중상주의적 '상업의 체계'를 '자유의 체계'로 대체하려 한 것이다. 한마디로 근대 시민 사회의 합리성을 증명하려는 논리학이 그의 도덕철학 체계라고 볼 수 있다.

그는 근대 시민 사회의 질서·구성 원리를 밝히는 작업을 인간적 자연(human nature), 즉 인간의 심성(心性)에 대한 분석에서 시작한다. 천체가 각자 자유로이 운행하면서도 하나의 정연한 질서를 이루는 원리, 즉 인력의 법칙의 영향을 받듯이, 개인이 각자 자유로이 행동하면서도 사회에 하나의 정연한 질서를 가능하게 하는 원리 내지 법칙이 특히 인간의 심성에 내재해 있다고 보았던 것이다.(자연신학)

그 '숨은 성질'이 바로 동감의 원리이고 특히 상호 동감이 주는 기쁨 때문에 인간의 심성 속에는 공평한 관찰자의 동감을 얻는 범위 내에서 자신의 이기심을 조절하고 제한하려는 성향이 원초적으로 내재해 있다.(윤리학)

그러나 사회의 질서는 침해로부터의 안전이라는 의미의 정의, 환언하면 소극적, 교환적 혹은 교정적 정의가 엄정하고 정확하게 차별 없이 실현되어야 유지될 수 있으므로, 이기심이 동감의 원리에 의해 자제될 때 성립하는 '정의의 덕'만으로는 충분하지 않다. 여기서 외적 강제가 수반되는 '정의의 법'이 필요하게 된다.(법학)

아무리 정의의 법을 잘 정비하고 엄정히 집행한다고 해도 타인에게 경제적으로 의지 내지 종속되어 생활하는 자가 많은 사회에서는 질서를 유지하고 안전을 확보하기가 어렵다. 경제적 종속은 인간을 쉽게 타락시키는 경향이 있고, 반면에 경제적 자립은 정직하고 성실한 인간을 만들어 내기 때문이다. 여기서 상공업을 발달시키고 국부의 증진을 도모해야 할 필요가 생기며, 국부 증진의 원인과 방법을 연구하지 않을 수 없다. 거기서 나온 것이 생산성 향상을 위한 분업의 중요성과 생산적 노동의 비율 증대를 위한 자본 축적(=절약)의 중요성이고, 이 양자의 기초가 되는 것이 교환, 특히 자유 경쟁적이고 공정한 교환의 원리이다.(정치경제학)

이상을 종합해 보면, 애덤 스미스가 밝힌 근대 시민 사회, 즉 자유의 체계의 구성·조직·발전의 원리는 (1) 동감의 원리, (2) 정의의 원리, (3) 교환의 원리로 요약할 수 있다. 이를 정책론, 당위론의 입장에서 보면, 근대 시민 사회가 조화·평화 속에서 발전하기 위해서는 (1) 동감(윤리)이 중요하고, (2) 정의(법)가 중요하고, (3) 자유 경쟁적 교환(경제)이 중요하다는 이야기가 된다. 이상의 세 가지 원리가 각자의 분야에서 자기 역할을 다할 때 비로소 시민 사회는 질서 속에서 발전할 수 있는 것이다. 이로써 근대 시민 사회의 질서·구성 원리가 밝혀졌고, 조화와 발전의 필연성이 증명되었다.

이상으로 애덤 스미스 도덕철학의 전 체계 — 신학·윤리학·법학·경제학 — 에 관한 통일적 이해가 완료되었다. 애덤 스미스 사후 200여 년이 지난 지금도 인간과 사회에 대한 그의 예지와 통찰력, 수미일관한 논리 등에 다시 한 번 감탄하지 않을 수 없다. 대부분의 인류, 특히 시장 경제 체제하에서 살고 있는 모두는 아직도 기본적으로 애덤 스미스적 세계상, 그가 규명한 질서 원리와 가치 전제(前提) 속에 있다고 볼 수 있다. 그런 의미에서 사상사적으로 볼 때 아직 '근대'는 끝나지 않았다고 할 수 있다.

그러나 인간은 누구나 자기가 살던 시대적 상황, 역사적 발전 단계에 의해 인식의 범위가 규제되고 한계 지어진다. 애덤 스미스도 예외는 아니다. 지나간 200여 년의 시민 사회의 변화·변모 과정을 돌이켜 보면 그의 체계에서 하나의 취약점이 쉽게 발견된다. 그것은 배분적 정의에 관한 문제이다. 즉, 만일 중세적 속박, 중상주의적 규제에서 해방된 자유 경제가 심대한 배분적 부정의(즉 소득 분배상의 불공정)를 양산한다면 과연 시민 사회의 조화·발전·질서가 가능하다고 볼 수 있는가 하는 문제가 등장한다.

애덤 스미스는 앞에서 본 바와 같이 배분적 정의를 하나의 미덕으로 보고 배분적 정의에 대한 요구를 하나의 불완전한 권리로 파악한다. 즉 요구는 할 수 있으나 강제할 수는 없는 권리로 본다. 법학의 문제로서보다는 윤리학의 문제로 보는 것이다. 그리고 그는 자신의 정의론을 과정적·교환적 정의(완전 권리)에 엄격히 국한하여 전개하고 있다.

그러나 소득 분배상의 불공정, 배분적 부정의의 정도가 심대하여, 예컨대 공평하고 중립적인 제3의 관찰자의 동감을 전혀 얻어 낼 수 없는 정도에 이른다면 어떻게 해야 할까? 이러한 심대한 불공정을 지속하면서도 시민 사회는 조화·발전·질서가 가능하겠는가? 이 배분적 정의에 대해 본격적인 문제 제기 내지 분석을 피했다는 데에 — 근대 시민 사회의 구성 원리, 구명 과정에서 소득 분배상의 공평 문제를 경시 내지 제외했다는 데에 — 스미스 체계의 한계가 있지 않은가, 앞으로 보완·발전시켜야 할 부분이 아닌가 생각한다.

그러면 애덤 스미스 자신은 왜 배분적 정의의 문제를 중시하지 않았는가? 현대에 사는 우리의 눈에는 배분적 정의의 문제가 대단히 중요한 이론적·실천적 과제인데, 왜 그는 별도의 심층적 논의를 하지 않았는가? 그 이유는 비교적 간단한 것 같다. 즉 그는 배분적 정의의 문제가 오늘날 우리가 인식하듯이 그렇게 심각한 사회 문제가 되리라고는 보지 않았다.

그가 이러한 낙관론을 가질 수 있었던 것은 첫째, 그가 노동이 교환 가치의 실질적 척도라고 보는 노동가치설의 입장을 취했다는 사실과, 둘째로, 그가 살던 당시가 엄밀히 이야기하면 '자본주의적 생산 양식'이 본격적으로 정착하기 직전, 소위 '단순 상품 생산'이 지배적이었던 시기였다는 사실에 기인한다.

교환 과정에서의 재화의 가치가 그 재화의 생산 과정에 든 생산자의 '노고와 괴로움', 즉 노동의 양에 의해서 결정된다는 노동가치설의 입장을 택하게 되면, '각자에게 자기의 몫을'이라는 배분적 정의는 크게 문제가 될 수 없다. 그의 노동가치설에는 지배 노동(支配勞動)과 투하 노동(投下勞動)의 개념이 혼재하여 명확히 분화되지 않았다는 비판이 있으나,[27] 애덤 스미스의 전체 사상 체계 속에서 노동가치설의 진정한 의의는 자유와 공평(즉 배분적 정의)이 양립한다는 사실을 증명하는 데 있는 것이다. 왜냐하면, 일에 들인 노력의 정도와 그 노력의 결과(시장적 결과=상품의 교환 가격)가 일치한다면, 그 자체가 배분적 정의의 실현이 되기 때문이다. 환언하면 노동가치설의 입장을 취하면 시장 자체가 배분적 정의의 실현의 장이 되기 때문이다.

이와 같이 스미스가 자유와 공정(즉, 배분적 정의)의 양립 가능성에 대하여 노동가치설에 근거하여 비교적 낙관할 수 있었던 것은 그가 소위 단순 상품 생산이 지배적이던 시대를 살았다는 사실과 무관하지 않다. 스미스가 도덕철학 체계를 구상하고 발전시키던 글래스고 대학 교수 시절, 즉 18세기 중반은 아직 자본과 노동의 분화가 크게 진행되지 않았던, 즉 시민 대부분이 자기가 소유하는 생산 수단에 자기의 노동을 투하하는 '독립 생산자'이던 시기였다.

물론 노동자를 고용하는 경우도 있었지만, 농촌 가내 수공업의 예에서 볼 수 있는 것처럼 고용한 노동자만이 일하는 것이 아니라 사용자 자신도 함께 노동하며, 노동자도 사용자와 함께 숙식하는 경우가 일반적이었다. 요컨대 자본과 노동의 완전 분화에 기초한 본격적인 자본주의적 생산 양식으로 진행하기 이전 혹은 그 과정의 시기였다. '자본과 노동의 미분화', '생산과 소비의 미분화'가 지배적이던 때에 스미스의 노동가치설은 자유와 공정의 양립을 증명하는 이론으로 당시에는 충분히 성립할 수 있었다.

그러나 단순 상품 생산 양식의 시대가 끝나고 자본주의적 생산 양식이 본격적으로 정착하면서, 한쪽에는 노동만을 가지고 생산에 참가하는 노동자가, 다른 쪽에는 생산 수단만을 제공하며 생산에 참가하는, 즉 노동하지 않는 자본가가 등장하여, 자본과 노동의 완전 분화가 일어난다. 그렇게 되면 재화는 더 이상 노동의 생산물이라고만 보기 어렵게 되고, 노동가치설은 더 이상 자유와 공정의 양립을 증명하는 이론으로서의 설득력을 잃게 된다. 결국 애덤 스미스의 낙관론은 더 이상 성립할 수 없게 되었다. 그리하여 애덤 스미스 이후 200여 년의 역사는 실은 자유와 공정(즉 배분적 정의)의 양립 문제를 둘러싼 고뇌와 투쟁의 역사였다고 볼 수 있고, 오늘날에도 이 문제는 명쾌한 해결을 보지 못하고 있는 셈이다.

자유인의 창의를 사회 발전의 원동력으로 존중하고, 자유 경쟁 시장 질서의 조화와 효율을 믿는, 모든 '자유의 체계'의 신봉자들이 반드시 해결해야 할 당면 문제의 하나가 바로 자유와 공정의 양립을 가능하게 하는 사회 구성 원리, 사회 조직 원리의 제시이다.

이는 방법론적으로는 애덤 스미스의 경우와 같이 인간의 본성에 대한 새로운 이해 및 탐구, 새로운 시각의 정립에서 출발해야 하고, 사회 현상들에 대한 보다 경험적이고 실증적이면서도 보다 원리적이고 통합적인 연구에 기초해야 할 것이다. 그리하여 '자유와 공정의 양립 원리'가 명쾌히 제시될 때, 그리고 그것이 오늘날의 세계화, 지식 정보화, 탈공업화, 인구 구조 변화, 자원 부족과 환경 위기의 시대에 충분한 합리성과 현실 타당성을 가질 수 있을 때, 비로소 애덤 스미스의 '자유의 체계'가 진정한 의미에서 완성된다고 볼 수 있다. 그리고 비로소 우리는 사상사적으로 근대를 넘어서 현대에 살고 있다고 주장할 수 있을 것이다.

박세일 서울대학교 법과 대학 졸업 후 미국 코넬 대학에서 박사 학위를 받았다. 한국개발연구원(KDI) 수석 연구원을 거쳐 1985년부터 서울대학교 법과 대학 교수로 재직하며 법경제학을 가르쳤다. 청와대 정책기획수석·사회복지수석, 제17대 국회의원을 지냈고 서울대학교 국제대학원 교수 및 동 대학교 명예교수, 한반도 선진화재단 이사장을 역임했다. 저서로『법경제학』,『대한민국 선진화 전략』,『대한민국 국가 전략』,『공동체 자유주의』등이 있다. 한국경제학회 청람상, 4·19 문화상, 도산교육상을 수상했으며 1997년 황조근정훈장을 받았다.

32

마르크스 경제 이론의 이해

마르크스의 『경제학 철학 초고』,

『경제학 비판 요강』, 『자본』 읽기[1]

강신준 (동아대학교 경제학과 교수)

카를 하인리히 마르크스(Karl Heinrich Marx, 1818~1883)

독일 중서부의 트리어에서 태어났다. 본과 베를린 대학에서 수학하고 철학 박사 학위를 받았다. 1842년 《라인 신문》 편집진에 참여, 급진적이고 반정부적인 집필 활동으로 인해 이듬해 추방 명령을 받고 파리 망명길에 올랐다. 파리 체류 시기에 사회주의 사상을 본격적으로 접하고 사적 유물론 사상을 확립했으며 엥겔스와 교류하기 시작했다. 1848년 초 엥겔스와 함께 『공산당 선언』을 집필했다. 프로이센 정부의 연이은 압박으로 브뤼셀과 쾰른 등을 떠돌다 1849년 런던에 정착했다. 궁핍한 생활 속에서도 경제학 연구에 전념하여 1867년 『자본』 제1권을 출간했고, 유럽의 사회주의 조직 제1인터내셔널의 활동을 주도했다. 마르크스 사후 엥겔스가 『자본』 제2권, 제3권을 정리하여 간행했다. 그 외에도 『경제학 철학 초고』, 『독일 이데올로기』, 『철학의 빈곤』, 『경제학 비판 요강』, 『프랑스 내란』 등의 저서를 남겼다.

1 마르크스 이해의 일반적 전제 — 몇 가지 유보 사항

2013년 유네스코는 마르크스의 육필 원고 두 편을 '세계 기록 유산'으로 등재했다. 『공산당 선언』과 『자본』 제1권의 원고였다. 이것은 마르크스가 인류의 지적 자산에서 차지하는 고전적인 지위를 인정한 것으로 이해된다. 즉 그의 사상에 시간의 한계를 뛰어넘는 보편성이 있다는 것이다. 사실 지난 세기 내내 마르크스는 많은 사람이 쉽게 접하는 이름이었고 그래서 명칭 자체만으로도 이미 보편적 성격을 띠고 있기도 하다. 그래서일까, 마르크스와 관련된 강의를 하러 가면 누구나 한마디쯤 논평이나 질문을 던지는 모습을 쉽게 보곤 한다.

그런데 마르크스의 이런 보편성은 막상 그 실체에 다가가 보면 상당 부분 풍문에 의해 부풀려진 것임을 알게 된다. 2010년 국제 학술 대회에서 만난 한 일본 학자가 필자에게 이런 질문을 한 적이 있다. "일본에서 마르크스의 『자본』을 제1권부터 제3권까지 모두 읽은 학자가 몇 명이나 될 것 같은가?" 일본에는 공식적으로 마르크스 경제학을 전공한 학자의 수가 1000명이 넘고('경제이론학회'라는 학회로 조직되어 있다.) 많은 대학에서 마르크스 경제학을 '경제원론'이라는 교양 과목으로 가르치고 있다. 그래서 나는 그의 질문에 다소 의아해했는데 그 사람의 말인즉 "50명을 결코 넘지 못한다!"라는 것이 아닌가?

이와 비슷한 일화를 영국의 대표적인 마르크스 연구자 프랜시스 윈은 다음과 같이 소개하고 있다. "『자본』이 나온 지 꼭 100년 뒤 영국의 수상 해럴드 윌슨은 그 책을 한 번도 읽은 적이 없다고 자랑했다. '나는 겨우 2페이지에서 멈추고 말았다. 거의 한 페이지짜리 주석

이 나오는 그 부분 말이다. 나는 본문 두 문장에 주석 한 페이지는 너무 심하다고 생각했다.'"[2] 이들 일화는 모두 많은 사람이 마르크스를 익숙하게 얘기하지만 막상 그 실체를 충분히 파악하는 경우는 거의 없다는 것을 말해 준다. 곧 시중에 일반적으로 알려진 마르크스에 대한 얘기들은 상당 부분 마르크스를 정작 읽어 보지도 않은 사람들이 만들어 낸 근거 없는 풍문일 가능성이 크다는 것이다.

이런 풍문에 휘말리지 않고 마르크스의 실체에 올바로 다가서기 위해서는 몇 가지 사항을 미리 유념해 둘 필요가 있다. 먼저 문헌의 문제가 있다. 마르크스의 사후 그의 원고는 여러 이유로 곳곳에 흩어지고 유실되는 운명을 겪었고 이로 인해 그의 저작들은 개별적으로 분산되어 출판되었으며 문헌적으로 신뢰하기 어려웠다. 따라서 그의 원고를 빠짐없이 검증해 정본으로 출판할 필요성이 20세기 초반부터 제기되었고 이를 실천에 옮긴 결과물이 바로 MEGA(Marx Engels Gesamtausgabe)라고 부르는 것이다. 이 작업은 1920년대에 시작되어 한 세기를 거치며 지금도 국제적인 협력하에 계속되고 있다. 전체 목표 분량인 114권 가운데 2017년 12월 기준 63권까지 발간한 상태이다.

따라서 마르크스의 사상은 아직 그 전모가 드러나지 않은 상태이며, 그에 대한 논의 중 많은 부분은 마치 장님이 코끼리를 만지듯 전체 모습과는 무관하게 개별 저작 한두 개를 부풀린 것일 가능성이 크다는 점을 이해할 필요가 있다. 게다가 우리나라에는 그나마 이 MEGA가 아직 한 권도 출판된 적이 없는 상태이다. MEGA 한국어판은 2012년에 처음으로 출판권 계약이 이루어져 현재 동아대학교 맑스엥겔스연구소에서 번역을 진행하고 있다. 그런 점에서 우리나라에

떠도는 마르크스에 관한 논의는 대부분이 실체와는 거리가 멀고 주로 풍문에 의존해 있다는 것을 짐작할 수 있다.

이런 문헌적 한계와 관련하여, 마르크스를 이해하는 데 또 하나 주의해야 할 점이 있다. 즉 한 사람의 사상은 그의 생애 전체에 걸쳐 점차 성숙해 나가기 마련이고 따라서 어떤 사상의 실체는 하나의 개별 저작에서 '완성된 모습'으로 파악할 수 없고 전체 저작에 걸쳐 하나의 '발전사적 과정'으로 이해해야 한다는 것이다. 이는 마르크스의 경우에도 마찬가지로서 예를 들어 그의 가장 대표적인 이론으로 손꼽히는 잉여가치론은 1850년대 말에 가서야 비로소 완성된 형태를 취하고 그 이전에는 아직 미숙한 형태를 보인다. 그렇기 때문에 특정 시기의 개별 저작, 즉 예를 들어 1840년대에 집필한 『공산당 선언』에서 그의 사상을 곧바로 유추하려는 노력은 문제가 있다. MEGA가 중요한 까닭은 그것이 그의 원고 전체를 빠짐없이 출판한 문헌적 정본으로서 이런 사상적 발전사의 전모를 추적할 수 있게 해 주기 때문이다.

또 하나 마르크스를 둘러싼 풍문에서 유념해야 할 것은 마르크스를 마치 "죽은 개"[3]처럼 함부로 무시하는 태도이다. 최근 세간의 주목을 받은 프랑스 경제학자 토마 피케티는 저서 『21세기 자본』에 붙인 도발적인 제목에도 불구하고 자신은 마르크스의 경제 이론에 대해 잘 모른다고 자랑스레 밝히고 있다. 그의 책이 마르크스와 무관하다면 왜 마르크스 대표 저작의 이름을 차용했는지 궁금해지는데 혹시 그것이 프랜시스 윈이 지적했던 것처럼 "마르크스와 관련이 없는 것을 자랑거리로 삼는 괴상한 버릇"[4] 때문이 아닐까 싶은 생각도 든다. 이런 태도는 마르크스 이론의 '유효 기간이 끝났다'는 인식을 보여 준다. 하지만 마르크스의 저작이 아직 그 전모가 드러나지 않았고 일부 드러난 부분만으로도 인류의 보편적인 지적 자산으로 인정받고 있다는 점에 비추어 보면 이런 태도는 너무 경솔한 것이 아닐까 싶다.

　이런 태도는 구소련의 붕괴와 밀접한 관련이 있다. 1991년 소련 체제의 와해는 그것이 교의로 내세우던 마르크스 이론 전체의 붕괴로 이해되는 경향을 불러왔다. 필자가 마르크스를 강의한다는 얘기를 하면 "아직도?"라는 반응을 보이는 사람들이나 "역사는 끝났다!"라는 둥 거시적·사회적 담론을 비웃으며 소소한 일상과 개인적 힐링을 앞세우는 포스트모던의 경향이 바로 그에 해당한다고 할 수 있다. 하지만 2008년 경제 위기가 발생하자 이런 경향은 곧바로 수그러들었고 마르크스 이론의 유효성이 다시 되살아났다. 그렇다고 해서 이것이 곧 소련이 내세우던 마르크스주의 교의로 되돌아가자는 얘기로 이어질 수는 없다. 소련 체제가 저지른 역사적 과오는 오늘날 충분히 확인되었기 때문이다. 그래서 이 점과 관련해서도 마르크스를 이해하는 데에는 신중한 접근이 요구된다. 여기에는 실패한 마르크스(소련의 사례)가 돌아온 마르크스와 나란히 서 있고 이 둘을 구별할 필요가 있기 때문이다.

　마르크스를 이해하고자 할 때 유념해야 할 이런 사항을 전제로 삼아 이 글에서는 마르크스의 사상을 경제 이론의 측면에서 살펴보고자 한다. 마르크스의 저작은 대체로『자본』을 최정점으로 이루어져 있으며 이 저작에 그의 사상 대부분이 녹아들어 있다고 할 수 있다. 마르크스는 자신이 1840년대부터 경제학 공부를 시작했다고 스스로 밝혔고[5] 경제 이론을 완성하기 위한 노력을『자본』제1권을 출판한 이후 세상을 떠날 때까지 멈추지 않고 계속했다. 따라서 여기에서 보게 될 마르크스의 경제 이론도 그의 생애 전체에 걸친 하나의 발전사적 과정으로 파악될 것이다.

2   마르크스 경제 이론의 발전 과정

마르크스 경제 이론의 특징은 주저인 『자본』의 부제목을 통해 집약적으로 드러나 있다. 『자본』의 부제목은 '경제학 비판'이다. 여기에서 그가 가리키는 '경제학'은 당시의 고전경제학 전체를 의미하고 '비판'이라는 것은 그의 경제학 연구의 독자적인 방법을 지칭한다. 그는 고전경제학의 핵심 이론을 잉여가치론으로 파악했고 그것을 자신만의 고유한 방법론인 변증법적이고 역사적인 유물론을 통해 비판적으로 재구성했던 것이다. 그의 경제 이론은 1840년대부터 시작해 1883년 그가 세상을 떠날 때까지 거의 40년에 걸쳐 발전해 나갔다. 잉여가치론과 방법론이라는 두 구성 요소와 관련해서 보면 그 발전 과정은 크게 세 단계로 나누어 볼 수 있다. 사물에 대한 과학적 인식을 "지속적으로 변화하는 유기체"[6]로 파악하던 그의 이론적인 틀에 비추어 보면 이들 단계는 곧 그 유기체의 성숙 과정, 즉 맹아기와 성숙기 그리고 완숙기를 각기 대변한다.

첫 번째 단계는 그가 부르주아 경제학과 만나기 시작하는 단계로서 그의 연구가 철학에서 경제학으로 넘어가는 과도적 성격을 띤다. 당시의 기성 체제였던 부르주아 사회에 대한 그의 비판은 원래 상부 구조에 대한 비판으로부터 시작했고 그것은 당시 프로이센의 상부 구조를 대변하던 헤겔 철학에 대한 비판으로 집약되었다. 그러나 그는 곧 부르주아 사회에 대한 본격적인 비판이 그 토대를 대상으로 해야 한다는 인식에 도달했고 이를 위해 경제학 연구로 이행하는데 이 단계는 바로 그런 이행기에 해당한다. 그런데 마르크스에게 이런 이행은 단순히 선행 연구를 버리고 새로운 연구로 전환하는 것이 아니라 선행 연구가 새로운 연구의 토대를 이루는데 이것이 마르크스의 방법론적 특징을 이루는 변증법적 구조이다.

그런 변증법적 방법은 바로 헤겔 철학에 대한 연구에서 얻어 낸 성과였고 이후로도 그의 경제 이론의 방법론적 토대를 이룬다. 그는 이 변증법적 방법을 새로 시작한 경제학 연구에 적용하는데 그 작업의 대표적인 성과가 곧 1844년의 『경제학 철학 초고』이다. 그는 고전경제학을 적극적으로 수용하면서 경제학 연구의 발판을 마련하는데 1840년대 동안에는 대체로 고전경제학의 이론적 틀을 벗어나지 못하고 아직 거기에 절대적으로 의존하는 모습을 보였다. 그런 점에서 이 시기는 그의 경제 이론의 발전 과정에서 첫 번째 단계를 이룬다. 즉 이 단계에서 그는 선행 연구로부터 방법론적 토대를 계승하긴 했으나 경제 이론에서는 아직 맹아기 수준에 머물러 있었다고 할 수 있다.

두 번째 단계는 그의 경제 이론이 본격적으로 성숙하면서 독립된 체계를 갖추어 나가는 단계이다. 이 시기는 그가 런던으로 이주해 당대 최대의 장서를 확보하고 있던 영국박물관 도서실을 이용하게 된 1850년대에 해당한다. 이 시기에 그는 고전경제학 이론의 역사와 자본주의의 역사적 사건들에 대해 방대한 자료를 수집했고 이들 이론과 역사적 사실에 대한 비판적 평가를 통해 독자적인 경제 이론을 정립해 나갔다. 그리하여 가치론, 화폐론, 공황론, 재생산이론 등 경제 이론의 주요 부분을 대부분 완성했다. 1850년대 말 그는 자신의 독자적인 경제 이론을 집필할 계획을 세웠고 그 계획에 따라 전체적인 집필 구상을 담은 초고를 만들었는데 그것이 『1857-58년 초고』이다.

이 초고는 세 부분으로 구성되어 있다. 하나는 고전경제학의 이론에 대한 비판적 해석인데 이 원고는 미완으로 남았다. 다른 하나는 「경제학 비판 요강 서설」로서 자신의 경제 이론의 대상과 방법을 전반적으로 서술한 것이다. 여기에서 그는 자본주의 경제의 구조를 생산, 소비, 분배, 교환의 영역으로 범주화하고 이 중에서 생산을 주도적인 영역으로 지목함으로써 분배를 주요 범주로 간주하는 고전경제학과 자신의 경제학을 명확하게 구별했다. 또한 여기에는 "추상에서 구체로의 상승"이라는 그의 독자적인 방법론이 변증법적 유물론의 형태로 개진되고 있다. 특히 이 「경제학 비판 요강 서설」에는 경제학 저술에 대한 그의 첫 번째 구상이 제시되어 있다. 초고의 마지막 부분은 『경제학 비판 요강』으로 이것은 『자본』의 첫 번째 초안에 해당한다.

마지막 세 번째 단계는 그의 경제 이론이 완성되는 단계로서 『자본』의 출판용 원고들이 만들어진 시기이다. 원래 그는 『1857-58년 초고』를 집필하던 시기에 이 초고를 하나의 시리즈로 출판할 계획을 세웠고 그 계획에 따라 1859년 『경제학 비판(*Zur Kritik der Politischen Ökonomie*)』이라는 제목으로 제1권을 출판했다. 그는 곧바로 이어서 제2권도 출판하려 했지만 막상 제1권을 출판하고 나서 아직 연구되어야 할 부분이 많다는 것을 발견하고 다시 연구에 돌입하여 방대한

마르크스 경제 이론의 이해

초고를 집필했다. 그것이 『1861-63년 초고』이다. 이 초고는 『자본』의 두 번째 초안을 이루는데 그의 경제 이론의 발전사에서 매우 각별한 중요성을 가진다.

먼저 이 초고는 그의 경제 이론이 완성되기 위해 필요한 부분이 무엇인지를 잘 보여 준다. 그는 앞서 첫 번째 초안에서 "추상에서 구체로" 이행한다는 자신의 방법론에 따라 표면적 현상의 내부에 감추어진 경제적 본질을 이론적 범주로 정립했는데 그것이 바로 가치와 잉여 가치이다. 하지만 이들 범주는 눈에 보이지 않으므로 우리 눈에 보이는 현상의 형태로 설명할 필요가 있다.[7] 이런 표면적 현상의 형태에 해당하는 것이 이윤, 이자, 지대, 생산 가격, 시장 가격 등이다. 그는 이들 현상 형태와 내부의 본질적인 범주 사이의 관련을 이 초고에서 본격적으로 다루고 있는 것이다.

한편 이런 표면적 범주를 다루면서 마르크스는 필연적으로 고전경제학에 대해 방대한 연구를 수행해야만 했다. 왜냐하면 그가 고전경제학과 자신을 구별하는 방법론적 특징이 바로 표면적인 범주의 배후에 숨겨진 본질적인 범주를 찾아내는 데에 있었기 때문이다. 그래서 『1861-63년 초고』에는 이들 표면적 범주에 대한 고전경제학의 방대한 연구 자료들이 비판적으로 검토되고 있다. 이것은 나중에 『잉여가치론』으로 알려지는 『자본』 제4권에 해당하는 부분이다. 이처럼 경제 이론을 완성하기 위해 새로운 작업을 추가하면서 원래의 집필 구상은 변경되었고 그는 이 초고를 완성할 무렵 『자본』을 우리가 오늘날 보고 있는 바와 같은 4권의 형태로 결정했다.

이 새로운 집필 계획에 따라 그는 『자본』의 출판용 원고를 집필하기 시작하는데 이것이 『1863-65년 초고』이다. 이 초고를 『자본』의 세 번째 초안이라고 부른다. 그는 먼저 이 초고 가운데 앞부분을 『자본』 제1권으로 출판했고 이후 제2권과 제3권을 계속해서 보완하지만 결국 출판하지 못한 채로 세상을 떠나고 말았다. 그가 남긴 이들 나머지 원고는 비록 완성된 형태는 아니었지만 나중에 엥겔스의 편집을 거쳐 제2권은 1885년, 제3권은 1894년에 각기 출판되었다. 그러나 엥겔스도 제4권에 해당하는 『잉여가치론』은 출판하지 못했고 이것은 엥겔스 사후 카우츠키에 의해 1905년에야 비로소 출판되었다. 이처럼 마르크스의 경제 이론은 약 40년 동안 세 번의 초안을 거치면서 발전해 나갔다.

3 『경제학 철학 초고』

이 초고는 마르크스의 연구가 철학에서 경제학으로 이행하는 과도적 성격을 보여 준다. 그는 이런 이행의 필요성을 "종교, 가족, 국가, 법률, 도덕, 과학, 예술 등은 단지 생산의 특수한 방식일 뿐이고 그것을 지배하는 일반적 법칙에 예속되어 있다."[8]라고 밝히고 있다. 즉 『헤겔 법철학 비판』에서 자신이 비판했던 부르주아 사회의 상부구조(법, 국가)는 경제를 토대로 하고 있으며 따라서 그 비판은 필연적으로 경제에 대한 분석으로 발전할 수밖에 없다는 것이다. 그는 나중에 자신의 이런 인식과 그 출발점이 이 초고라는 점을 다음과 같이 회고한다.

나의 고찰은 (······) 법 관계들과 국가 형태들은 그것들 자체로부터 파악될 수 있는 것이 아니고 (······) 물질적 생활 관계들 — 헤겔은 이것을 통틀어 18세기 영국과 프랑스 사람들이 흔히 부르던 '부르주아 사회'라는 이름으로 집약하고 있다. — 에 뿌리를 두고 있으며, 이 부르주아 사회의 해부학은 경제학에서 찾아야만 한다는 결론에 이르게 되었다. 나는 파리에서 시작한 경제학의 연구를 (······)[9]

초고는 모두 세 개의 노트로 이루어져 있다. 제1노트는 임금, 자본의 이득, 지대를 다루는데 이들 세 범주는 임금 노동자, 자본가, 토지 소유자라는 부르주아 사회의 세 계급의 존재를 대변하는 것으로 고전경제학이 자본주의를 분석하는 핵심 범주이다. 고전경제학은 사회 내에서 경제적인 소득이 세 계급에게 분배되는 현상에 주목하고 이들 세 계급의 소득의 원천이 생산을 이루는 세 가지 요소에서 비롯되는 것으로 간주한다. 따라서 이들 세 범주는 생산과 소득을 연결하는 범주로 경제를 분석하는 핵심 범주를 이룬다. 그런 점에서 제1노트의 이들 연구 범주는 그가 고전경제학의 이론적 구조를 그대로 따르고 있음을 보여 준다. 실제로 제1노트는 주로 애덤 스미스의 저작에 대한 발췌로 구성되어 있다.

그러나 고전경제학에 대한 이런 의존에도 불구하고 마르크스의 연구 시각은 아직 맹아적인 모습으로라도 비교적 분명하게 드러나 있다. 즉 고전경제학 스스로 밝히고 있듯이 모든 사회적 부의 원천은 노동이며 자본 이득과 지대는 이 노동에서 분배된 것이라는 점이다. 따라서 이들 세 계급은 노동의 분배를 둘러싸고 모순적인 관계에 놓여 있으며 이 과정에서 가장 불리한 것은 바로 노동이라는 점을 그는 지적한다.

> 임금은 자본가와 노동자 사이의 적대적 투쟁을 통해 결정된다. (……) 노동자들에게 자본, 지대, 노동의 분리는 치명적이다. (……) 경제학자는 노동 생산물 전체가 그 개념상 본질적으로 노동자에게 속한다고 말한다. 그러나 동시에 현실에서는 생산물 가운데 가장 적은 부분이 (……) 노동자에게 돌아간다고 말한다. (……) 지대와 자본 이득은 임금이 감수하는 공제분이다.[10]

마르크스는 세 계급의 소득을 둘러싼 이런 모순적 경제 현상의 배후에 숨겨진 본질을 추적한다. 그는 이 모순이 일차적으로는 『헤겔 법철학 비판』에서 추적한 상부 구조인 사적 소유에서 비롯된 것이며 다시 그 사적 소유의 배후에는 노동의 소외라는 개념이 숨겨져 있다고 밝혀 나간다. 즉 부르주아 사회의 모든 모순의 근원에는 노동의 소외가 숨겨져 있다는 것이다. 그는 이 근원적인 개념인 노동의 소외를 변증법적인 구조로 파악한다. 그것은 (1) 노동 외부(생산물)로부터의 소외에서 (2) 노동 내부(생산 행위, 즉 노동 그 자체)로부터의 소외로 이어지고 다시 (3) 유적 본질(인간 간의 관계)로부터의 소외로 파악된다. 그리하여 그는 노동의 소외가 결국 인간 사이의 관계에 근원을 두고 있다는 결론을 내리고 이런 소외로부터의 해방이 곧 자본주의적 모순의 지양이라고 말한다. 이것은 나중에 발전된 그의 경제 이론에서 생산 관계라는 개념의 핵심 내용을 이루게 된다.

마르크스 경제 이론의 이해

비교적 체계적 구조를 갖춘 제1노트에 비해 제2노트와 제3노트는 매우 단편적인 구조를 보인다. 무엇보다 제2노트는 상당 부분이 유실되어 버렸고 남아 있는 부분은 부르주아 사회의 경제적 모순의 원인으로 지목된 사적 소유에 대한 설명으로 채워져 있다. 이 노트에는 리카도와 밀을 스미스, 세(Jean-Baptiste Say)와 비교하는 언급이 잠깐 나오고 따라서 이 노트를 집필할 즈음 그가 이미 고전경제학 연구의 범위를 상당히 넓히고 있다는 것을 알 수 있다. 하지만 그의 이런 경제학 연구의 내용은 노트에 남아 있지 않다. 제3노트는 특정한 주제를 체계적으로 다룬 완결된 형태의 글이 아니고 여러 종류의 잡다한 글들이 뒤섞여 있다. 제2노트의 분실된 부분들에 대한 보론, 제1노트에 대한 보론, 소유와 무소유의 대립이 자본과 노동의 대립으로 발전하는 것에 대한 보론, 사적 소유의 지양을 통한 인간의 자기 소외의 지양에 대한 보론 등이 그것이다.

경제학 연구의 출발점을 보여 주는 이 초고는 경제적 범주의 개념이 아직 미숙하고 불완전한 면을 보인다. 예를 들어 임금의 경우 애덤 스미스의 이론, 즉 최저한의 물리적 생계비에 의해 임금이 결정된다는 개념을 그대로 받아들이고 있다.[11] 그는 리스트와 세, 스미스, 리카도, 밀 등 여러 고전경제학들의 이론을 발췌하고 있으나 아직 이들의 이론을 구별하고 그것을 지양하는 개념으로 나아가지는 못하고 있다. 특히 부르주아 경제학의 노동가치론을 비판하면서 아직 그것의 긍정적인 내용을 파악하지 못하고 있다. 그런 점에서 이 초고는 그의 경제 이론의 출발점으로서 맹아적 가치를 갖는다는 점에 국한해 이해할 필요가 있다.

4 『1857-58년 초고』

이 초고는 크게 세 부분으로 이루어져 있다. 하나는 고전경제학자 바스티아와 캐리에 대한 이론적 검토를 시도한 것인데 마르크스가 착수한 지 얼마 되지 않아 생각을 바꾸어 집필을 중단했기 때문에 미완성의 상태로 남아 있다. 나머지 두 개는 「경제학 비판 요강 서설」과 『경제학 비판 요강』이다.(이하에서는 각각 「서설」과 『요강』으로 줄여 부르기로 한다.) 두 글은 서로 연속되어 있다기보다는 다소 독립된 성격을 띠고 있고 마르크스가 구상하고 있던 경제 이론 집필 계획의 전모를 담고 있다. 나중에 실제로 출판된 『자본』은 이 집필 계획 가운데 일부이기 때문에 이 초고는 마르크스 경제 이론의 전모를 파악할 수 있는 유일한 문헌이라는 중요성을 갖는다.

「서설」에는 세 가지 내용이 기술되어 있다. 첫째는 경제학의 연구 대상이며 둘째는 그가 경제학 연구에서 사용한 방법론이며 셋째는 경제학 저술의 집필 계획 초안이다. 첫째 그는 경제학의 연구 대상을 생산, 분배와 교환, 소비의 구조로 파악하고 고전경제학이 분배를 경제학의 우선적인 연구 대상으로 설정한 것에 반해 생산을 우선적인 연구 대상으로 선언한다.

생산, 분배, 교환, 소비는 하나의 정연한 삼단 논법을 이룬다. 생산은 일반성, 분배와 교환은 특수성, 소비는 개별성이며, 여기에서 전체가 결합된다. (……) 분배의 구조는 생산의 구조에 의해 규정된다. 분배 자체는 생산의 결과만이 분배될 수 있다는 점에서 대상에 있어서뿐만 아니라 (……)

형태에 있어서도 생산의 산물이다.[12]

나중에 『자본』의 연구 대상이 "자본주의적 생산 양식"[13]이 되는 것은 바로 이 때문이라고 할 수 있겠다. 또한 그는 자신의 주된 연구 대상인 생산을 일반성으로 파악하고 분배와 교환을 특수성으로 파악함으로써 "추상에서 구체로의 상승"이라는 그의 방법론과 유기적인 체계를 갖추고 있다. 둘째로 그가 다루는 경제학의 연구 방법은 경제학의 범주를 추상적인 것과 구체적인 것으로 나누고 전자에서 후자로의 이행을 "과학적으로 올바른 방법"[14]이라고 정의한다. 그는 이 방법을 다음과 같이 설명한다.

> 현실적이고 구체적인 것은 (……) 전체에 관한 혼란스러운 개념일 것이며, 더 자세한 규정을 통해 그것은 점차 분석적으로 더 단순한 개념에 이를 것이다. (……) 가장 단순한 개념에 도달하면 그것은 (……) 수많은 규정과 관계의 (……) 총체성에 (……) 도달할 때까지 다시 뒤로 돌아가야 할 것이다. (……) 추상적인 것으로부터 구체적인 것으로 상승하는 방법은 사유가 구체적인 것을 취하고, 이를 정신적으로 구체적인 것으로 재생산하는 방식일 뿐이다.[15]

현실의 복잡한 개념에서 점차 단순한 개념으로 나아가는 추상은 "하나가 다수에게 공통적인 것"[16]을 뜻한다. 그런 의미에서 그것은 일반성을 가지며 다수에게 공통되지 않는 특수성과 대비된다. 이것은 사물을 있는 그대로의 '표면적인' 형태로 파악하는 것이 아니라 그 내부에 숨겨진 '본질'을 파악하는 방법을 의미하는데 이 내부로 들어가는 방법은 그에게 '추상'이며 '반성'이기도 하다. 이것은 경제 현상을 화폐나 상품의 움직임으로 파악하는 것이 아니라 이들 화폐나 상품의 배후에 인간들 사이의 관계가 자리 잡고 있으며 그 관계가 이들의 움직임을 주도하는 것으로 파악하는 것이다. 즉 사회 현상을 단순한 물적 현상으로 간주하는 것이 아니라 인간 사이의 관계로 파악하는 방법이다. 이런 개념의 정수는 나중에 『자본』에서 '물신성'으로 요약되고 『경제학 철학 초고』에서 '노동의 소외'로 파악했던 바로 그 개념의 경제학적 반영이기도 하다.

마지막으로 「서설」에는 마르크스 자신의 경제학 저술에 대한 최초의 구상이 담겨 있는데 이것은 그의 경제 이론의 전체 체계를 암시한다.

(1) 다소 모든 사회 형태에 속하지만 위에서 진술한 의미에서의 일반적인 추적 규정. (2) 부르주아 사회의 내부를 구성하고, 기본 계급의 기초를 이루는 범주들. 자본, 임노동, 토지 소유. 이들의 상호 관계. 도시와 농촌. 3대 사회 계급. 이들 사이의 교환, 유통, (민간)신용 제도. (3) 국가 형태에서 부르주아 사회의 집약. 자기 자신에 대한 관계에서 고찰. '비생산적' 계급. 조세. 국채. 공공 신용. 인구. 식민지. 이민. (4) 국제적 생산 관계. 국제 분업. 국제 교환. 수출입. 환율. (5) 세계 시장과 공황.[17]

나중에 그는 이 구상을 조금 수정하여 크게 여섯 편의 저작으로 압축했다. 그것은 "(1) 자본. (2) 토지 소유. (3) 임노동. (4) 국가. (5)

국제 무역. (6) 세계 시장"[18]이다. 그러나 오늘날 알려져 있듯이 그는 이 가운데 제1권『자본』만을 실제로 집필에 옮겨 남겨 두었다. 따라서 『자본』은 그의 이런 전체 저술 체계와의 관련 속에서 이해할 필요가 있다.

한편『요강』은 '자본에 관한 장'과 '화폐에 관한 장'으로 구성되어 있고 부가적으로 가치를 다루는 부분이 미완성의 형태로 추가되어 있다. 초고는 '화폐에 관한 장'에서 시작하는데 이것은 프루동의 화폐 이론을 비판하는 내용으로 이루어져 있다. 그는 이 비판을 통해서 사실상 자신의 가치론의 핵심적인 부분들을 완성했다. 노동과 상품의 이중성, 상품의 화폐로의 전화 등이 바로 그것이다. '자본에 관한 장'은『자본』의 제1권에서 제3권까지의 사실상의 초안을 이룬다. 그것은『자본』의 구성과 똑같이 '자본의 생산 과정', '자본의 유통 과정', '결실을 가져다주는 것으로서의 자본, 이자, 이윤(생산비 등)'으로 이루어져 있다.

여기에서 처음으로 잉여 가치에 대한 이론이 제시된다. 그는 가치론의 토대 위에서 잉여 가치를 설명하고 잉여 가치의 현상 형태인 생산 가격과 지대도 설명하는데, 이런 내용은 그의 잉여가치론이 이 시기에 거의 완성되었다는 것을 보여 준다. 이 초고는 출판용으로 집필된 것이 아니라 마르크스 자신의 일종의 연구 노트이므로 이해하기가 매우 어렵다. 하지만 바로 그렇기 때문에 경제 이론에 대한 그의 전반적인 생각이 나중에 출판되는『자본』에 비해 훨씬 풍부하고 보다 원초적인 형태로 담겨 있다는 점에서 의의가 크다.『자본』의 출판용 원고가 제1권만 완성되었기 때문에 미처 완성되지 못한 나머지 원고에 대한 열쇠를 상당 부분 이 초고에서 찾을 수 있을 것으로 기대되기 때문이다.

5 『자본』

『자본』은 1840년대부터 시작된 마르크스의 경제학 연구가 그의 저술 계획에 따라 처음으로 모습을 드러낸 것이다. 그러나 이것은 그가 1860년대 초에 구상한 여섯 권의 저술 가운데 첫 번째 것일 뿐이고 나머지 저술은 집필되지 않았다. 더구나 이 첫 번째 저작도 그가 구상한 총 4권의 구성 가운데 결국 출판 원고를 완성한 것은 제1권뿐이었다. 그럼에도『자본』을 집필할 당시 그의 경제학 연구는 이미 거의 완성되어 있었기 때문에 이 저작에는 그의 경제 이론의 다른 범주들이 단초의 형태이긴 하지만 곳곳에서 모습을 드러내고 있다. 그리고『자본』의 출판 이후 마르크스는 다른 영역으로 연구 주제를 거의 옮기지 않고 평생 동안『자본』의 나머지 원고를 보완하는 작업에 매달렸다. 그래서 우리는 비록 미완성의 저작이긴 하지만『자본』을 통해 그의 평생에 걸친 사상, 특히 경제 이론의 전모를 어렴풋하게나마 그려 볼 수 있다.

출발점 — 설명의 기본 관점

『자본』은 미완성의 저작이기 때문에 어쩔 수 없이 설명자의 주관적인 해석이 추가되어야 하고 이런 해석은 마르크스가 19세기의 온갖 사상을 포괄하는 고전적인 사상가라는 점에서 매우 다양한 갈래를 보일 수밖에 없다. 따라서 여기에서 설명하는 내용은 모두 온전히 필자 개인의 해석임을 미리 밝혀 두고자 한다.

필자는 마르크스가 평생 부르주아 사회를 변혁하기 위해서 노력했다고 보며, 그의 경제 이론의 발전도 이런 맥락에서 보고자 한다. 필자의 이런 관점은 『자본』 제1권의 편집자 서문에서 엥겔스가 밝힌 견해를 따르는 것이다.

> 이 연구[19]를 통해 (……) 불가항력적인 사회 혁명이 (……) 달성될 수 있다는 (……) 결론을 얻은 이 인물[20] (……)[21]

마르크스는 사회 혁명을 달성할 수 있는 과학적 해답을 찾기 위해 노력했으며 『자본』은 바로 그런 노력의 최종적인 성과물이었던 것이다. 마르크스가 살던 시기 많은 지식인에게 사회 혁명의 롤 모델은 프랑스 혁명이었고 그 혁명은 사회의 절대다수가 기존의 사회 체제에서 모순이라고 간주하는 부분에서 시작했다. 마르크스는 사회 혁명에 대한 이런 단서를 처음에는 철학의 영역에서 찾았지만 곧 경제학의 영역으로 확장하지 않으면 안 된다는 것을 깨달았다. 『경제학 철학 초고』에서 이런 단서는 사적 소유와 그것의 원인을 이루는 노동의 소외였다. 그 단서의 핵심 요지는 모든 부가 인간의 노동에서 비롯되는데 정작 그 부를 생산하는 노동자가 부로부터 소외된 현상, 즉 '노동 빈곤'이었다. 이것은 누구나 쉽게 이해하는 개미와 베짱이의 우화를 배반하는 것이었고 사회의 절대다수에게 모순으로 여겨질 수 있는 것이었다.

따라서 사회 혁명의 동력은 노동자에게서 나오고 그것의 목표는 '노동 빈곤'의 해소에 있다. 노동자를 비롯한 당시의 많은 사회주의자들은 모두 마르크스와 동일한 인식을 갖고 있었고 이런 인식은 실제로 19세기 중반 혁명으로 실천에 옮겨졌다. 그런 실천의 정점이었던 1848년 혁명을 마르크스는 브뤼셀에서 망명하던 시기에 직접 경험했다. 그러나 혁명은 실패하고 마르크스는 영국으로 망명길에 올라야 했다. 본격화된 마르크스의 경제학 연구는 혁명이 실패한 원인을 찾아내어 새로운 혁명의 성공을 담보할 수 있는 것이어야 했다.

그는 혁명의 실패 원인이 과학의 부족에 있다고 보았다. 1848년 혁명의 경험은 혁명의 의지가 현실과 불일치한다는 것을 보여 주었고 그런 의미에서 '유토피아적인' 것이었다. 따라서 그의 과학은 의지와 현실을 일치시키는 내용으로 구성되어야 했다. 그는 자신의 독자적인 방법, 즉 변증법적이고 역사적인 유물론과 잉여가치론을 결합함으로써 이 과학을 완성했다. 그리고 그런 과학의 내용은 비록 충분하고 완결된 형태는 아니지만 『자본』 속에 모두 드러나 있다.

유토피아 대 과학 ── 변증법적 역사적 유물론

마르크스는 『경제학 비판 요강』에서 자신의 방법이 진정으로 과학적인 방법이라고 하면서 그 방법을 『자본』 제1권 서문에서 자세히 설명하고 있다. 그는 의지와 현실이 일치하지 않는 원인을 타인의 입을 빌려 이렇게 설명한다.

마르크스는 사회의 운동을 하나의 자연사적 과정으로, 즉 인간의 의지나 의식 그리고 의도와는 무관한, 아니 오히려 이들 의지나 의식, 의도를 규정하는 그런 법칙이 지배하는 과정으로 간주했다.[22]

따라서 사회를 변혁하기 위해서는 자신의 의지와는 무관한 사회의 변화 법칙을 알아내야만 하고 자신의 의지를 그 법칙에 맞추어야만 한다. 이것이 곧 유물론이다. 마치 배를 타고 싶다고 해서 태풍이 오고 있는 바다의 기상 상태를 무시하고 그냥 타고 나가서는 안 되는 것과 마찬가지이다. 그런데 사회는 "완전히 응고되어 버린 결정체가 아니라 (……) 지속적으로 변하는 유기체"[23]와 같으며 그것은 마치 아이가 자라서 어른이 되는 것과 마찬가지로 점차 성숙해지는 진화 과정을 밟아 나가고 "하나의 단계에서 다른 단계로 이행하고 나면 곧바로 다시 다른 법칙의 지배를 받기 시작한다."[24]

이것은 사회의 변혁이 기존의 체제를 없애고 단순히 새로운 체제로 교체하는 것이 아니라는 것을 알려준다. 사회의 변화는 성숙이라는 진화를 통해서 이루어지고 기존의 체제가 더 좋은 체제로 이행하는 방식으로 이루어지는 것이다. 기존의 체제는 없어지는 것이 아니라 새로운 체제를 위한 발판이 되고, 새로운 체제에서 기존 체제의 단점은 고쳐지고 장점은 더욱 발전하는 것이다. 이런 성숙 과정이 멈추지 않는다는 점에서 모든 사회 체제는 반드시 변화하며 일시적인 성격을 띠고 있다. 이것이 바로 변증법이며 마르크스는 그것을 이렇게 요약한다.

변증법은 현존하는 것들에 대한 긍정적인 이해 속에 그것의 부정과 그것의 필연적인 몰락에 대한 이해를 함께 간직하고 있을 뿐만 아니라 생성하는 모든 형태를 운동의 흐름으로 파악하며, 따라서 언제나 그것들을 일시적인 것으로만 파악하기 때문이다.[25]

그런데 이런 진화의 법칙을 어떻게 파악할 수 있는가? 마르크스는 그 방법이 바로 "추상에서 구체로의 상승"이라고 말한다. 앞서 『경제학 비판 요강』에서 보았던 바로 그것이다. 마르크스는 그 방법을 이렇게 요약한다. "연구는 소재를 자세히 검토하고 그것의 갖가지 발전 형태를 분석하여 그 내적 연관을 찾아내야 한다."[26] 마치 해수욕장의 숱한 인파가 가까이에서 보면 제각기 다른 수영복과 체구를 갖춘 다른 사람들이지만 높은 하늘에서 방송 기자의 카메라에 잡히면 모두가 동일한 하나의 점으로 파악되는 것과 마찬가지이다. 구체적인 차이를 제거하면(추상화) 공통된 동일성이 드러나는 것이다. 이것은 곧 표면에 드러난 현상 형태의 배후에 숨겨진 본질을 찾아내는 것과 같다. 마르크스는 그 본질이야말로 사회 변혁의 지렛대라고 간주한 것이다.

이 방법은 『자본』의 전체 구조와 관련되어 있다. 『자본』의 제1권은 가장 높은 추상 수준의 경제적 범주들을 다루고, 제2권은 조금 낮은 추상 수준의 범주들을, 그리고 제3권은 가장 구체적인 범주들, 즉 우리가 눈으로 직접 확인할 수 있는 현상 형태들을 다루고 있다. "추상에서 구체로의 상승 과정"을 따르고 있는 것이다. 추상 수준이 높을수록 눈에 보이지 않는 배후에 숨겨진 것이기 때문에 일정한 논리적

마르크스 경제 이론의 이해

추론을 거치지 않으면 이해하기 어렵다. 제1권이 가장 어렵다고 얘기되는 주된 이유가 바로 이것 때문이다.

변혁의 열쇠 ── 자본주의 경제의 본질

마르크스가 경제를 분석하여 도달한 내적 연관은 무엇일까? 즉 그가 사회 혁명의 지렛대로 파악한 것은 무엇일까? 마르크스의 방법에 따르면『자본』전체의 출발점을 이루는 상품의 분석이 가장 추상적인 것이고 여기에 내적 연관의 열쇠가 숨겨져 있다.『자본』의 첫 구절은 이렇게 시작한다.

> 자본주의 생산 양식이 지배하는 사회에서 부는 하나의 '거대한 상품 집적'으로 나타나고, 하나하나의 상품은 이러한 부의 기본 형태로 나타난다.[27]

상품이 자본주의에서 부의 "기본 형태"라는 말이 바로 그것이 자본주의 경제를 가장 추상화한 형태라는 말이다. 그 내적 연관은 이런 방식으로 추적된다. 상품은 사용 가치와 교환 가치를 갖고 자본주의의 특수성은 교환 가치에 있다. 교환 가치는 "양적 관계, 즉 어떤 하나의 사용 가치가 다른 종류의 사용 가치와 교환되는 비율"[28]이다. 이 교환 가치를 구성하는 요소가 바로 가치이며 가치는 곧 "사용 가치의 생산에 사회적으로 필요한 노동 시간"[29]이다. 그리하여 자본주의의 본질, 그 내적 연관은 노동 시간의 양적 관계로 파악된다. 빈부의 차이라는 것은 노동 시간의 양적 차이인 것이다. 그러면 사회 혁명의 단서가 되는 '노동 빈곤'의 수수께끼는 노동 시간의 양적 차이에서 비롯된다는 것을 알 수 있다.

　그런데 노동 시간은 모든 사람들에게 하루 최대 24시간이라는 자연적 한계로 똑같이 주어져 있다. 이것이 차이가 날 수 있는 방법은 교환을 통해서 한 사람의 노동 시간이 다른 사람에게 이전되는 방법뿐이다. 그러나 "교환은 성질상 동일한 크기의 두 가치 사이에 성립하는 대등한 관계이다." 그것은 "받는 것만큼 주는"[30] 관계이기 때문이다. 자본주의의 내적 연관은 바로 이 수수께끼 속에 존재한다. 이 수수께끼를 실현하는 것, 즉 교환을 통해 가치(노동 시간)의 양적 차이를 만들어 내는 것, 그것이 바로 '자본'이다. 마르크스는 노동 시간의 양적 차이는 교환의 "배후"[31]에서 이루어지고 교환되는 "상품의 사용 가치 자체에서, 다시 말해 상품의 소비에서만 발생할 수 있다."라고 말하면서 그 상품은 "자신의 사용 가치가 곧바로 가치의 원천이면서 동시에 그것의 현실적 소비가 (……) 가치의 창출이 되는 그런 상품 (……) 노동력이 바로 그것이다."[32]라고 결론을 내리고 있다.

　결국 자본주의의 내적 연관은 노동력을 상품으로 교환하여 그 상품을 소비하는 과정을 통해 구매될 때의 가치보다 더 큰 가치를 만들어 넘으로써 가치의 양적 차이를 만들어 내는 데 있다. 이 가치의 양적 차이가 바로 잉여 가치이며 그것은 노동력이 구매될 때의 가치보다 더 많이 소비된 노동 시간으로 이루어져 있다. 그러므로 '노동 빈곤'은 노동력이 상품이 되어 교환되는 사회적 구조에서 비롯되고 그 구조의 핵심적인 내용은 잉여 가치라는 추가적인 노동 시간에 있다는 것이 밝혀진다. 그런데 여기에는 당연한 의문이 뒤따른다. 노동자는 왜 자신의 노동 시간을 자본에게 넘겨주는 것일까?

그것은 생산을 수행하기 위한 두 개의 요소가 분리되었기 때문이다. 생산은 인간의 노동력이 자연이라는 생산 수단과 결합하면서 이루어진다. 자본주의 이전에는 모든 생산자가 노동력과 생산 수단을 함께 가지고 있었다. 그러나 자본주의가 되면서 생산자는 노동력만을 가지고 생산 수단은 다른 사람이 갖게 되었다. 마르크스가『경제학 철학 초고』에서 부르주아 사회의 모순이라고 지적했던 사적 소유라는 법률 제도가 그렇게 만든 것이다. 노동력만으로는 생산을 할 수 없고 따라서 노동력만을 가진 사람은 생산 수단을 가진 사람에게 자신의 노동력을 팔아서 그것을 소비하여 가치를 만들어 내고 이 가치 가운데 일부를 돌려받는 형태가 된 것이다.

그래서 두 가지 결과가 만들어진다. 우선 노동 시간이 두 부분으로 분리된다. 한 부분은 그 노동 시간을 만든 노동자 자신이 가져가지만 다른 한 부분은 생산 수단을 제공한 사람이 가져간다. 후자가 바로 잉여 가치이다. 또 하나의 결과는 두 종류의 사람이 구별된다는 점이다. 한 사람은 노동을 하고 다른 한 사람은 노동을 하지 않는다. 한 사람은 개미이고 다른 한 사람은 베짱이이다. 노동의 소외는 바로 이런 내용을 가리키고 마르크스는 자본주의 사회의 모순이 바로 이런 구조로 이루어져 있으며 이 구조를 더 좋은 사회 구조로 진화시킴으로써 혁명을 달성할 수 있다고 본 것이다. 그렇다면 이제 문제는 이런 구조보다 더 좋은 사회 구조라는 것은 무엇인지를 밝히는 데에 있다.

변혁의 방법

자본주의보다 더 좋은 사회 구조는 자본주의가 선행하는 사회 구조보다 무엇이 더 좋은지를 규명해야만 알 수 있다. 즉 자본주의의 장점이야말로 자본주의를 변혁할 수 있는 열쇠가 숨겨진 부분이며 따라서 사회 혁명을 달성할 수 있는 지렛대인 것이다. 마르크스는 그것을 이렇게 요약하고 있다.

> 자본주의 사회의 경제적 구조는 봉건 사회의 경제적 구조에서 생겨났다. 후자의 해체가 전자의 요소들을 해방시켰던 것이다.[33] (……) 사회적 노동 생산력의 발전은 자본의 역사적 과제이며 (……) 역사적 정당성이다.[34] (……) 자본의 문명적인 측면 가운데 하나는, (……) 잉여 노동을 생산력과 사회적 관계의 발전을 위해서 (……) 이전의 노예제나 농노제 등의 형태에서보다 더 유리한 방식과 조건 속에서 강요한다는 것이다. (……) 자본은 (……) 사회의 더 발전된 형태 속에서 이 잉여 노동이 물질적 노동 일반에 소비되는 시간을 크게 감축할 수 있도록 하는 물질적 수단과 맹아적 조건을 창출한다.[35]

자본주의는 이전의 봉건제보다 더 좋은 사회 구조이고 그것이 더 좋은 까닭은 생산력을 더 높일 수 있기 때문이다. 마르크스는 사회라는 유기체가 성숙해 나가는 법칙이 생산력의 발전에 있다고 말한 것이다. 따라서 자본주의의 변혁도 자본주의보다 생산력을 더 높일 수 있는 사회 제도에 의해서만 가능하다. 그것은 자본주의에서 생산력이 더 이상 발전할 수 없는 한계가 드러날 때 비로소 가능할 것이다. 그렇다면 그런 한계는 어디에서 드러나는가? 마르크스는 이렇게 말한다.

마르크스 경제 이론의 이해

생산력이 발전하면 할수록 그것은 소비 관계가 기초해 있는 토대와 점점 더 깊은 모순 속으로 빠져 들어간다. (……) 자본주의적 생산의 참된 장애물은 자본 그 자체이다.[36]

자본주의의 본질은 잉여 가치의 생산이다. 우리는 노동자의 전체 노동 시간이 노동자에게 지불되는 부분(임금이라고 부르는)과 이 잉여 가치(자본 수익이라고 부르는)의 두 부분으로 이루어진다는 것을 알고 있다.

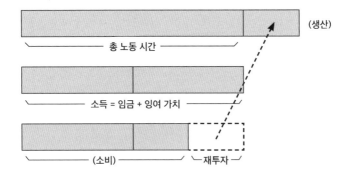

총 노동 시간은 생산된 가치의 크기를 나타내고 임금과 잉여 가치는 생산된 가치가 개미와 베짱이에게 분배되는 소득의 가치 크기를 나타낸다. 그런데 소득 가운데 임금은 대부분이 소비되지만 잉여 가치는 일부만 소비되고(자본가의 소비) 나머지는 다시 자본으로 재투자된다. 이것을 축적이라고 부른다. 또한 자본주의는 잉여 가치를 최대한 높이는 것을 목표로 하는 생산 체제이다. 경제학 교과서는 기업의 목표가 '이윤 최대화'라는 점을 분명히 명기하고 있을 정도이다.

그런데 잉여 가치를 높이기 위해서는 임금을 최소한으로 줄여야 한다. 비정규 노동을 늘리고 해고를 쉽게 하고 임금 피크제를 도입하는 등의 온갖 노력이 바로 그것을 보여 준다. 이처럼 자본주의는 생산이 소비에 비해 큰 구조이고 더구나 그 격차를 최대한으로 늘리려는 속성이 있다. 소비되지 않는 생산은 당연히 중단되어야 한다. 따라서 이 격차 때문에 생산력이 더 이상 발전할 수 없는 상태가 바로 공황이다. 마르크스는 1847년과 1857년 공황을 보고 그것이 바로 이런 자본주의 생산력의 한계라는 것을 자신의 경제 이론으로 정립했다.

그렇다면 자본주의 생산력의 이런 한계를 돌파할 수 있는 방법은 무엇인가? 마르크스는 공황의 원인이 바로 잉여 가치, 즉 추가적인 노동 시간에 있고 따라서 노동자의 노동 시간을 줄여 생산력이 소비 능력과 균형을 맞추는 데에 열쇠가 있다고 보았다. 그런데 추가적인 노동 시간의 단축은 개미와 베짱이로 구분되던 사람들의 관계도 변화시킨다. 베짱이가 노동하지 않는 까닭은 개미가 자신을 위해 추가적인 노동 시간을 제공해 주기 때문이다. 따라서 개미가 추가적인 노동 시간을 더 이상 제공하지 않으면 베짱이는 어떠한 부도 손에 넣을 수 없고, 따라서 이제 먹고 살기 위해서라도 스스로 노동을 해야만 한다. 베짱이가 개미로 바뀌어야만 하는 것이다. 마르크스는 이런 사정을 다음과 같이 표현하고 있다.

> 자유의 나라는 궁핍과 합목적성 때문에 강제로 수행되는 노동이 멈출 때 비로소 시작된다. (……) 노동일의 단축이야말로 바로 그것을 위한 근본적인 조건이다.[37]

베짱이가 개미가 되면 사회 전체에서 노동하는 사람의 수가 늘어나고 당연히 사회 전체의 노동 시간도 늘어난다. 사회 전체의 부가 늘어나는 것이다. 그리고 그것은 사회 전체의 생산력이 늘어나는 것을 의미한다. 자본주의보다 더 생산력이 높은 사회 구조가 등장하는 것이다. 따라서 그것은 자본주의보다 더 성숙한 사회이다. 이런 사회에서는 개미와 베짱이의 대립과 그 대립으로부터 발생하는 소외가 모두 지양된다. 모두가 개미가 됨으로써 사람들은 공통의 본질, 즉 유적 존재를 획득하게 되기 때문이다. 자본주의는 이렇게 변혁된다. 마르크스는 노동이 사회의 모든 기준으로 작용하는 이런 사회를 다음과 같이 표현하고 있다.

> 노동 시간은 (……) 공동 노동에 대한 개별적 참여도를 재는 척도로 이용되고, 그리하여 공동 생산물 중 개별적으로 소비되는 부분 가운데 각 생산자들의 몫을 재는 척도로도 이용된다.[38]

6 정리 및 결론

마르크스는 평생에 걸쳐 부르주아 사회의 모순을 해결할 수 있는 사회 혁명을 달성하고자 했고 그 과학적 해답을 찾으려 노력했다. 그는 그 해답을 저술을 통해 제시하려 했지만 저술은 완성되지 못했다. 필자는 미완성의 상태로만 남아 있는 그의 저술에서 그 해답을 나름대로 재구성해 설명해 보았다. 필자는 마르크스의 해답이 궁극적으로 잉여 가치라는 추가적인 노동 시간 속에 단서가 숨어 있고 노동 시간의 단축 혹은 폐기에 그 해답으로 가는 길이 있다고 간주했다. 만일 이것이 마르크스의 해답 가운데 하나일 수 있다면 남은 문제는 이 해답이 오늘날 우리에게 어떤 의미를 갖는지, 그리고 그것이 과연 지금 실현될 수 있는지의 여부에 있을 것이다.

마르크스의 해답이 제시된 지 150년이 지났고 지구상에 아직 마르크스를 실현했다고 할 수 있는 사회는 어디에도 존재하지 않는다. 한때 현실 사회주의가 그런 선언을 한 적이 있었지만 그것은 실패한 것으로 판명이 났다. 그런데도 사람들은 왜 아직 마르크스를 얘기하는 것일까? 이런 상황을 미리 예측한 것이었을까? 엥겔스는 이 의문에 대한 힌트가 될 수 있는 얘기를 다음과 같이 남기고 있다.

마르크스의 모든 인식 방법은 (……) 교의가 아니라 하나의 방법이다. 그의 인식 방법은 완성된 교의가 아니라 계속되는 연구를 위한 정거장이며 그 연구를 위한 방법이다.[39]

사실 마르크스는 아직 그 전모가 드러나지 않은 사상가이고 일부 출판된 저작들조차도 미완성의 것이 많은 사상가이다. 요컨대 그는 완결된 해답을 제시하지 못하고 단지 부분적인 단서나 방법 혹은 방향만을 남겨 두었을 뿐이다. 따라서 마르크스에 대한 평가는 이런 단서와 방법에 국한해 이루어지는 것이 맞을 것이다. 그런 점을 염두에 두고 그의 해답이 갖는 정당성을 확인할 수 있는 한 가지 사례를 보도록 하자.

많은 경제학자나 경제 정책을 운영하는 사람들은 하나같이 모두 더 부유해지기 위해서는 노동을 더 많이 해야 한다고 주장한다. '개미와 베짱이의 우화'에 길들여진 일반 사람들도 대부분 이 주장에 동의한다. 마르크스를 강의하러 갔다가 가장 많이 받는 질문도 이 주장과 관련된 것이다. 마르크스는 노동 시간을 줄여야 자본주의보다 더 좋은 사회가 된다고 말하기 때문이다. 그래서 다들 이렇게 묻는다. "노동 시간을 줄이면 당장 지금보다 더 가난해질 텐데 어떻게 그것이 자본주의보다 더 좋은 사회란 말인가?"

정말 그럴까? 국민 소득 4만 달러가 넘는 선진국 두 나라, 독일과 미국을 비교해 보자. 이들 두 나라의 노동자가 받는 시간당 임금은 독일 46달러, 미국 36달러이다.(2012년, 제조업 기준)[40] 그리고 연간 노동 시간은 2013년 기준으로 독일 1363시간, 미국 1788시간이다.[41] 참고로 우리나라는 각각 21달러, 2163시간이다. 노동 시간이 짧다고 노동자들이 가난해지는 것이 아니다. 독일 노동자들은 미국과 우리나라에 비해 훨씬 적게 일하고도 많이 받고 있다. 사실 위에서 이미 보았듯이 마르크스의 경제 이론에 따르면 노동자들의 생활 수준을 결정하는 것은 총 노동 시간이 아니라 그중에서 노동자들이 받는 몫(임금)이다. 이 몫의 크기를 보여 주는 것이 노동 소득 분배율이다. 이 비율이 독일은 70.1퍼센트이지만 미국은 51.5퍼센트에 불과하다.(2010년, 산업 부문 기준) 노동 시간이 짧아도 독일 노동자들이 더 잘살 수 있는 이유는 여기에 있다.

실제로 오늘날 우리가 대개 잘사는 나라로 부러워하는 북유럽 나라 대부분은 연간 노동 시간이 1300~1500시간으로 1700~1800시간인 미국이나 일본에 비해 훨씬 적게 일한다. 노동 시간이 줄어들수록 '노동 빈곤'은 그만큼 더 멀어지는 것이다. 따라서 대부분의 경제학자나 경제 정책가들의 주장과 달리 '노동 빈곤'에 대한 해답은 마르크스의 주장이 옳다는 것을 알 수 있다. 그런 점에서 OECD 최장의 노동 시간을 유지하고 있는 우리나라에서는 마르크스가 더욱 각별한 의미를 갖는다고 할 것이다.

그러나 이런 정당성에도 불구하고 지구상에 아직 마르크스의 사상을 실현한 나라가 없다는 사실은 어떻게 설명되어야 하는 것일까? 그것은 마르크스의 해답이 "완결된" 것이 아니라 "방법"이라는 말 속에서 찾아야 할 것으로 보인다. 그의 방법은 변증법적 특성을 가지고 있다. 따라서 마르크스가 말한 해답은 변증법적인 성숙과 진화 과정을 통해서만 도달할 수 있는 것이다. 그런 점에서 북유럽과 미국, 일본의 차이는 바로 이런 성숙 과정의 지속성에서 찾아야 할 것이다. 그런 성숙은 그의 과학을 꾸준히 실천하는 지속성에 달려 있고 한 번의 기적으로 단숨에 해답에 도달하려는 성급함을 경계하는 것에 달려 있다.

마르크스를 따르던 독일 사민당은 150년이 넘는 역사를 가지고 있다. 독일 사민당을 모델로 하는 북유럽의 노동자 조직들도 100년 이상을 지속하고 있다. 반면 미국과 일본에는 그런 노동자들의 조직이 존재하지 않는다. 우리나라도 그런 조직 자체가 아예 존재한 적이 없다. 모두가 부러워하는 핀란드의 교육 제도나 독일의 노동 관련 제도들이 대부분 수십 년에 걸쳐서 만들어졌다는 점은 마르크스의 방법이 옳다는 것을 재삼 확인해 준다. 아직 마르크스 저작의 정본을 하나도 출판하지 못하고 마르크스를 풍문으로만 듣고 있는 우리의 상황은, 우리 사회가 왜 젊은이들에게 '떠나고 싶은 나라'가 되었는지를 간접적으로 설명해 주지 않을까 생각된다. 성급한 해답을 찾지 말고 꾸준한 과학의 길을 걸어야만 비로소 해답에 도달할 것이라고 마르크스는 자신의 방법을 독자들에게 간곡하게 부탁하고 있다. 미국과 일본, 우리나라가 모두 귀담아 들어야 하는 말이 아닐까 싶다.

> 학문을 하는 데에는 평탄한 길이 없으며, 가파른 험한 길을 힘들여 기어 올라가는 노고를 두려워하지 않는 사람만이 빛나는 정상에 도달할 가망이 있습니다.[42]

강신준   고려대학교 독어독문학과를 졸업하고 같은 학교 대학원에서 경제학을 전공하여 「독일 사회주의 운동과 농업 문제」로 박사 학위를 받았다. 현재 동아대학교 경제학과 교수로 재직하면서 『자본』을 대중적으로 소개하는 작업과 마르크스 엥겔스 정본 전집(MEGA)의 한국어판 출간에 몰두하고 있다. 저서로 『수정주의 연구 I』, 『자본의 이해』, 『노동의 임금 교섭』, 『자본론의 세계』, 『그들의 경제, 우리들의 경제학』, 『마르크스의 자본, 판도라의 상자를 열다』 등이 있고, 마르크스의 『자본 1~3』을 비롯하여 『임금론』, 『마르크스냐 베버냐』, 『프롤레타리아 독재』, 『마르크스의 『자본』 탄생의 역사』 등을 우리말로 옮겼다.

33

현대 자본주의와 민주주의를 이해하는 단초

베버의 『프로테스탄티즘의 윤리와 자본주의 정신』과

『소명으로서의 정치』 읽기

최장집 (고려대학교 명예교수)

막스 베버(Max Weber, 1864~1920)

독일 중부의 에르푸르트에서 태어났다. 하이델베르크, 베를린 등 4개 대학에서 철학과 역사학, 경제학을 공부했다. 1892년부터 베를린과 프라이부르크, 하이델베르크 대학에서 강의와 연구에 종사했으나 신경쇠약으로 1903년 경제학 교수직을 사임했다. 이후 건강이 호전되어 학문 연구에 몰두하면서 특히 《사회과학과 사회 정책 연구》의 공동 편집을 맡아 「사회과학적 및 사회정책적 인식의 객관성」, 「프로테스탄티즘의 윤리와 자본주의 정신」 등의 논문을 발표했다. 제1차 세계 대전 때 야전병원에 근무하기도 했으며 1918년 강단에 복귀, 빈과 뮌헨 대학에서 강의했다. 1920년 폐렴으로 세상을 떠났다. 법학, 정치학, 경제학, 사회학, 종교학, 역사학 등 사회과학 전방위에 걸쳐 저술을 남겼고 사회과학 방법론의 확립에 크게 기여했다.

1 들어가는 말

이 글은 막스 베버의 두 저작 『프로테스탄티즘의 윤리와 자본주의 정신』(이하 『프로테스탄티즘』)과 『직업/소명으로서의 정치』(이하 『소명으로서의 정치』)를 주제로 한다.[1] 베버에 대해 논한 여러 학자들은 한결같이 그가 "의심의 여지없이 지금까지 모든 사회과학자를 통틀어 가장 위대한 학자"라든가, "현대 사회학(사회과학 일반)의 정초를 놓은 학자의 한 사람"이라고 칭송한다. 그의 저작들은 계급, 신분적 지위, 권력의 차원에서 인간의 사회적 행위, 종교, 윤리, 관료 체제, 카리스마, 합리화, 도시, 그리고 정치 공동체 등을 주제로 세계사적 범위에서 특정의 사회 구조와 규범적 질서 간의 상관관계를 엄격하게 경험적인 방법을 통해 비교 연구한 결과들이다. 정치학자 후안 린츠가 "어떤 주제에 대해 연구를 시작할 때마다 언제나 베버가 그 주제에 대해 뭐라고 말했나 조사해 본다."라고 말했을 정도로 베버는 수많은 후세대 학자들이 참고하지 않으면 안 되는 실로 광범하고 중요한 문제에 대한 연구를 남겼다. 그러나 린츠는 또한 "베버는 세계에서 가장 중요한 사회과학자의 한 사람이지만, 또한 이해하기에 가장 악명 높은 사회과학자의 한 사람이다."라고 그 특징을 말한다.

그의 저작을 읽고 이해하는 것은 실로 지난한 작업이 아닐 수 없다. 최소한 세 가지가 난삽함의 요인이 된다. 첫째는 그의 방법론 때문이다. 현재 지배적인 사회과학 방법론은 자연과학적 방법을 모델로 하여 탐구하고자 하는 요소들을 양화하고 측정 가능한 작업적 개념으로 바꾸어 변수 간 상관관계 내지는 인과 관계를 발견하려

현대 자본주의와 민주주의를 이해하는 단초

는 실증주의적 방법론이다. 그러나 베버는 이른바 '이해(Verstehen/understanding)'의 방법론을 취하여, 독일적 전통의 '해석학적' 방법으로, 즉 한편으로는 개인 행위자가 체득하고 담지하고 있는, 그럼으로써 주관적 요소들인 규범과 가치, 윤리를 포함하는 이념적, 사상적, 종교적, 문화적 요소들, 다른 한편으로는 경제, 법, 정치적 현상들을 포함하는 체제적, 제도적 특성들, 그리고 양자 간의 상관관계를 역사주의적 방식으로 탐구하고 있다. 따라서 이 양 측면에서 탐구의 대상이 되는 문제들에 대한 이해가 있지 않고서는 텍스트를 깊은 수준에서 말하기가 어렵다. 둘째로 이 글에서 다루는 두 저작 모두 종교에서 연유하는 윤리적 문제를 중심 주제로 다룬다. 그렇기 때문에 기독교의 교리, 그것도 가톨릭과 신교의 주요 교파들의 교리에 대해 일정한 종교적, 신학적 이해가 필요하다. 그리고 그것을 보다 자기 식으로 말하려면 유교나 힌두교와 같은 다른 주요 종교에 대한 이해가 필요하다. 셋째 『프로테스탄티즘』은 자본주의의 기원, 보다 정확히 말한다면, 현대 서구 사회의 '합리적 자본주의(rational capitalism)'의 기원을 다루는 것이 중심 주제이다. 자본주의 체제의 성격과 기원은 그 자체로 경제사나 역사사회학과 같은 한 분야를 이룰 정도로 실로 방대한 주제다. 그리고 『소명으로서의 정치』는 1919년 행해진 강연을 토대로 1920년 초 베버 자신이 강연을 정리한 소책자로서 독일사에서 가장 복잡한 정치적 격변의 시기이자 직업적 정치인의 출현을 중심으로 한 민주주의의 발전, 정당, 국가 기구의 관료화 등 정치적으로 현대로 이행하는 중요한 변화들이 동시에 있었던 시기를 배경으로 한 저작이다. 따라서 그 상황 자체를 이해하기가 어렵다. 이 두 저작을 하나의 글에서 동시에 다룬다는 것은, 실로 지난한 작업이 아닐 수 없다.

　　이 두 저작 모두, 그 가운데서도 특히 『프로테스탄티즘』은 이미 출간 당시부터 베버를 인기 작가 못지않게 대중적으로 널리 알린 그의 대표작이다. 한 논평사는 『프로데스탄티즘』을 "20세기에 출간된 가장 위대한 작품의 하나"라고 말한다. 필자는 이 텍스트를 읽을 때, 이것은 정신의 아주 높은 경지에 이르지 않고서는 쓰일 수 없는 저작이 아닐까 생각했다. 그리고 그 높은 정신은 희귀하게도 진실을 탐구하려는 엄청난 지적 열정과 결합하면서 만들어진 결과물이다. 『프로테스탄티즘』은 칼뱅주의라는 종교적 아이디어가 현대 자본주의 발전의 원인이 되었다고 주장하며, 이는 아이디어 또는 이데올로기가 경제적 생산 체제의 상부 구조의 부수적 현상(epiphenomenon)에 불과하다는 마르크스의 테제와 정반대되는 것이기 때문에 더 흥미를 끈다. 그러나 베버를 마르크스와 과도하게 대비시키면, 하부 구조가 상부 구조를 결정한다는 마르크스의 사고를 단순 도식적으로 도치시켜 아이디어가 하부 구조를 결정한다는 식으로 베버의 사고를 이해하는 우를 범하기 쉽다. 베버에 있어 아이디어의 역할은, 사회의 물질적 발전이나 힘의 변화 못지않게, 또는 그보다 더 중요하게 작용하면서, 사회 변화에 있어 오히려 중심적인 동력이다. 그렇다고 아이디어가 사회 변화의 중심 동력으로 작용하는, 마르크스 이론의 전도된 형태를 갖는 관념론도 아니다. 베버의 텍스트들은, 아이디어와 사회 체계가 끊임없이 상호작용하면서 불가 예측적인 결과를 창출하는, 완전히 열려 있는 사회 변화의 이론이다. 즉 그것은 단원적 변화의 경로를 따라 이론적으로 예측된 결과를 기대할 수 있는 것이 아니라, 현실의 힘의 작용에서 숱한 아이러니와 패러독스를 만들어 내면서 여러 형태의 불가 예측적이고 바람직하지 않은 결과를 낳을 수 있는 현상을 말하고 있다. 그러므로 그의 관점의 다원주의와 더불어, 일정한 이론적 도식을 허용하지 않는 그의 학문적 태도와 방법론 때문에 베버를 읽는 것은 다른 텍스트에 비해 더 많은 주의력과 집중력을 요구하게 된다.

베버의 방법론은, 경험적 사실과 가치를 엄격하게 분리하고, 문화적 정신적 학문과 자연과학의 질적 차이를 강조하는 리케르트와 빈델반트와 같은 신칸트학파(서남학파)의 영향을 받은 가치 중립의 이론에 입각해 있다. 한 연구자는 베버가 그의 엄격한 가치 중립적 방법론과 가치 상대주의가 가져올 수 있는 허무주의에 빠지지 않았던 것은 그의 경험주의적 탐구에 대한 강렬한 열정 때문이라고 말하기도 한다. 비판자가 뭐라고 말하든 필자는 베버의 칼뱅주의적 가치에 대한 지향, 직업에 대한 소명 의식의 강조, 그리고 합리적 자본주의에 대한 지향과 같은 것은 이러한 그 자신의 가치를 암묵적으로 표현한 것이라고 생각한다. 그러나 이 가치 중립의 아이디어를 그의 숨은 정치적 이념, 사회적 참여나 정치적 실천을 포함하는 사회적 행위 전체에 확대해서 가치 다원주의나 허무주의와 유사한 어떤 것으로 이해하는 것은 베버를 정확히 이해한 것이라고 생각지 않는다. 혹자는 베버를 "부르주아지의 마르크스"라고 부르기도 한다. 베버 자신이 프라이부르크 대학 교수 취임 강연에서 "나는 부르주아 계급의 성원이다. 나 자신 한 사람의 부르주아라고 느낀다. 나는 성장하면서 그들의 관점과 이상을 지니게 되었다.”라고 공언한다. 그는 평생을 통하여 그에게 지대한 영향을 미친 기독교 사회 민주주의자이자 자유주의자였던 친구 프리드리히 나우만과 더불어 사회 복지 활동을 하기도 했고, 독일민주당(DDP)에 입당해 정치에 참여하기도 했다. 나아가 학문적 연구에 있어서도 그의 가치 중립 원리가 과학적 연구에 있어 어떠한 가치, 이념적이거나 정치적인 입장과 관점을 배제하거나 부정하는 것이라고만 이해하는 것은 그의 이론을 피상적이고, 매우 협애하게 이해하는 결과를 낳을 것이다.

본격적인 논의에 앞서 베버의 여러 저작 가운데 왜『프로테스탄티즘』과『소명으로서의 정치』를 텍스트로 삼았는지에 대해 언급이 필요하다.『프로테스탄티즘』은 베버가 비교적 젊었던 시기《사회과학과 사회 정책 연구(*Archiv für Sozialwissenschaft und Sozialpolitik*)》에 1904년과 1905년 두 차례에 걸쳐 게재한 긴 논문을 1920년 수정해서 출간한 것이다. 학술지에 게재된 본격적인 연구 논문이 대중적으로 알려졌다는 것은 매우 이례적이지만, 무엇보다 필자는『프로테스탄티즘』이 그 내용의 중요성에 있어서 그의 대표작이라고 생각한다. 여기에서의 중요 주제들은 뒷날『경제와 사회』, 종교사회학으로 통칭될 수 있는 중국, 인도, 유다이즘과 이슬람을 포함하는 세계 주요 종교들에 관한 연구들, 경제사, 그리고 정치적 저작들에서 보다 만개한 형태로 나타난다. 따라서 이 연구는, 그가 중요한 문제들을 발견하고 그의 사상과 이론들이 폭발적으로 만개하게 되는 모든 이론적, 방법론적, 사상적으로 응축된 근원 내지는 보고(寶庫)와 같은 것에 비유할 수 있다. 이

현대 자본주의와 민주주의를 이해하는 단초

점에서 그것은 베버의 이론, 방법론, 세계관, 사상 체계를 담는 총론인 셈이다. 그렇게 생각한다면,『소명으로서의 정치』는『프로테스탄티즘』의 분석 대상이 되는 부르주아 기업가 또는 상인의 윤리 의식으로 수용된 칼뱅주의와 그것이 명령하고 있는 소명으로서의 직업 개념 또는 직업윤리를 정치 영역에서 행위하는 정치인 개인의 정치 윤리에 적용 내지 확장하는 일종의 각론에 해당하는 것이라고 말할 수 있다. 만약 독자들이『프로테스탄티즘』을 읽은 후『소명으로서의 정치』를 읽는다면 그렇지 않았을 때보다 훨씬 쉽지 않을까 한다. 종교로부터 발원하는 규범 또는 윤리 의식이 정치 영역이라는 다른 환경에 적용되는 것이 가능하기 때문이다.『프로테스탄티즘』에서는 자본주의 사회에서 개인의 경제 행위,『소명으로서의 정치』에서는 국가 권력이 작용하는 장에서 발생하는 정치 행위가 각각 개인들의 태도와 행위에 어떻게 영향을 미치는가에 대해 일정한 상관관계를 발견할 수 있을 것으로 기대하게 된다. 그러므로 먼저『프로테스탄티즘』에 대해 말하고, 뒤에『소명으로서의 정치』에 대해 말하는 것은 저작의 연대도 중요하지만, 내용을 이해하는 순서로서도 중요하다.

2 『프로테스탄티즘의 윤리와 자본주의 정신』

무엇을 탐구하고자 하나 ── 첫 번째 논문 「문제」

논문의 첫 문장은 이렇게 시작한다. "여러 종교 교파들이 혼재하는 지방에서 직업 통계를 보면 한 가지 현상이 눈에 띄게 빈번히 나타나는데, (……) 자본가와 기업가, 그리고 고급 숙련 노동층, 특히 기술적으로 또는 상업적으로 고도의 훈련을 받은 근대적 기업의 종업원들이 아주 현저하게 프로테스탄트적 성격을 지닌다는 것이다." (45~46) 여기에서 베버는 그의 첫 번째 질문을 제기한다. 즉 경제적으로 가장 발달된 지역이 종교 개혁 또는 교회 혁명을 수용할 만한 특별한 요소가 있었다면 그것은 무엇인가? 그의 말대로 이 문제에 대한 답변은 의외로 간단치 않다. 왜냐하면 종교 개혁이 삶 전체에 대한 교회 지배를 제거한 것이 아니라, 오히려 그때까지의 지배 형식을 다른 형식으로 바꾼 것에 지나지 않기 때문이다. 무엇이 앞에서 언급한 바의 상관관계를 가능케 했는가 하는 질문과 함께 문제는 여전히 풀리지 않는다. 왜냐하면 그에 대한 해답은 가톨릭교회의 지배와 프로테스탄티즘 간의 차이가 만들어 내는 현상에서가 아니라, 뭔가 다른 요인에서 발견되지 않으면 안 되기 때문이다. 여기에서 다음 질문이 이어진다. 16~17세기에 이르러 제네바, 스코틀랜드, 네덜란드, 뉴잉글랜드, 영국과 같은 경제적으로 가장 선진적인 나라들과 그 지역에서 부르주아 중산층이 칼뱅주의의 전례 없는 전횡적 지배에 저항하지 않았을 뿐 아니라 그것을 영웅주의적으로 수호했다는 사실은 어떻게 가능했을까? 그들은 왜 그 전과 그 이후에는 그러한 영웅주의적 태도를 보여 준 적이 없는가? 베버는 여기서 첫 번째 질문에 대한 해답을 암시한다. 가정과 가족 공동체가 만들어 냈던 교육 환경이나 분위기에서 획득되는 어떤 정신적, 심성적 특성이 직업을 선택하고 그것을 통해 쌓아 나가는 데 작용했으리라고 설명할 수 있을 것이다. 신교도들은, 그들이 지배 계급이든 피지배 계급이든, 다수든 소수든, 경

현대 자본주의와 민주주의를 이해하는 단초

제적 합리주의를 발전시키는 어떤 경향성을 보여 왔다. 그러므로 이러한 차이를 만들어 내는 가장 중요한 요소는 다른 어떤 것보다 역사적이고 정치적인 외적 상황 때문만이 아니라 종교적 신념에 내재된 변하지 않는 어떤 성격이라고 생각할 수 있다. 이러한 관찰과 추론에서 베버의 탐구 과제가 드러난다. 그렇다면 어떤 특성이 이러한 행태를 만들어 내거나, 또는 그럴 수 있는 개연성이 있는가 하는 것이다. 이미 『프로테스탄티즘』이 출간되기 전 대표적으로 좀바르트와 같은 동시대 학자들은 그 해답이 가톨릭교회의 교리가 추구하는 이상 세계와 프로테스탄티즘이 허용하고 긍정하는 삶의 물질적 즐거움의 차이를 통해 도출될 수 있다는 연구를 제시하였다. 그러나 베버의 관점에서는, 유별나게 자본주의적 기업 경영 의식이 강한 사람들과 가장 강력한 경건주의를 지니는 개인 및 집단이 서로 중첩되는 곳에서는 이러한 설명 방식이 유효하지 않다. 특히 칼뱅주의를 신봉하는 지역과 사람들 사이에서는 어디에서나 두 요소가 중첩되고 있었다. 베버는 이러한 현상의 결과를 다음과 같이 이끌어 냈다. 즉 "구 프로테스탄트 정신의 어떤 표현 형태와 현대 자본주의 문화 사이에 어떤 내밀한 친화성이 발견될 수 있다면, 그 관계가 좋은 것이든 나쁜 것이든, 강하든 약하든 물질적인 것이거나 또는 최소한 삶에 대한 태도나 자세에 있어 즐거움에 대한 일정한 금욕적 부정 때문이 아니라, 순수하게 종교적 특성에서 그 관계를 발견하려고 시도하지 않으면 안 된다."라고 말하고 있다.[2]

그렇다면 자본주의 정신이 무엇을 말하는지 이해하지 않고서는 이 과업을 수행할 수 없다. 이 문제를 보기 위해서는 먼저 사회학자들이 보통 '이해의 방법'이라고 말하는 베버의 방법론을 살펴보는 것이 필요할 것 같다. 이와 관련된 텍스트의 내용을 길게 인용해 본다.

(자본주의의 정신이라는 말에) 어떤 의미를 줄 수 있는 대상을 발견할 수 있다면, 그것은 어디까지나 역사적 개체일 수밖에 없다. 역사적 개체란 역사적 현실의 복합적인 관계인데, 이는 우리가 그것의 문화 의미(Kulturbedeutung)라는 관점에서 개념적으로 결합해 하나의 전체로 만든 것이다. 그러나 그와 같은 역사적 개념은 내용적으로 그 자체의 개별적인 특성으로 인해 의미 있는 현상에 관련되기 때문에 '근류, 종차(genus proximum, differentia specifica)' 도식에 따라 정의될 수 없고, 오히려 역사적 현실에서 얻어지는 개별적인 구성 요소들로부터 점차 합성되어야 한다. 그러므로 최종적인 개념적 파악은 연구를 시작하면서 얻을 수 있는 것이 아니라, 연구를 마치면서 얻어야 한다. 다시 말해 우리가 여기에서 자본주의 정신이 의미하는 것을 가장 잘 정식화하는 방법은 논의 과정에서 그리고 그 논의의 본질적인 결과로서 비로소 밝혀져야 한다. (……) 즉 자본주의 정신은 필연적으로 우리의 이해를 위해서 우리에게 본질적으로 보이는 것만을 의미할 수 있는 것이 결코 아니며, 또한 결코 의미해서도 안 된다. 이는 역사적 개념 구성의 본질에서 기인하는 것으로서, 역사적인 개념 구성이란 그 방법적인 목적상 현실을 추상적인 유(類)개념에 끼워 맞추려 시도하지 않고 항상 그리고 불가피하게 특별한 개별적 색채를 띠는 구체적인 발생적 연관 관계로 편입시키려 시도하는 것을 가리킨다.(71~72)

현대 자본주의와 민주주의를 이해하는 단초

베버는 벤저민 프랭클린이 젊은 사업가에게 주는 교훈이 자본주의 정신을 예시하는 가장 좋은 사례의 하나라고 생각하면서, 그 내용을 분석한다. 이 교훈에서는 신용할 만한 사람이 되는 것이 명예이자 의무가 되는 이상을 자본 증식의 이익 추구 그 자체를 목적으로 당연시하는 것과 대조시키면서 강조하고 있다. 베버는 다음과 같이 말한다. "이 탐욕의 철학에서 독특한 것으로 눈에 띄는 것은 신용 있는 신사의 이상, 그중에서도 특히 자기 목적으로 전제된 자본 증식에 대한 관심을 개인의 의무로 여기는 사고방식이다. 그러나 실제로 여기서는 단순히 처세술이 아니라 독특한 윤리가 설교되고 있는바, 이 윤리를 위반하는 것은 우둔한 짓으로 취급될 뿐 아니라 일종의 의무 망각으로 취급된다. 바로 이 점이 본질이다."(75)

즉 "프랭클린이 가르치고 있는 것은 단순히 영리한 사업술이 아니라 ── 그런 것은 다른 곳에서도 빈번히 찾아볼 수 있다. ── 이 글에서 말하는 것은 하나의 에토스이고, 우리가 관심을 갖는 것도 바로 이러한 특성이다." 이 문건에 대해 베버가 보는 것은, 단일한 개인 기업가의 삶의 자세, 태도에 대해 윤리적으로 채색된 교훈이라는 점이다. 그가 말하는 것도 이러한 의미에서의 현대 자본주의 정신인 것이다. 실제로 자본주의는 중국, 인도, 고대 바빌론, 중세 등 여러 시기에 여러 지역에서 존재했다. 그러나 이 모든 사례에서는 이러한 독특한 윤리(eigentümliche Ethos)가 존재하지 않았던 것이다. 그것은 단지 미국과 유럽에서만 존재했을 뿐이다. 윤리의 최고선(summum bonum)에 내장된 특성은, 이 윤리를 단지 행복주의적(eudaemonistic) 또는 쾌락주의적 동기를 감추는 것과는 완전히 다른 어떤 것으로 만들었다고 할 수 있는 것이다. 인간은 삶의 궁극적 목적으로 돈벌이하고 재화를 획득하고자 하는 욕구에 의해 지배된다. 그런데 지금 경제적 획득은 인간의 물질적 욕구를 충족하는 수단으로서 더 이상 인간에 종속하지 않게 된 것이다. 그러므로 베버에게 자본주의를 추동하는 원리는 벤저민 프랭클린이 그 대표적인 사례로서 제시하는 것을 보더라도 종교적 관념과 긴밀하게 연결돼 있다. 직업에서의 의무 이념이 드러나게 되는 것은 바로 이러한 맥락에서이다. 그것은 자본주의 문화의 사회적 윤리를 위한 근본적 기초로서 나타난다. 그럼에도 불구하고 자본주의적 특성과 무척 잘 융합되는 삶의 태도는 고립된 개인들에서 나타나는 것이 아니라 인간들의 전체 집단에 공통적인 삶의 방식으로서 역사적으로 형성된 것이었다.

이제 베버의 탐구는 이러한 집단적 윤리 의식이 어떤 종교적 이념을 갖는 집단 사이에서 발생하였는가 하는 질문으로 옮겨 간다. 이에 답하면서 베버는 그러한 윤리 의식을 담지하는 종교적 집단을 곧바로 발견하려 하지는 않는다. 다만 이러한 교리와 충돌하는 자본주의 정신의 반대자들, 즉 전통주의를 먼저 발견하고자 한다.

베버는 먼저 독일의 다수인이 신봉하는 루터주의를 논의의 대상으로 한다. 그에 따르면, 루터의 신학 사상에서 직업에 대한 '소명(Beruf/calling)'의 개념은 종교 개혁에도 불구하고 전통적이라는 것이다. 루터에게 소명은 인간이 하나의 신의 율법으로서 받아들이지 않으면 안 되는 어떤 것, 그러므로 그 자신 그에 스스로 적응하지 않으면 안 되는 어떤 것이다. 이러한 측면은 이미 기존의 다른 아이디어,

현대 자본주의와 민주주의를 이해하는 단초

소명에 따른 노동 내지 일은 신에 의해 부여된 것이라는 기존의 아이디어보다 더 큰 중요성이 부여된 것을 뜻했다. 그러므로 이 문제를 탐구하는 베버의 관심에 초점을 두고 볼 때, 루터적 의미에서의 소명 개념은 큰 의미를 갖는 것은 아니다. 따라서 연구의 목적상, 실제 생활과 종교적 동기 간의 관계가 루터주의에서보다 쉽게 발견될 수 있는 다음 대상을 발견하는 것이 필요해졌다. 즉 베버는 칼뱅주의와 다른 교파들, 특히 영국에서의 교파들을 살펴보아야 했다.

여기에서 베버는 다음 문제가 중요하다고 느꼈다. 그의 말을 직접 들어 본다. "초기 프로테스탄티즘의 윤리와 자본주의 정신의 발전 사이의 관계를 연구하는 데서 칼뱅과 칼뱅주의 그리고 다른 '청교도주의적' 분파들의 저작에서 출발한다고 해서, 이를 마치 이들 종교 공동체의 그 어떤 창시자나 대표자에게서 우리가 여기에서 '자본주의 정신'이라고 부르는 것의 각성을 어떠한 의미에서건 그의 필생의 작업이 추구하는 목표로 발견하리라 기대하는 듯 이해해서는 안 된다. 세속적 재화의 추구가 자기 목적으로서 그들 가운데 누군가에 의해 곧바로 윤리적 가치로 받아들여졌으리라고는 결코 생각할 수 없다. (……) 종교 개혁의 문화적 영향은 상당 부분 ─ 더욱이 우리의 특별한 관점을 위해서는 아마도 주로 ─ 종교 개혁가들의 활동의 예상치 못했던 혹은 심지어 원치 않았던 결과였으며, 때로는 그들 자신이 염두에 두었던 것과 동떨어졌거나 심지어 대립되었다는 사실을 명심해야 한다."(135~137)

이러한 연구 목적은 아이디어/이념이 역사에서 어떻게, 얼마나 효과적인 힘으로 작용했는지 이해하고자 함이다. 그러나 베버가 연구 목적의 한계를 정확히 이해하기 위해 그리고 오해와 가정으로부터 발생할지도 모를 비판을 사전에 차단하기 위해 그의 연구 목적을 정확히 정의하는 데 엄청난 어려움을 가졌다는 점을 발견하게 된다. 긴 문장을 인용하여 이 점을 보도록 한다.

이러한 연구에서 문제가 되는 것은, 종교 개혁의 사상적 내용을 어떤 의미에서든, 사회 정책적이든 종교적이든, 평가하려고 시도하는 것이 결코 아니다. 우리는 연구 목적상 진정한 종교적 의식에는 주변적이거나 심지어 피상적으로 보일 수밖에 없는 종교 개혁의 측면들에 지속적으로 관심을 가진다. 왜냐하면 우리가 의도하는 것은 다만, 수많은 역사적 개별 동기에서 성장한 특별히 '현세' 지향적인 근대 문화의 발전이라는 직물에 종교적 동기가 짜 넣은 씨줄을 보다 명백히 밝히려는 것이기 때문이다. 그러므로 우리가 묻는 것은 다만, 이 문화의 모종의 특징적 내용들 가운데 무엇이 종교 개혁의 영향에 그 역사적 원인으로서 귀속되거나 할 수 있느냐이다. 이 경우에 우리는 경제적 변화로부터 종교 개혁을 '발전사적으로 필연적인 것'으로 연역할 수 있다는 견해에서 해방되어야 함은 물론이다. 새로이 창조된 교회들이 적어도 존속할 수 있기 위해서는 그 어떤 '경제적 법칙'에 끼워 맞출 수 없을 뿐만 아니라 더 나아가 일반적으로 그 어떤 종류의 경제적 관점에도 끼워 맞출 수 없는 무수한 역사적 정황, 그중에서도 특히 순수한 정치적 과정이 함께 작용해야만 했다. 그러나 다른 한편으로 다음과 같은 매우 어리석고 공리공론적인 테제, 예컨대 (좌우간 여기에서 잠정적으로 사용된 의미에서의) '자본주의 정신'은 오직 종교 개혁의 일정한 영향의 결과로만 발생할 수 있었다든가, 심지어 경제 체제로서의 자본주의는 종교 개혁의 산물이라는 등의 테제는 결코 옹호되어서는 안 된다. 자본주의적 사업 경영의 모종의 중요한 형태들은 종교 개혁보다 훨씬 이전에 존재했다는 사실만으로도 이미 그와 같은 견해는 단적으로 부정될 것이다. 오히려 다만 정신의 질적 각인과 세계로의 양적 팽창에서 종교적 영향이 과연 함께 작용했는지, 실제로 작용했다면 어느 정도로 그랬는지, 그리고 자본주의 토대에 근거하는 문화의 어떤 구체적인 측면들이 종교적 영향으로 소급되는지가 확인되어야 할 뿐이다. 그런데 이 경우 종교 개혁이라는 문화 시기의 물질적 토대, 사회적·정치적 조직 형태와 정신적 내용 간의 상호 영향 관계가 극도로 복잡하다는 사실을 고려하면, 우선은 일정한 형태의 종교적 신앙과 직업윤리 사이에 과연 그리고 어떤 점에서 특정한 '선택적 친화력(Wahlverwandtschaften/elective affinities)'이 인식될 수 있는지 연구하는 데 한정될 수밖에 없다. 그리하면 동시에 그러한 친화력의 결과로서 종교 운동이 물질적 문화의 발전에 영향을 끼친 방식과 일반적 방향이 가능한 한 명료해질 것이다. 이것이 어지간히 분명하게 확정되면, 그리고 나면 비로소 근대적 문화 내용이 그 역사적 생성 과정에서 어느 정도로 그러한 종교적 동기에 귀속될 수 있고 또 어디까지 다른 동기들에 귀속될 수 있는가를 평가하는 시도가 이루어질 수 있을 것이다.(137~139)

무엇을 탐구하고자 하나
——두 번째 논문 「금욕적 프로테스탄티즘의 직업윤리」

『프로테스탄티즘』의 두 번째 논문은 첫 번째 논문에서 제시되고 정의된 문제들 그리고 관계들을 검토하고 설명하는 것을 목적으로 한다. 다시 말하면 전체 『프로테스탄티즘』의 연구 프로젝트는, 종교적 이념의 결과물인 직업윤리를 만들어 낸 윤리적 원칙들은 일정하게 금욕적인 경향을 갖는다고 하겠는데 이러한 이념/아이디어가 어떻게 역사적으로 형성되었는가 하는 연원을 규명하는 작업이다. 앞절에서 보았듯이 베버는 프로테스탄티즘의 루터주의 교리에 잠재적으로 전통주의적 요소가 광범하게 포함되어 있다는 것을 발견했다. 그렇다면 금욕주의적 직업윤리의 역사적 연원을 발견하기 위해서는 경제적 합리주의(economic rationalism)에 보다 합당한 형태로 특정의 아이디어를 보다 강하게 강조했던 프로테스탄티즘의 다른 교파들로 탐구 방향을 돌리지 않으면 안 된다. 두 번째 논문 「금욕적 프로테스탄티즘의 직업윤리」는 논문의 제목 자체가 연구자의 문제 틀을 아주 명료하게 보여 주고 있다. 독일의 베버학자 디르크 케슬러가 압축적으로 말하듯이, 그들의 교리가 전혀 "원치 않았던 결과(unwished-for result)"를 만들어 냈던 프로테스탄트 교파들의 "비합리적 모멘트"로 연구 방향을 맞추지 않으면 안 되는 것이다.[3]

프로테스탄티즘 가운데 역사적으로 이 특별한 교리의 담지자들이었던 칼뱅주의, 경건주의, 감리교, 침례교에서 성장한 분파 가운데서 제일 먼저 탐구의 대상이 된 것은 바로 칼뱅주의였다. 칼뱅주의는 자신의 신앙을 수호하기 위해 16~17세기에 걸쳐 네덜란드, 영국, 프랑스에서 다른 교파들에 비해 엄청난 정치적, 문화적 투쟁을 벌여야 했던 교파다. 베버는 특히 인간의 운명이 사전에 결정된다는 이른바 '예정 교리(doctrine of predestination)'의 핵심이 되는 '신에 의한 선정 도그마(dogma of election)'에 관심을 가졌다. 그것이 칼뱅주의의 신학적, 교리적 기초였기 때문이다. 이에 대해 베버가 정치한 분석력으로

현대 자본주의와 민주주의를 이해하는 단초

밝혀 보이는 것은 이런 것이다. 다음에서 베버 저술 해석의 권위자 디르크 케슬러의 설명을 따라가 본다.[4] 인간은 신을 위해 존재하고, 인간의 삶은 신을 영광되게 하는 것 이외에 다른 의미를 갖지 않는다. 마찬가지로 인간성의 한 부분은 신에 축복받도록 예정되어 있고, 다른 부분은 저주받도록 되어 있다는 것, 따라서 인간이 잘한 행위든 못한 행위든 절대적으로 신의 자유로운 결정에 의한 것이기 때문에 어떤 것도 바꿀 수 없다는 것이다. 이러한 교리가 말하는 "극단적인 비인간성"은 베버의 관점에서는 하나의 중요한 결과를 만들어 낸다고 하겠는데, 그것은 전례 없는 한 인간의 내면적 고독함의 느낌, 이러한 교리와 그러한 느낌이 급진적인 반작용을 가져왔다는 사실이다. 사제도 없고, 신성함도 없고, 교회도 없고, 그 종국적 결과로서 신도 존재하지 않는 교리가 아닐 수 없다. 여기에서 베버는 이런 결론에 도달하게 되었다. 그것은 고대 히브리 예언자들로부터 시작된 바 있었던, 그리고 헬레니즘의 과학 사상과도 병행하게 되었던 세계로부터의 신비/주술의 제거 내지 소멸이라는 결론이다. 그 결과 구원에 대한 모든 주술적 수단을 미신이자 죄악으로 부정하게 되는 종교 발전 과정으로 볼 때, 일대 역사적 전환점에 이르게 되었다. 여기에서는 신이 자비를 거부하기로 결정한 바 있었던 누군가를 위해서 자비를 베풀 수 있는 여지가 없기 때문에, 신앙인의 입장에서 그가 자비를 얻을 수 있는 주술적이거나 어떤 다른 수단이 존재할 수 있는 여지가 없다. 그렇기 때문에 이 교리는 환상에서 각성된 그리고 비관적 편향성을 갖는 개인주의, 그러한 성향이 청교도 역사를 갖는 사람들의 국민적 성격이나 제도에서 현재에도 발견되는 성향의 한 원천을 형성하기에 이른 것이다. 여기에서 베버는 하나의 역설에 도달하게 되었다.

어떻게 세계가 개인을 에워싸고 속박하는 아주 견고한 끈들을 내적으로 끊어 버리는 저 경향과 사회 조직의 측면에서 칼뱅주의가 보여 주는 의심할 여지가 없는 우월성이 결합할 수 있었을까가 처음에는 수수께끼처럼 보인다. 그러나 처음에는 그처럼 이상하게 보일지 몰라도 바로 이러한 사회 조직상의 우월성이야말로, 기독교적 이웃 사랑이 칼뱅주의적 신앙으로 인해 개인이 내적 고립의 압력에 처한 상황에서 취할 수밖에 없었던 특수한 색채에서 도출된다. 그것은 거기에서 우선 교리에서 도출된다. 세계는 신을 찬미하도록 정해져 있으며, 선택된 기독교인들은 자신이 맡은 바 본분을 다해 신의 계명을 집행함으로써 이 세상에서 신의 영광을 드높이기 위하여 ── 그리고 오로지 이를 위하여 ── 존재한다. 그러나 신은 기독교인의 사회적 활동과 성취를 요구한다. 다시 말해 신은 기독교인의 삶이 자신의 계명에 따라 사회적으로 형성되어 자신의 영광을 드높이는 목적에 이바지하기를 원한다. 칼뱅주의자들이 세상에서 행하는 사회적 노동은 어디까지나 '신의 영광을 드높이기 위한(in majorem gloriam Dei)' 노동일 뿐이다. 그러므로 사회 전체의 현세적 삶에 이바지하는 직업 노동도 역시 그러한 성격을 띤다. 우리는 이미 루터가 '이웃 사랑'으로부터 분업적 직업 노동을 도출하는 것을 살펴보았다. 그러나 그에게 불확실하고 순수한 구성적·사유적 단초에 머물던 것이 칼뱅주의자들에 와서는 윤리적 체계의 특징적인 일부분이 되었다. '이웃 사랑' ── 그것은 피조물의 영광이 아니라 오로지 신의 영광에만 봉사해야 하므로 ── 은 일차적으로 자연법(lex naturae)에 의해 주어진 직업 과제의 이행에서 나타나며, 이 과정에서 독특하게 즉물적·비인격적인 성격, 즉 우리를 둘러싸고 있는 사회적 질서의 합리적 형성에 이바지하는 성격을 띠게 된다.(190~191)

여기에서 교조적으로 만들어진 교리에 대해 질문이 생기는 것은 당연하고, 그로부터 생기는 질문에 교회는 이렇게 대답한다고 베버는 말한다. "내세가 현세적 삶의 모든 관심사보다 더 중요시 되었을 뿐 아니라 또 많은 점에서 더 확실시되었던 시대에 이러한 교리가 어떻게 용납될 수 있었단 말인가? 모든 신자들에게 즉각 다음과 같은 한 가지 의문이 제기될 수밖에 없었고, 그와 더불어 다른 모든 관심사는 뒷전으로 밀려날 수밖에 없었다. 나는 과연 선택되었는가? 그리고 나는 내가 선택되었다는 사실을 어떻게 확신할 수 있는가? (……) 칼뱅은 원칙적으로 다른 사람들의 행동을 보고 그들이 선택되었는지 혹은 버림받았는지 식별할 수 있다는 가정을 신의 비밀을 캐내려는 주제넘은 시도라고 비난했다. 선택된 자는 현세에서 외적으로는 버림받은 자와 그 무엇으로도 구별되지 않으며, 심지어 선택된 자들의 모든 주관적 경험조차, 저 끝까지 지속되는 신앙심의 신뢰라는 단 한 가지 점만 제외하고는 버림받은 자들에게도 가능한 것이다. 그러므로 선택된 자들은 신의 보이지 않는 교회이며 또한 그것으로 남는다."(191~192)

칼뱅주의의 신은 그의 신도들에게 한 가지 선행만을 요구한 것이 아니라 통일된 체계 안으로 통합된 선행을 행하는 삶을 요구했다. 윤리적 행위를 체계화하는 것과 그것의 합리적 특성은 삶 전체를 신성화하는 것으로 이어졌다. 이러한 삶의 태도는 기업 행위처럼 항시적인 자기 관리와 삶의 계획된 규제로 이어졌다. 베버는 합리적 행위의 이러한 체계적인 방식을 '현세적 금욕주의'의 개념으로 요약했다.

그것은 일상생활로부터 멀리 떨어져 개인을 은둔 생활로 몰고 갔던 수도원적 금욕주의와는 달리 칼뱅주의로 하여금 하나의 적극적인 아이디어, 현세적 행위에서 자신의 신앙을 입증하는 것이 필수적이라는 아이디어를 갖도록 했다. 베버는 이를 다음과 같이 풀어 말한다.

칼뱅주의는 종교적으로 지향된 광범위한 계층의 사람들에게 금욕주의에 대한 적극적인 동인을 제공했으며, 또한 그 윤리가 예정론에 정착됨으로써 수도승들의 탈세속적이고 초세속적인 종교적 귀족주의가 신에 의해 영원으로부터 예정된 이 세속적 성도들의 종교적 귀족주의로 대체되었다. 이 귀족주의는 그 변경 불가능한 특성(character indelebilis)으로 인해, 중세 수도승들이 단지 외적으로만 세속적으로 분리되어 있던 것에 비해 근본적으로 메울 길 없고 또한 보이지도 않기 때문에 훨씬 무시무시한 심연에 의해 영원으로부터 버림받은 다른 인간들과 단절되어 있었다. 이 단절은 무자비하고 예리하게 모든 사회적 관계를 속속들이 파고들었다. 왜냐하면 신의 은총으로 선택된, 따라서 거룩한 자들이 이웃의 죄에 대해 취할 수 있는 적합한 태도는 자기 자신의 약점을 의식해 기꺼이 자비로운 도움을 베푸는 것이 아니라 몸에 영원한 저주의 표지를 지닌 신의 적으로 간주하고 증오와 경멸을 보내는 것이었기 때문이다.(209~210)

베버가 다룬 맥락에서 볼 때 청교도 윤리의 중요한 결과는 현세적 금욕주의 정신에서 발생한 바 있었던 직업의 소명 의식에 대한 아이디어에 기초한 합리적 생활 방식의 진화였다. 그리그 그 합리적 삶의 방식은 현대의 자본주의 정신과 현대 문명의 하나의 구성 요소 내지 구성 부분이 되었다.

이제 텍스트를 구성하는 두 논문의 결론 부분에 이르렀다. 칼뱅주의의 아이디어가 만들어 낸 합리주의의 정신이 자본주의 경제와 결합함으로써 어떻게 현대의 합리적 자본주의를 만들어 내는 요소가 되었는가, 늦든 빠르든 기술 문명의 발전과 다시 결합된 합리화된 자본주의의 모습은 무엇인가, 그리고 그것이 만약 어떤 부정적 측면을 포괄하는 것이라고 할 때 이를 개선하거나 극복할 수 있는 힘은 어디로부터 발견할 수 있는가 하는 묵시적 문제들과 더불어 미래 사회의 일정하게 어두운 모습을 포함하는 주제를 응축적으로 표현하고 있는 결론 부분을 길게 요약하기로 한다.

청교도들은 직업 인간이 되기를 원했다. (……) 왜냐하면 금욕주의가 수도원의 골방에서 나와 직업 생활 영역으로 이행함으로써 세속적 도덕을 지배하기 시작했고, 또 공장제, 기계제 생산의 기술적, 경제적 전제 조건과 결부된 저 근대적 경제 질서의 강력한 우주를 건설하는 데 일조했기 때문이다. 그리고 이 우주는 그 추진력에 편입된 모든 개인들의 생활 양식을 — 비단 직접적으로 경제적 영리 활동에 종사하는 자들의 생활 양식뿐만 아니라 — 엄청난 강제력으로 규정하며 아마도 그 마지막 톤의 화석 연료가 다 타서 없어질 때까지 규정하게 될 것이기 때문이다. 박스터의 견해에 따르면, 외적인 재화에 대한 염려는 마치 "언제든지 벗어 버릴 수 있는 얇은 외투"처럼 성도들의 어깨에 걸쳐져 있어야 한다. 그러나 운명은 이 외투를 쇠우리(stahlhartes Gehäuse/영어로는 iron cage 또는 steel casing이라고 번역한다.)로 만들어 버렸다. 금욕주의가 세계를 변형하고 세계 안에서 영향력을 행사하게 되면서, 이 세계의 외적인 재화는 점증하는 힘으로 인간을 지배하게 되었고 그리하여 마침내는 도저히 벗어날 수 없는 힘으로 인간을 지배하게 되었다. 이는 역사에서 그 유례를 찾아볼 수 없는 현상이다. 오늘날 금욕주의의 정신은 그 쇠우리에서 ─ 영구적으로 그런 것인지 아닌지는 그 누구도 모른다. ─ 사라져 버렸다. 아무튼 승리를 거둔 자본주의는 기계적 토대 위에 존립하게 된 이래로 금욕주의의 정신이라는 버팀목을 더 이상 필요로 하지 않는다. 이 정신을 웃으면서 상속한 계몽주의의 장밋빛 분위기도 마침내 빛이 바래 가는 듯하며, 또한 '직업 의무(Berufspflicht/duty in a calling)' 사상도 옛 종교적 신앙 내용의 망령이 되어 우리 삶을 배회하고 있다. '직업 수행(Berufs-erfüllungpflicht/doing one's job)'이 최고의 정신적 문화 가치와 직접적인 관련을 가질 수 없는 경우 ─ 혹은 역으로 말하자면 직업 수행을 심지어 주관적으로도 단순히 경제적 강제로 받아들일 수밖에 없는 경우 ─ 현대인들은 대개 직업 수행이 지니는 의미의 해석을 완전히 포기한다. 그 종교적·윤리적 의미를 박탈당한 영리 추구 행위는 그것이 가장 자유로운 지역인 미국에서 오늘날, 드물지 않게 그것에 직접적으로 스포츠적 특성을 각인하는 순수한 경쟁적 열정과 결합하는 경향이 있다. 미래에 누가 저 쇠우리 안에서 살게 되는지, 그리고 이 무시무시한 발전 과정의 끝자락에 전혀 새로운 예언자들이 등장하게 되는지 혹은 옛 사상과 이상이 강력하게 부활하게 되는지, 아니면 ─ 둘 다 아니라면 ─ 일종의 발작적인 자기 중시로 치장된 기계화된 화석화가 도래하게 될는지 아직 아무도 모른다. 만약 기계화된 화석화가 도래하게 된다면, 그러한 문화 발전의 '마지막 단계의 인간들'에게는 물론 다음 명제가 진리가 될 것이다. "정신없는 전문인, 가슴 없는 향락인 — 이 무가치한 인간들은 그들은 인류가 지금껏 도달하지 못한 단계에 올랐다고 공상한다."(365~367)

그리고 첫 번째 논문의 마지막에서 말했던 것과 같은 생각, 금욕적 합리주의를 제한된 영역, 즉 합리적 자본주의의 발전이라는 측면에 한정하여 이들 간의 '선택적 친화성'의 발견을 넘어서는 것의 위험성을 다시 한 번 강조하고 있다. 그것은 특정의 제한된 영역에 국한돼야 한다는 것과 아울러, 자신의 제한된 연구로는 책임질 수 없는 일반화, 확대 해석의 위험성을 지적한다.

향후의 연구 과제는 (……) 금욕적 합리주의의 의미를 직업윤리 외에도 또한 사회적·정치적 윤리의 내용, 즉 소규모 종교 집단에서 국가에 이르는 사회적 공동체의 조직과 기능의 유형과 관련시켜 밝혀내는 일이다. 그러고 난 다음에는 금욕적 합리주의가 인문주의적 합리주의와 그것이 내세우는 삶의 이상 및 그것이 끼친 문화적 영향에 대해 갖는 관계, 그리고 더 나아가 철학적·과학적 경험주의의 발전, 기술적 발전 및 정신문화에 대해 갖는 관계를 분석해야 할 것이다. 그리고 마지막으로 금욕적 합리주의가 세속적 금욕주의의 중세적 단초에서 역사적으로 형성되는 과정과 그것이 순수한 공리주의로 해체되는 과정을 역사학적 방법으로 그리고 금욕적 신앙이 전파된 모든 지역을 비교·검토하면서 추적해야 할 것이다. 이 모든 연구가 이루어지고 난 이후에야 비로소 금욕적 프로테스탄티즘이 근대 문화를 형성하는 다른 요인들에 대해 지니는 문화 의의가 어느 정도인지 밝혀질 수 있을 것이다. 사실상 이 연구에서는 일단 금욕적 프로테스탄티즘이 영향을 끼친 사실과 방식을 비록 중요하기는 하지만 다양한 측면들 가운데 하나에 지나지 않는 측면에서 그 영향의 동기로 소급해 규명하려고 시도했다. 그러나 앞으로는 거기에서 더 나아가 프로테스탄티즘의 금욕주의가 그 형성 과정과 특성에서 사회의 문화적 조건들, 그 중에서도 특히 경제적 조건에 의해 어떠한 영향을 받았는가도 밝혀져야 할 것이다. 왜냐하면 현대인은 전반적으로 최선의 인식 의지에도 불구하고 종교적 의식 내용이 생활 양식·문화·국민성에 대해 가졌던 의미를 그것이 실제로 그랬던 것만큼 그렇게 크게 표상할 수 없는 것이 사실이지만 — 그렇다고 해서 문화와 역사에 대한 일방적인 '유물론적' 인과 해석을 역시 일방적인 유심론적 인과 해석으로 대체하려 의도할 수 없음은 물론이기 때문이다. 양자는 똑같이 가능하다. 그러나 연구의 예비 작업이 아니라 결론임을 자처한다면, 양자는 똑같이 역사적 진리에 기여하는 바가 적을 것이다.(368~369)

이 글의 주제와 관련하여 이 결론 부분에서 알게 되는 것은, 글에서 다룰 두 번째 텍스트인 『소명으로서의 정치』는 곧 『프로테스탄티즘』 연구 작업을 기초로 하여 이를 정치 영역에 적용한 것인데 그것은 '향후 연구 과제'로서 이미 15년 전에 베버의 머리에 그려져 있던 내용이라는 것이다. 직업에 대한 소명 의식의 문제는 경제생활에 있어 금욕적 합리주의와 그것의 거시적 결과로서 현대의 합리적 자본주의와의 상관관계를 만들어 내는 고리 역할을 하는 것에서 끝나지 않고, 연구 주제를 다른 영역으로 더 확대하는 핵심 개념의 하나였음을 알게 되었다.

중심 테제와 그것을 구성하는 이론적 아이디어들

피상적이지만 처음 '프로테스탄트'에 대해 가졌던 가장 인상적인 지적 체험으로부터 말을 시작할 수 있다. 프로테스탄트 교파 사이에서도 가장 엄혹한 금욕주의의 종교적 실천을 요구한 것으로 유명한 칼뱅주의와 자본주의의 핵심인 이익 추구 및 그에 의한 행복주의/쾌락 추구라는 가장 거리가 먼 양극적인 가치관이자 삶의 원리가 어떻게 서로 연결될 수 있었던 것일까, 어떻게 극단적으로 상반되는 두 원리와 가치가 관계가 있다고 생각할 수 있었을까 생각하면서 베버의 창의성에 놀랐던 기억이 생생하다. 그 느낌은 지금도 마찬가지다. 그것은 마치 범죄 수사물에서 전혀 어울릴 수 없는 가해자와 피해자 간의 내밀한 관계를 밝혀내는 유능한 수사관을 떠오르게 한다. 1930년 베버를 처음으로 영어로 번역해 미국에 소개한 탤컷 파슨스는, 『프로테스탄티즘』을 읽었을 때 마치 탐정 소설을 읽는 것같이 느꼈다고 한다. 앞에서 살펴보았듯이 칼뱅주의의 현세적 금욕주의가 합리주의적 현대 자본주의의 원천의 중심 부분을 구성한다는 것이 텍스트의 중심 테제이다. 물론 자본주의 발전에 영향을 미친 것은 칼뱅주의만은 아니다. 베버가 금욕적 프로테스탄티즘이라고 명명하는 것은 칼뱅주의만이 아니라 경건주의, 감리교, 그 밖에 다른 교파도 있다. 신을 경배하는 중요한 방법으로서 근면과 헌신적인 일/노동(Beruf)을 강조하는 프로테스탄티즘은 반권위주의적이고 행동 중심적인 기독교의 형태로 특징된다. 그러나 이 중에서도 가장 중요한, 극단적으로 금욕주의적인 칼뱅주의가 인간의 물질적 탐욕을 실현하는 체제로 이해되는 자본주의를 합리화하는 원천의 하나가 되었다고 말한다면, 그것은 굉장한 패러독스이자 칼뱅주의가 세속적인 경제생활에 미친 의도하지 않은 결과가 아닐 수 없다.

앞에서 상세히 살펴보았지만, 중심 주제를 다시 요약해 보면 이런 것이다. 탐구는 17세기 초 유럽의 자본주의적 상업의 중심 지역 대부분에서 프로테스탄티즘, 특히 칼뱅주의가 강한 지배력을 가졌던 현상이 어떤 상관관계를 갖느냐 하는 의문에서 시작한다. 베버는 프로테스탄티즘의 종교적 교리가 분명 자본주의 조직과 경제 행위에 뚜렷한 특성을 남겼다고 주장한다. 경제 행위에 있어 절제, 질서, 그리고 사치나 과도함의 부정 등 특정의 합리적 행위는 칼뱅의 종교적 교리가 만들어 낸 충격 효과라는 것이다. 그러나 그것은 우연한 결과가 아니라 그 교리가 만들어 내는 일련의 '실천적인 심리적 동기'와 종교의 윤리적 명령들의 결과물이다. 세속적인 일상의 경제생활에 있어 물질적 욕구나 유혹을 통제할 목적을 갖는 종교가 세속 생활에서 종교와 경제 행위를 융합하기 위해 삶을 규제해야 할 인센티브를 갖게 됨은 당연한 것으로 이해된다. 그것이 바로 종교의 윤리적 명령들이다. 이 점에서 신자들에게 강력한 정신적 충격 효과를 갖는 칼뱅의 '결정론'은 베버에게 결정적으로 중요하다. 결정론의 맥락에서 17세기 이래 결정론에 대응하는 저주에 대한 두려움, 선택된 자의 증좌와 같은 심리적 기제들은, 신자에 대해 일정한 '심리적 수단'을 만들어 냈다. 세속 생활에 있어 일/노동에 대한 태도라든가 사치를 부정한다든가 하는 중세의 종교 생활과는 확실하게 대조적인 어떤 치밀한 행위 형태에 집착할 수 있는 태도를 만들어 내게 된 것이다. 신자들은 부자가 될 수 있고, 되었다 하더라도 그들의 사업의 결실을 향락하도록 허용되지 않고, 다만 더 큰 이익을 위해 재투자하지 않으면 안 된다. 『프로테스탄티즘』에서 베버는 칼뱅의 종교적 윤리와 합리적 자본주의의 발전 사이의 관계를 하나의 요소가 다른 요소를 결정하는, 상호 관계에서 강한 톤을 지니는 어떤 결정론적 의미를 갖는 인과 관계라는 말로 표현하지 않는다. 마르크스가 말하듯이 프로테스탄티즘이 자본주의적 생산 체제 발전의 상부 구조적 반영(epiphenomenon)에 불과한 것이라고 할 때, 칼뱅주의의 교리, 내지는 아이디어의 형태로서의 윤리는 자본주의라는 물질적 생산 체제를 창출하는 동력이 될 수 없다. 물론 베버는 마르크스의 유물주의적 결정론을 의식하면서, 이를 비판하고 부정한다 하더라도 그 주장을 전도하여 같은 결정론적 방식, 즉 프로테스탄티즘이 자본주의를 만들어 냈다고 말하지 않는다. 앞에서 텍스트를 인용했지만, 베버가 연구를 통해 주장하는 것은 무척 제한적이고, 조심스럽고, 그러므로 결정론적이지 않다. 그의 연구 목적은, 칼뱅주의와 자본주의와의 관계를 밝히는 것인데, 베버는 이 양자 간의 관계를 독특하고도 오래 발전된 '선택적 친화성'의 관계로 표현한다. 인과 관계의 틀에서 X가 Y의 원인, 또는 그 반대가 아니라, 상호 관계는 특정의 관계가 형성되지만 어디까지나 부분적이고 친화적 관계일 뿐이라는 것이다. 그러므로 『프로테스탄티즘』이 밝힌 것은, 프로테스탄티즘이 가톨릭주의의 수도원적 이상을 깨고 일상생활에서 실천될 수 있는 직업에 대한 현세적 소명 의식을 발전시킬 수 있었던 덕분에 자본주의 정신의 도덕적 도구성이 가능했다는 것, 그러므로 그것은 칼뱅의 종교적 윤리, 더 일반적으로 말해 프로테스탄티즘의 현세적 직업 관념의 의도하지 않은 결과물이라는 것이다. 그러나 베버가 사적 유물론에 대한 대안 이론을 제시하는 것이 목적이 아니라는 점을 말하고 있다 하더라도, 순진한 사적 유물론의 교리에 내장된 허점을 드러내는 것이 연구의 중요한 목표의 하나라는 점을 분명히 하는 것은 물론이다.

프로테스탄티즘이 자본주의 발전에 미친 영향이라는 베버 테제의 중심에는 종교 생활과 금욕주의 개념이 있다. 그리고 이를 위해 종교 생활과 경제 행위의 맥락에서 금욕주의를 보는 것이 필요하다. 말 그대로 금욕주의는 엄격한 자기 부정을 의미한다. 역사적으로 이 개념은 종교적 경건함에서 유래하는 것이고, 세속 생활에서의 자기 수련을 통해서 모든 물질적 즐거움을 체계적으로 부정하는 것으로 표현된다. 윤리적 행위에 대한 종교적 교리로서 금욕주의는 세속적 즐거움에 대한 자기 부정과 거부라는 보다 높은 차원에서의 윤리적 상태를 성취할 수 있는 교회와 수도원 내의 수련 방식에서 유래했다. 수도원이 행했던 금욕주의에서의 금욕적 태도는 궁핍에 무릎을 꿇고, 세속 세계를 완전히 부정하는 형태로 표현되었다. 그러므로 금욕주의는 보다 높은 수준의 윤리적 상태와 종교적 목적을 이루고자 하는 것을 목적하기 때문에 세속적인 즐거움에 대한 의식적인 자기 부정의 형태로 표현되는 것으로 물질세계에 대한 내면적인 종교적 관계라고 정의될 수 있을 것 같다. 베버가 의미하는 세속적 금욕주의는 미래의 보상과 성취를 획득하는 것을 목적으로 하는 세속적 즐거움을 체계적으로 부정하는 현실 세계에서의 생활 방식을 지칭한다. 따라서 베버가 믿기에는 현대 자본주의에 있어 금욕주의는 세계에서 행위를 규율하는 사회적 행위의 범주인 것이고, 그러므로 자본주의가 번창했던 사회에서만 발견되는 것으로 경제적 성공과 성취에 관련된 자기 부정을 의미하는 것이다. 그의 주장을 따르면 종교적 금욕주의는 17세기 프로테스탄트 종교 개혁 이후에만 경제생활로 침투해 들어갔다. 그래서 특정의 역사적 시점에서 수도원적인 금욕주의가 종교적 우리로부터 빠져나와 자본주의를 승리하도록 만드는 죽은 종교적 신앙의 유령처럼 일상생활 주변을 배회하기 시작했다는 것이다. 금욕주의는 칼뱅의 종교적 교리가 도입된 이후에야 종교의 그 우리에서 도망쳐 나와 경제생활과 사회적 삶의 여러 다른 분야로 도약해 들어갈 수 있었고, 급기야는 18~19세기에 금욕주의의 종교적 우리가 자본주의의 상업 행위의 쇠우리가 되기에 이르렀다는 것이다.[5]

『프로테스탄티즘』에서 처음으로 제시되는 베버 이론 전체의 중심 개념으로서의 "합리화" ── 베버는 처음 『프로테스탄티즘』에서 합리화(Rationalisierung/rationalization)라는 말을 사용한 이래, 뒤에 『경제와 사회』에서 종교와 법에 관한 사회학을 다루는 섹션들에서, 또한 『음악의 합리적, 사회적 기초』에서도 합리화에 대해 논한다. 그럼에도 그의 이론의 중심 개념으로서 합리화에 대해, 그는 서구 문명의 특별한 성격으로서의 합리성의 전개에 대해 말하고 있지만, 경제, 정치, 문화에 있어 합리성의 발전을 말할 때에도 이 개념에 대해 명료하게 정의하지는 않는다.[6] 베버 이론에서 합리성의 문제는 대체로 세 방향에서 논의된다. 베버학자 랜들 콜린스를 따라 이 문제를 보면[7] 첫째는 행위이론을 논할 때, 도구적 합리성을 뜻하는 것으로 행위자가 원하는 결과를 갖기 위해 선택하는 수단을 강구하는 것을 말할 때 나타난다. 말하자면 기술합리성, 내지는 도구적 합리성을 의미하는 말이다. 두 번째로 세계 역사를 논할 때는 합리성의 의미가 달라지는데, 자본주의의 전통적 형태는 정태적인 반면 합리적 자본주의는 세계를 변화시키는 중심적인 힘으로 이해된다. 여기에서 합리성의 의미는 일상적인 것에 수동적으로 적응하고 그것과 공존하는 것보다는 세계를 변화시키는 힘, 보다 적극적인 어떤 것을 지칭한다. 셋째는 다른 종류의 제도와 비교할 때 나타난다. 대표적으로 관료 체제를 논할 때의 의미다. 가산제적인 체제에서 나타나는 비합리적 요소에 반대되는 것으로 행정 조직의 합리적 형태로서 관료화, 관료 체제를 말할 때이다. 이렇게 세 가지 의미로 볼 때, 두 번째 의미에서의 합리성은『프로테스탄티즘』에서 중심 주제로 나타난다. 즉『프로테스탄티즘』은 전통적 자본주의와 합리적 자본주의를 구분하면서, 칼뱅주의가 후자의 윤리적 기초가 되는 것을 탐구의 중심 주제로 한다. 금욕주의도 그러하지만 체계적인 이익 획득 또한 칼뱅주의를 기원으로 한다. 그런가 하면 이 글의 두 번째 주제인『소명으로서의 정치』에서의 합리성은 이 중 세 번째 의미로서 국가, 정치, 정당, 자본주의 기업 등 어떤 조직에서든 관료화에서 나타나는 제도의 원리이자 그것의 작동 원리이다.『프로테스탄티즘』에서 합리화는 곧 탈신비화를 지칭한다. 여기에서 탈신비화는 앞에서 말한 바와 같이 합리화를 만들어 낼 원천으로 작용할 수 있는 종교적 특성임을 강력하게 시사한다. 탈신비화는 칼뱅주의의 직접적인 산물이지만, 종교사회학적 차원에서(비록『프로테스탄티즘』에서 종교사회학에 대한 본격적인 연구는 시작되지 않았다 하더라도) 탈신비주의는 유다이즘의 중요한 특성으로 제시되고, 종교 개혁을 거쳐 그것은 서구 합리주의의 종교적, 문화적 원동력이 된다.

3 『소명으로서의 정치』

머리말

『소명으로서의 정치』는 정치란 무엇이고, 정치가란 어떤 존재인가를 이해하는 데 고전 중의 고전이다.『프로테스탄티즘』과 더불어 베버의 저작 가운데 가장 많이 인용되는 작품이기도 하다.『소명으로서의 정치』(1919년 1월 말)는 그의 또 다른 유명한 강연『소명으로서의 학문』(1917년 11월)과 더불어 1917~1919년 사이에 행해진 일련의 강연 가운데 하나이다. 당시 그 강연은 뮌헨의 한 진보적인 학생 단체인 '자유학생연맹'의 초청에 의한 것이었다. 강연을 정리한 이 책은 고도의 지적, 정신적 사고를 응축하면서 베버 정치관의 모든 것을 보여 주는 총결산이라고 할 수 있다.『소명으로서의 정치』는 주제를 말하는 방법론에 있어서도 특기할 만하다. 인간의 사회적 행위에 대한 해석적 이해에 초점을 맞추는 베버의 행위이론의 틀에서 해석할 수 있기 때문이다. 이런 방법은 정치와 권력에 관한 인간의 내면적 신념이나 가치, 그리고 이를 둘러싼 갈등과 고민을 좀 더 실존적인 문제로 이해할 수 있도록 하는 데 커다란 이점을 갖는다. 그러나 행위의 동인이 되는 주관적인 의미나 이유를 이해하는 것에 초점을 맞춘다고 해서 객관적 진실을 밝히는 경험적 방법을 배격하는 것으로 이해한다면 잘못이다. 또한 베버가 개인의 사회적 행위에 초점을 둔다 하더라도 그 행위를 제약하는 여러 구조적 요소들을 설명에서 배제하는 것이 아니라는 점도 강조할 수 있다. 베버의 저작에서 행위와 구조는 언제나 병립된다. 텍스트로 들어가는 열쇠를 찾는 것이 필요하다. 그 열쇠는 무엇일까? 넓게는 인간과 사회에 대한 베버의 인식도 그러하지만, 사고의 이분법적 구조는 그의 사회 이론과 정치 이론에 깊숙이 자리 잡고 있다. '신념 윤리(Gesinnungsethik/ ethic of inner conviction)' 대 '책임 윤리(Verantwortungsethik/ ethic of responsibility)', '카리스마적 지도자' 대 국가 및 정당의 관료화, 의회 민주주의 대 지도자 민주주의, 정치인 대 관료, 카리스마적 개인 대 조직의 '일상화' 등이 대표적인 예이다. 이 개념의 쌍들은 대개 이율배반적 구조를 갖는다. 이 사실은 매우 중요하다. 한마디로 말해 베버의 중심 사상을 두 명제 사이에 어떤 것을 양자택일적으로 선택하는 정태적 차원의 문제로 이해하려 한다면 그것은 잘못이라는 것이다. 그의 사상의 핵심은 이들 대쌍적 개념이 현실의 복잡한 구조 속에서, 나아가 인간 행위와 사회 변화의 과정 속에서 어떻게 끊임없이 상호작용하는가를 분석하려 했다는 것이다. 일례로 정치인이 가져야 할 덕목으로서 '신념 윤리'와 '책임 윤리' 가운데 어느 것이 더 옳고 우월한가라는 관점으로 접근하는 것은, 최소한 베버의 생각과는 다른 것이다. 흔히들 베버를 도덕에 우선해서 정치의 본질인 권력과 폭력을 있는 그대로 이해하는 정치적 현실주의자, 신념 윤리에 우선해서 책임 윤리를 강조한 사람, 정당의 관료화에 대응해서 카리스마적 리더십을 말한 사람으로 이해한다. 베버가 진정 그것만을 말하려 했다면 그를 이해하는 것은 비교적 단순할 수 있다. 그러나 훨씬 더 중요한 것은, 이 대립하는 명제들이 고리처럼 연결되어 있고, 이들 사이의 이율배반적이고 유동적인 관계가 정치에 내장된 본질적 성격이자 그 어떤 이상적인 정치인도 이를 회피할 수 없다는 사실이다. 따라서 이 갈등하는 명제들 사이에서 변증법적 결론에 도달하고자 노력하는 것이 중요하고, 이를 통해 정치의 본질을 더 깊이 이해할 수 있다고 생각한다.

『소명으로서의 정치』에서 '소명'이라는 말의 뜻

책 제목 '소명으로서의 정치'는 독일어 제목 'Politik als Beruf'를 우리말로 옮긴 것이다. Beruf라는 말이 무엇을 의미하는가는 『프로테스탄티즘』에서 이미 충분히 말했지만, 이 책에서는 그 말을 다른 맥락에서 말하고 있기 때문에 다시 한 번 간략하게 언급하는 것이 필요할 것 같다. 독일어의 Beruf라는 말은 소명과 직업이라는 뜻을 동시에 갖는다. 그래서 한 영어 번역본은 아예 두 의미를 동시에 사용해서 "정치라는 직업과 소명"이라는 제목으로 풀어쓰기도 한다. 어느 것도 무방하지만, 여기에서는 소명으로 제목을 선택했다.

소명이라는 말은 신에 의해 인간에게 부여된 과업을 뜻하기 때문에 인간은 혼신의 노력으로 그것을 성취해야 할 의무를 진다. 그러므로 인간은 자기가 맡은 직업 또는 과업에 강력한 목적의식이 부여된다. 베버는 『소명으로서의 정치』에서 한 사람의 정치인/지도자는 무엇보다 먼저 프로테스탄트적 윤리에 상응하는 정치적 소명 의식을 갖지 않으면 안 된다고 말한다. 그렇다면 소명 의식은 무엇인가? 그 것은 두 가지 의식을 동시에 말한다. 하나는 내면적 신념 혹은 내면 적 신념 윤리의 원천으로서의 소명 의식이다. 소명 의식에서는 '내면 적'이라는 말이 무엇보다 중요하다. 외부로부터 어떤 목적의식이 주 어지는 것이 아니라 신앙 또는 신념을 통해 갖게 된 스스로의 내면적 믿음, 윤리 의식이, 그로 하여금 어떤 외부적 보상이나 제재가 없더라 도 무조건적으로 마땅히 그가 해야 할 직무에 대해 의무감을 가지게 한다는 점에서 윤리적, 도덕적 기초인 것이다. 다른 하나는 그의 신념 을 현실 속에서 이행해야 할 책무, 즉 텍스트에서 말하는 '책임 윤리' 의 도덕적 원천으로서 소명 의식이다. 한 사람의 행위자는, 그가 상인 이든 정치인이든, 아무리 힘들어도 내면적 신념을 세속적인 현실 세 계에서 이루어 내는 것을 자신의 의무라고 생각하지 않으면 안 된다. 정치철학자 마이클 왈저에 의하면, 칼뱅주의는 정치 현실에 대해 놀 라울 정도로 현실주의적이고 탈도덕적인 인식을 지닌 것을 특징으 로 한다. 그것은 세상에 존재하는 것에 대한 객관적이고 비관적인 인 식 방법을 내포하는 교리다.[8] 그러므로 칼뱅주의의 신앙인들은 역설 적으로 그것이 상업이든 정치든, 적극적으로 세속적 과업에 참여하 고, 무언가를 이루어 내는 것을 통해 그 부분만큼 구원받는다는 믿음 을 갖는다. 세속적 일에 적극적으로 참여해 무엇을 이루어 내야 하는 것은, 곧 '책임 윤리'와 닿아 있는 부분이다.『프로테스탄티즘』과 내 용은 다르지만,『소명으로서의 정치』에서 말하는 정치가의 직업 정신 내지 소명 의식은 자본주의적 경제생활에 적극적이어야 하는 프로테스탄트의 윤리에 상응하는 측면이 크다. 『소명으로서의 정치』의 정치는 정치인에 대해서도 그렇게 생각하면서 그들이 어떤 소명 의식을 가져야 하는가라는 문제를 주제로 삼는다. 여기에서 유념할 것은 소명 의식은 두 가지 도덕성, 즉 신념 윤리와 책임 윤리로 구성돼 있다는 점이다. 즉 소명이라는 말은 "나는 왜 정치를 하려 하는가?"라는 물음과, "어떻게 나의 목적을 성취할 수 있는가? 그래서 어떻게 좋은 결과를 만들어 낼 수 있는가?"라는 서로 연결돼 있지만 다른 물음을 동시에 포괄하고 있다는 것이다. 『소명으로서의 정치』를 구성하는 중심 문제를 세 가지로 나누어 다음에서 살펴보도록 하자. 그것은 정치적 현실주의, 카리스마적 리더십과 대중 투표제적 지도자 민주주의, 직업 정치인의 윤리로서 신념 윤리와 책임 윤리다.

정치 이론의 역사에서 베버가 특별한 이유는 무엇인가? 마키아벨리는 정치를 죽느냐, 사느냐 하는 생사의 문제로 봤다. 오늘날 지상에서 민주주의를 가장 잘하는 나라에서도, 정치인들이 상대를 죽이지는 않을지는 몰라도 권력 투쟁과 정치의 더러운 거래 때문에 힘없는 사람들이 죽게 되는 경우는 허다하다. 여전히 권력 투쟁에서의 승자에게는 정상적인 규칙이 적용되지 않는다고 생각하면서 정치인들은 권력 투쟁에 뛰어든다. 마키아벨리즘은 현대 정치에서도 쉽게 발견할 수 있다. 그러나 마키아벨리는 근대로 이행하는 시기의 사상가이다. 그는 모든 국가, 모든 권력의 지배 형태는 통치자가 일인이냐, 시민 다수이냐에 따라 군주정 아니면 공화정(그가 알고 있었던 공화정은 고대 로마를 모델로 한 것)으로 구분한다. 군주정과 공화정의 구분을 완전히 없애 버린 철학자가 토머스 홉스이다. 보통 시민들이 그들의 대표를 선출할 자격을 가지고, 통치자를 선출하기 때문이다. 그러므로 한국이나 미국 대통령처럼 현대 대의제 민주주의하에서 통치자는 한 명이라 하더라도 군주가 아니고, 대통령제는 군주제가 아니다. 그런데 현대 정치는 지도적인 정치인이 갖는 특별한 개인적 권력과 국가가 갖는 비인격적, 제도적 아파라투스가 결합해서 작동한다. 이러한 정치는 마키아벨리를 넘어서는 독특한 도덕적, 심리적 다이내믹스를 창출하는 것을 특징으로 한다. 현대 국가에 대한 가장 유명한 정의를 내린 베버의 이론적 기여는 바로 여기에 있다.

정치적 현실주의

이 문제는 베버 사회과학 방법론의 대명사라고 할 '가치 중립' 또는 '가치 판단으로부터의 자유'의 방법을 소재로 접근할 수 있다. 가치 중립은 연구자가 지닐 수 있는 문화적, 종교적, 이념적 그리고 어떤 종류의 희망적 사고의 영향도 배제하고, 도덕적 문제를 사실과 뒤섞지 않으며 사실 그 자체에 접근하고 탐구하는 것을 뜻한다. 베버가 가장 강조했던 정치적인 덕은 신념이나 이념과 같은 주관적인 것이 아니라, 오히려 사실성, 객관성(Sachlichkeit/matter of fact, realism)이다. 이 점에서 본다면 『소명으로서의 정치』에서 이상적인 정치가란, 자신의 열정을 객관성과 결합하는 능력을 가진 사람이다. 가치 중립적 방법론과 사회과학적 지식은 목적 합리적 행위를 가능케 하는 지적 기반이 된다. 책임의 도덕성과 목적합리성은 동일한 내용을 다른 차원에서 말하는 것이다. 정치의 리더십이란, 사회적 결사체나 경제적 기업과 같은 사적 조직의 리더십이 아니라 정치적 영역에서 요구되는 특별한 종류의 리더십을 말한다. 베버는 정치의 중심이 되는 영역을 국가라고 말한다. 정치 이론의 고전으로서 『소명으로서의 정치』를 유명하게 만든 것은 '신념 윤리'와 '책임 윤리', 카리스마적 리더십과 더불어 정치 행위의 장을 국가라고 규정하고 이 국가가 무엇인가를 정의한 것이다. 그는 "인간의 인간에 대한 지배의 관계에 기초를 두고 있는 국가란 특정한 영토 내에서 정당한 물리적 폭력/강권력의 독점을 (성공적으로) 관철시킨 유일한 인간 공동체"라고 정의한다. 이어서 정치에 대해 "국가들 사이에서든 국가 내 집단들 사이에서든, 권력에 관여하고자 하는 분투노력 또는 권력 배분에 영향력을 행사하고자 하는 분투노력"이라고 말한다. 여기에서 특징적인 것은 국가든, 정치든 "최종 순간에는" 폭력을 수반하는 권력의 문제로 정치를 정의한다는 것이다. 다시 말해 권력을 중심 수단으로 하는 지배와 피지배의 관계, 이를 획득하려는 갈등과 투쟁으로 정의한다. 요컨대 베버에게 정치와 갈등은 동일한 것이다. 그렇게 할 여지를 갖는 이념적, 이데올로기적, 도덕적 베일이나 장식들은 모두 벗겨 버리고 곧바로 정치의 핵심으로 들어간다. 그로부터 정치는 권력을 향한 투쟁이 만들어 내는 갈등으로 충만하고 살벌하고 음산한 이미지를 갖게 된다. 이런 정의를 따르면 일상적으로 우리가 정치를 말할 때 구분하는, 국내 정치와 국제 정치 간의 차이는 별 의미를 갖지 못한다. 국내 정치나 국제 정치에 있어 본질은 궁극적으로 힘의 정치이며, 이 점에서 권력과 정치를 이해하는 베버의 방식은 마키아벨리, 홉스와 유사하다. 그러나 베버의 이론에서 간과해서는 안 되는 것은 궁극적으로 그 본질이 힘의 정치에 있다 하더라도 그것이 정당성(Legitimität/legitimacy)

을 가져야 한다는 점이다. 이 점에서 정치의 핵심 문제는 인간이 인간을 통치/지배할 때, 통치자 내지 지도자가 어떻게 피치자 내지 대중으로부터 정당성을 획득할 수 있는가에 있다. 베버는 지배(Herrschaft/domination, rule)의 정당성을 위한 기초를 세 가지 이념형으로 구분한다. 첫째는 전통이나 관습, 또는 선례에 기초를 둔 전통적 정당성, 둘째는 법의 절차적 원리를 중심으로 한 법적, 합리적 정당성, 셋째는 지도자의 카리스마적 자질에 대한 믿음에 근거한 카리스마적 정당성이 그것이다. 그런데 여기에서 주목할 것은, 앞의 두 가지 정당성이 하나는 전통 사회, 다른 하나는 근대 이후 사회에서 지배적인 방식을 대표하는 데 비해, 카리스마적 정당성은 전통 사회나 근대 사회 어디에나 속하는 유형이라는 점이다.

카리스마적 리더십과 대중 투표제적 민주주의

베버의 민주주의관은 국가에 대한 정의 못지않게 예상 밖이다. 그것은 민주주의에 대한 어떤 과도한 기대나 이상도 갖지 않은 냉혹한 정치적 현실주의의 관점으로 이해된다. 무엇보다 민주주의의 정의에서 예상을 뒤엎는 것은 앞에서 말한 지배 형태의 세 유형 가운데 민주주의 체제를 카리스마적 형태의 하나로 분류하고 있다는 점이다. 베버의 지배 형태의 유형 분류로 볼 때, 당연히 전통 사회로부터 근대로 이행한 이후 현대 사회에서 민주주의는 법적, 합리적 유형으로 분류할 수 있기 때문이다.

여기에서 잠시 베버의 전체 이론 체계에 있어 중심적인 테마를 구성하는 '카리스마(Charisma)'와 '일상화(Veralltäglichung/routinization)'

현대 자본주의와 민주주의를 이해하는 단초

간의 다이내믹스에 대해 좀 더 자세하게 살펴보도록 한다. 카리스마라는 말은, 어떤 인물이 지닌 진정으로 특별하게 예외적인 능력 내지 특성을 지칭한다. 그 예외적으로 특별한 능력이란 신의 은총 또는 어떤 타고난 초자연적인 현상이 부여한 특성으로, 그렇기 때문에 종교의 창시자, 예언자, 또는 선구자와 같은 종교적 지도자의 특성을 표현하는 말이다. 따라서 근대 이전 시기 카리스마는 전통주의를 분쇄하고, 새로운 변화를 가져오는 위대한 혁명적 힘을 대표했다. 그 말이 종교사회학의 중심 개념이 되는 것은 당연하다. 그러나 카리스마라는 말은 종교사회학의 영역을 넘어, 『소명으로서의 정치』에서 정치 지도자나 정치 체제의 특징을 말할 때는 물론, 다른 모든 영역에 보편적으로 적용되는 베버 이론의 중심적인 개념으로 사용된다. 어쨌든 카리스마라는 말은, 베버의 사상과 이론 발전에 있어 1910년을 전후로 한 시기에서 비교적 뒷시기에 나타났고[9] 그 이후 베버 이론의 중심 개념으로서 인위적으로 할 수 없는 어떤 자연적 힘을 지칭하면서, 혁명이나 큰 변화를 가져오는 인물을 상징하게 된 것이다. 그렇기 때문에 『프로테스탄티즘』에서는 카리스마라는 말이 없고, 따라서 칼뱅과 같은 종교 혁명가를 그렇게 묘사할 수 없었다. 베버의 이론에서 보다 중요한 것은, 카리스마적 현상이 '일상화'와 결합하면서 역사 변화 내지 사회 변화를 설명하는 말로 사용된다는 점이다. 카리스마가 혁명과 변화의 힘이라면, 그 힘은 현실 속에서 성취되지 않으면 안 되고, 그러기 위해서는 현실에서의 세속 세계와 결합하지 않으면 안 된다. 변화의 동력이 보수적인 힘과 만나는 지점이다. 유다이즘의 종교적 예언자들이 그 예언을 설파하고 실현하기 위해서는 이를 설파하고 교육하는 교리와 교회가 필요하다. 그것은 사제라는 새로운 집단과 계층을 만들면서 변화를 주도하지만, 미구에 새로운 이념을 따르는 변화를 통한 사회의 안정화와 더불어 보수화의 힘으로 군림하게 될 것이다. 『프로테스탄티즘』에서 우리는 칼뱅이라는 카리스마적 지도자가 만들어 내고 이끌었던 혁명적 종교 이념과 운동은 가톨릭 수도원에 갇힌 반세속적 금욕주의를 탈신비화하면서 종교적 합리화를 가져오고, 그것이 곧 자본주의적 경제생활과 체제 작동의 합리화를 가져오게 되었다는 사실을 살펴본 바 있다. 이 합리화는 곧 일상화로 이어지는 특성이거나, 다른 차원에서 말하게 되는 동일한 현상이라고 할 수 있을 것이다. 그리하여 언젠가는 그 일상화가 구현하게 될 새로운 사회 또한 다시 변화를 주도할 수 있는 카리스마를 갈망할 수 있다. 카리스마와 일상화의 테마가 정치 문제를 다루는 『소명으로서의 정치』에서만큼 명료하게 나타나는 저작은 없다. 이제 다시 민주주의의 문제로 돌아가도록 하자.

그 분야 최초의 이론가로 알려진 슘페터가 인정하듯이 베버야말로 '최소주의적 민주주의(minimalist democracy)' 이론의 창시자라고 말할 수 있다. 슘페터의 정의를 따르면 민주주의는 "인민으로부터 표를 얻으려는 경쟁적 투쟁을 통해 엘리트들이 권력을 획득하는 제도적 장치" 이상이 아니라 하겠는데, 베버야말로 민주주의를 다른 정치 체제에 비해 특별하게 우월한 이상주의적인 통치 체제로 이해하지 않았던 최초의 이론가라 할 수 있다. 베버에게 민주주의는 기본적으로 카리스마적 지도자가 자신의 목적의식을 대중에게 호소하고, 대중이 그에 호응해서 그를 지지하는 것으로 이루어지는 지도자-대중의 관계, 즉 카리스마적 지도자와 이를 추종하는 대중의 열망 사이에서 발생하는 지배-정당성의 상호 관계에 기초를 둔 통치 체제이다. 즉 민주적 리더십이란 카리스마적 권위의 한 유형인 것이다. 지도자의 권위는 피치자의 의사로부터 도출되고, 또 그것에 의해 정당화된다. 따라서 베버에 있어 고대 그리스의 민주주의와 현대의 대의제 민주주의 간에 근본적인 차이는 없다. 왜냐하면 두 체제는 통치의 제도나 방법에 있어서는 차이가 있을지 모르나, 지도자-대중의 관계에 있어서는 동일하기 때문이다. 현대의 대의제 민주주의가 정당성을 갖는 것은 대중의 정치 참여가 어디까지나 선거를 통해 대표를 선출하는 규칙을 따른다는 점 때문이다. 그리고 이 과정에서 데마고그가 출현하게 되는데, 그것은 투표를 통한 지도자 선출, 그리고 이를 뒷받침하는 정당이라는 대중 조직과 직접적으로 연결된 현상이다. 고대 민주주의에서든, 현대 민주주의에서든 민주적 지도자는 곧 데마고그라는 것을 말하는 베버의 이런 주장은, 민주주의란 인민 주권의 원리와 대중의 평등한 정치 참여, 시민 사회의 이니셔티브를 중심으로 한다는 지배적인 관념과 충돌하면서 학자들 사이에서 많은 비판을 불러왔다.

카리스마적 지도자에 대한 논의는 니체의 『차라투스트라는 이렇게 말했다』를 인용하는 것으로 시작된다. 베버에 의하면 카리스마적 지도자는 "그 자신의 책무를 위해 살고, 자신에게 맡겨진 과업을 추구"하는 사람이다.(114) 그런데 내적 신념을 간직한 카리스마적 지도자가 처음 대면하는 문제는 어떻게 자신의 목적을 실현할 수 있을 것인가, 그리고 그 목적을 위한 수단은 무엇인가 하는 질문이다. 이 문제에 대한 베버의 해답은 (정당 지도자를 전적으로 추종하는 정당의 대중 동원 기구를 뜻하는) '머신(machine)'을 갖는 지도자 민주주의(Führer Demokartie)로 압축된다. 한 사람의 카리스마적 지도자가 자신의 내적 소명 의식을 실현하기 위한 수단으로서 정당 머신이라는 정치적 자원을 갖는 것은 그에게 있어 핵심적인 문제이다. 베버가 '대중 투표제적 민주주의'를 대안으로 제시하는 것은 이런 정황에서이다. 그의 주장을 집약하는 다음의 인용을 통해 이 문제를 살펴볼 수 있다.

> 그러나 달리 선택은 없다. '머신'에 기반을 둔 지도자(Führerdemokratie mit Maschine), 아니면 지도자 없는 민주주의(Führerlose Domokratie)가 있을 뿐이다. 후자는 소명이 없는 직업 정치가, 지도자의 필수 요건인 내적 카리스마적 자질이 없는 직업 정치가들의 지배를 뜻한다. 그리고 이들의 지배는 당내 반대파들이 보통 '도당'의 지배라고 부르는 것이다. 한동안 독일에서는 후자 곧 도당의 지배만이 있어 왔다. 그리고 앞으로도 이 상태는 독일 제국(Reich)의 차원에서는 지속될 텐데, 그 이유는 다음과 같은 몇 가지 조건들 때문이다. 우선 연방 상원(Bundesrat)이 아마도 다시 부활해 필연적으로 연방 하원의 권력을 제한하게 될 것이고, 그러므로 지도자가 선발되는 곳으로서 연방 하원이 가진 중요성이 감소할 것이다. 또 다른 요인은 지금과 같은 형태의 비례 대표제이다. 그것은 비례 대표 명부에 후보를 배정하는 것을 둘러싸고 명사들 사이에서 추악한 거래를 조장할 뿐만 아니라 향후에는 이익 단체들이 정당들을 압박해 자신들의 간부들을 후보 명부에 올리도록 만들 것이며, 그로 인해 의회를 진정한 지도자는 설 자리가 없는 그런 비정치적 의회로 만들 것이기 때문에, 지도자 없는 민주

주의의 전형이 아닐 수 없다. 지도자에 대한 욕구를 배출할 유일한 분출구
는 대통령직이 될 것이다.(192)

영국의 의회 정치가 지도자 있는 민주주의를 발전시킴으로써 인
민 전체의 이익에 봉사할 수 있는 것인 데 비해, 독일의 의회 정치는
불행하게도 '지도자 없는 민주주의'를 실현하고 있을 뿐이었다. 독
일의 의회는 국가 목표에 대한 콘센서스의 형성과 좋은 정책을 결정
할 수 있는 능력을 갖지 못했다. 그것은 의회가 무엇보다도 경제 사회
적 특수 이익, 부문 이익을 대변하는 정당과 정치인들의 쟁투장 이상
이 아니었기 때문이다. 이런 체제의 결함은 제1차 세계 대전에서 볼
수 있듯이 국제 관계, 즉 '힘의 정치' 영역에서 치명적인 것으로 나타
났다. 20세기의 전환점에서 국내외의 여러 관측자들이 다가오는 세기
가 독일의 세기일 가능성이 크다고 전망했을 정도로 독일의 교육적,
사회 경제적, 문화 예술적 발전은 비약적인 것이었다. 그러므로 제1차
세계 대전이 종결되는 시점에서 볼 때, 독일은 헌정 구조가 갖는 역기
능과 정치의 실패로 말미암아 몰락한 대표적인 나라로 기록될 수 있
을 것 같다. 이런 정치를 가져온 독일 정치의 심각한 결함과, 좁게는
의회의 무능에 대한 근본적인 재평가는 베버가 가진 문제의식의 배
경을 이룬다. 기존의 체제를 대체할 수 있는 베버의 대안은, 전체로서
국민들에 의해 직접 선출되는 지도자인 것이다. 그것은 정당과 이익
집단들로 대표되는 부문 이익을 초월하는, 국가와 사회의 공동 이익
을 추구하고 실현할 수 있는 민주주의 체제를 말한다.

베버가 의회와 정당 조직에 기반을 둔 지도자 민주주의를 독일 민주주의 발전을 위한 대안으로 제시한 이유는, 그의 보편사적 역사 이론의 핵심 개념인 '합리화'의 맥락에서 볼 때 훨씬 더 명료하게 드러난다. 자본주의 발전이 동반하는 합리화 현상은 기업 조직의 합리화로 대표되는 시장 경제 영역과 공적 영역에서 국가 기구의 합리화, 즉 두 수준에서 병행하는 관료화로 나타난다.(67) 그의 논리를 따르면, 민주주의를 위한 대의 기구로서의 의회와, 그것을 구성하는 중심적인 결사체로서 정당 조직은 거대화되고 합리화되면서 관료화의 심화를 가져오게 된다. 정당이 국가와 사회, 국가와 경제 사이에서 이양자를 매개하는 정치적인 메커니즘이라고 할 때, 그것은 국가와 자본주의 발전에 따른 시장의 합리화와 거대 기업 조직의 관료화에 상응해 변화하지 않을 수 없기 때문이다. 그것은 자본주의 발전이 깊숙이 진행된, 이른바 독점 자본주의 상황에서 발생하는 현상이기도 하다. 여기에서 중요한 것은, 관료화가 어떻게 진행되고 있느냐 하는 현상 설명 못지않게, 그가 이 관료화의 문제를 어떻게 평가하는가 하는 문제이다. 이에 대한 그의 가치 평가는 양면적이다. 그것은 분명 '쇠우리'로서 인간의 이성과 자유를 억압하는 족쇄로 작용한다. 그러나 다른 한편으로 그것은 합목적성/목적합리성을 증진하는 효율성을 실현한다. 이 점에서 합리화/관료화 현상은 이율배반적이다. 그러나 좀더 중요한 것은 그 평가가 어떠하든, 합리화/관료화는 현실에서 피할 수 없는 힘이라는 점이다. 베버는 이 점을 중시한다. 베버는 초기에 유럽 민주주의 국가들에서 의회를 지배했던 '명사 정당'으로부터 관료적으로 강력하게 조직화된 대중 정당으로 발전하는 것을 필연적인 것으로 보았다. 이러한 환경하에서 정당의 관료화는 필연적이다. 오히려 그는 관료적 정당 머신이 독점 자본주의가 가져오는 퇴영적 측면을 제어하고, 자본주의 체제의 사회적 역동성을 증대할 수 있다는 긍정적인 측면을 보고 있다. 관료화한 정당 기구는 리더십의 이니셔티브를 강화하는 방향으로 기능할 수 있고, 지도자들이 그들의 정치적 목표를 더 효과적으로 실현할 수 있도록 하기 때문이다. 이 점에서 관료화한 정당을 평가하는 문제에 있어 베버의 관점과 미헬스의 이른바 '과두화의 철칙'으로 표현되는 현상, 즉 당의 내부 구조가 관료화되고 엘리트화함으로써 민주주의가 그들에게 포획된다는 관점은 정면으로 충돌한다. 베버는 영국의 헌법과 의회를 모델로 독일 의회의 특징을 분석하여, 독일의 정치가 갈등에 휘말리지 않는 합리적 행정을 구현하는 관료가 정치적 리더가 되고 관료가 정치를 좌지우지하는 것을 격렬하게 반대했다. 그러나 베버가 의회에 대해 정책 심의 역할을 강조하기보다 지도자를 양성하는 장으로서의 역할을 강조했다는 것은 특징적이다. 대중 투표제적 민주주의의 발전은 각 정당의 지도자들과 투표자 대중에게 이니셔티브를 부여하는 것을 핵심으로 하는데, 정치 지도자가 강력한 지도력을 갖기 위해서는 강력한 의회라는 장이 꼭 필요하다는 것이다.

직업 정치인의 신념 윤리와 책임 윤리

앞에서 말한 현대 대의제 민주주의의 의미, 민주주의 선거 제도와 정당의 발전, 관료 중심 독일 정치에 대한 비판과 의회 역할의 강화에 대한 주문, 머신을 갖는 지도자의 역할에 대한 강조 등은, 『소명으로서의 정치』의 가장 핵심적인 부분, 정치인 개인이 가져야 할 정치적 윤리를 말하기 위한 배경이라고 할 수 있다. 이제 텍스트의 중심 주제인 '내면적 신념 윤리'와 '책임 윤리'를 보도록 한다. 이 부분은 베버의 정치철학이 가장 응축된 것으로, 『소명으로서의 정치』만이 아니라 그동안 정치를 주제로 베버가 저술한 저작들의 클라이맥스이자 결론에 해당한다.

정치적 윤리로서 두 개념을 말하기 전에 베버는 먼저 한 사람의 정치인이 갖추어야 할 세 가지 요소를 지적한다. 열정(Leidenschaft/passion), 책임감(Verantwortungsgefühl/sense of responsibility), 균형적 판단(Augenmaß/judgement)이 그것이다. 열정은 내적 소명 의식을 갖는 정치인이 정치 행위를 하는 데 필요한 에너지다. 그것은 기본적으로 강렬한 내적 신념이 탐욕과 값싼 흥분과 허영심을 억제하는 열정에 의해 금욕적 정신을 갖도록 하는 칼뱅주의의 정신이고, 베버의 사회적 인간 행위에 대한 출발점이기도 하다. 그런데 프로테스탄티즘의 맥락에서 베버가 여기에서 말하는 열정은 책임감과 균형적 판단을 동시에 가질 것을 요구한다. 이러한 요소들이 결합하면서 만들어지는 열정은, 반(反)감정적 열정, 이성과 냉철한 판단 의식에 의해 규율되는 차가운 열정을 뜻한다. 냉철한 판단 의식이란 신념을 실현하고자 하는 열정과 자신의 정치 행위의 결과에 책임질 수 있는 판단력을 말하는 것이다. 한 사람의 정치인이 정치 행위에 대해 덕목을 가진다고 할 때, 그것은 어떤 정치적 신념이나 목적을 추구하는 데서 끝나는 것이 아니라, 구체적으로 그것을 실천하고 실현하는 행위와 그 결과를 포괄하는 것이다. 내면적 신념을 추구하는 것만으로 정치의 영역에서 발생하는 문제들을 해결할 수 있다면, 정치는 곧 윤리학으로 환원될 수 있을 것이다. 여기에서 베버가 의미하는 것은 분명하고도 단호하다. 정치 영역의 자율성을 발견하는 것이야말로 정치에 대한 가장 본질적인 것을 이해하는 것이다. 즉 정치는 도덕과 다르다는 것이다. 이 점을 이해하지 않는 한 정치의 본질을 이해하기는 어렵다. 왜냐하면 우리가 정치라고 말하는 인간의 인간에 대한 지배, 권력을 본질로 하는 지배 및 통치 행위는 그 자체의 논리, 방법, 패러독스, 운명을 갖기 때문이다. 베버에게 있어 정치는 권력과 폭력을 본질로 한다. 모든 정치 생활, 정치 행위는 권력으로부터 발생하는 문제와 관련되어 있으며, 권력은 투쟁이고, 그러므로 정치하는 사람들은 권력과 폭력이 소용돌이치는 "악마적인 힘"에 끌려들어 가게 된다. 그렇기 때문에 정치 영역에서는, "윤리의 문제가 도덕적으로 지극히 재난적인" 역할을 할 수도 있다는 점을 생각해야 한다. 이 점에서 그는 마키아벨리와 정치에 대한 이해를 공유한다. "정치가의 행위와 관련해 볼 때 선한 것이 선을 낳고, 악한 것이 악을 낳는다는 것은 사실이 아니다. 차라리 그 반대인 경우가 더 많다. 이를 인식하지 못하는 자는 실로 정치적 유아에 불과하다."(217) 선과 악이 전도되는 경우는 인간의 역사를 통해서, 그리고 일상의 생활 속에서 쉽게 발견할 수 있다. 정치적 선의가 결과의 좋음을 보장하는 것은 아니다. 바꾸어 말하면, 신념의 정당함은 그 자체로서 입증될 수 있는 것이 아니라, 현실의 구체적 상황에서 옳은 것으로 검증되는 경우에만 입증될 수 있는 것이다.

그렇다면 정치 영역에서 유효한 정치적 에토스, 정치의 도덕적 성격은 무엇인가? 이 문제에 답하기 위해 베버는 '내면적 신념 윤리'

와 '책임 윤리'를 구분하고, 이 두 개념 사이의 관계를 탐색한다. 한 정치 행위자가 이념이나 가치, 대의나 이데올로기와 같은 어떤 내면적 신념을 가짐으로써 자신의 윤리적 목적을 만족시키려 할 수 있다. 그러면서 다른 사람이 어떤 확고한 원칙도 없이 행위하는 것을 볼 때 정치적으로 공허하다고 생각하는 동시에 자신의 신념과 배치되는 어떤 타협도 거부하거나 자신의 신념을 고수하는 것이 다른 사람에게 불리한 결과를 가져온다 하더라도 아랑곳하지 않는다. 그러나 정치 영역에서 이런 절대적 신념의 윤리는 무책임하고 나아가서는 위험할 수 있다. 바꾸어 말하면 신념 윤리는 각 개인이 행위할 때 명시적으로나 암묵적으로 그 행위의 결과를 고려하지 않고, 그가 옳다고 생각하는 것을 말하는 도덕이다. 그렇기 때문에 그것은 하나의 도덕적 근본주의의 태도를 동반한다. 그러나 이러한 도덕적 행위는 종교나 도덕의 영역 밖의 세속적인 현실 세계에 들어서는 순간 이내 예기치 않은 문제에 봉착할 수밖에 없다. 베버가 당시 격렬하게 비판했던 절대적 평화주의의 경우가 그 대표적인 사례이다.(220~221) 그들은 무기를 들거나 동료 인간을 죽이는 것을 거부한다. 그러나 이를 거부함으로써 전쟁이 저지될 수 있다고 생각한다면 그것은 순진한 생각이다. 그는 이 점 때문에 1차 대전 시기 독일의 절대 평화주의를 강력하게 비판했다. 이와 달리 책임 윤리는 레이몽 아롱의 표현을 빌려 말하면, 사건의 전체 구조 내지는 맥락에서 행위자가 자신의 결정이 가져올 수 있는 결과를 상상하고, 그가 원래 바라는 목표와 관련해 그것이 어떤 결과를 가져올 수 있을까를 생각하는 판단력, 사려 깊음을 뜻한다. 따라서 책임 윤리는 목적과 수단을 어떻게 해석할 것이냐에 영향을

현대 자본주의와 민주주의를 이해하는 단초

미친다. 즉 '무엇을 할 것인가'와 '어떻게 할 것인가'라는 물음은 동일한 문제에 영향을 미치는 동전의 양면과 같은 것이다.

목표 설정, 목적의 지고함은 수단의 제약에 의해 조정, 재평가, 재설정되지 않으면 안 될 것이다. 그러므로 한 사람의 정치인이 진정으로 가져야 할 소명 의식은 자신의 신념에 헌신하되, 그것은 책임 윤리, 즉 목적을 실현하는 데 효과를 가질 수 있고, 악이라 하더라도 선을 창출하는 데 활용될 수 있다는 실용적 인식을 통해 타협되고 조화되지 않으면 안 된다. 이런 윤리적 비합리성을 순수한 이데올로그들은 수용할 수 없을 것이다. 그러나 카리스마적 지도자의 자질은, 신념과 책임이라는 두 윤리 가운데 어느 하나를 선택적으로 취하는 것이 아니라, 최적 상태에서 양자의 균형을 발견하는 능력에 있다. 정치인의 행위를 지배하는 것이 정치인 자신의 사적 목적보다 더 상위의 공동체 선을 추구하는 것이라고 한다면, 보통의 도덕이 아닌, 좀 더 높은 도덕이 존재한다. 베버와 마키아벨리가 다른 것은, 신념 윤리를 정치 윤리의 한 축으로 삼기 때문이다. 베버는 누구도 이 책임의 도덕성을 결론으로 상정하고 이를 추구하는 것은 아니라는 점을 강조한다. 그러나 다시 말하거니와 정치적 행위의 동인으로 도덕적인 것과 도구적인 것을 구분하는 것은, 의미심장하다. 도구적인 태도는 행위자의 목적에 부응하는 결과를 만들어 내려는 것이고, 정치의 환경적 요인을 고려하지 않으면 안 되는 것이며, 행위와 말이 미치는 가능한 모든 영향을 분석하지 않으면 안 되는 것이다. 도덕적 태도는 외부적 조건이나 결과를 고려하지 않고 자신의 내면적 가치나 신념에 따르는 것을 말한다. 이성적 태도는 이런 두 태도 모두에 의해 추동되는 것이다. 베버는 텍스트에서 윤리적으로 존경할 만한 행위로 매우 대조적인 두 사례를 든다. 하나는 마키아벨리가 쓴 『피렌체 역사』의 한 구절(3권 7장)을 말하는 것으로, 14세기 말 교황청군이 피렌체를 침공했을 때 여덟 명의 시민이 시민들을 통솔해 전쟁에 승리하여 피렌체의 평화를 지키고 교황의 전제정을 막아 낸 사례이다.(226) 자신들의 교회와 신앙을 배신하고, 도시를 구한 이야기이다. 그러나 베버는 다른 한편으로 "이것이 나의 신념이다. 나는 달리 행동할 수 없다."라고 한 루터의 말을 인용한다. 1521년 당시 신성 로마 제국의 통치자 찰스 5세와 보름스 의사당에서 극적으로 대면했을 때 루터가 목숨을 걸고 신념을 지킨 사례이다.(228) 앞의 것이 책임 윤리를, 뒤의 것이 신념 윤리를 대표하는 극적인 사례이다.

그러나 여기에서 중요한 것은 책임의 도덕성이 그 자체로서 충분치 않다는 점이다. 왜냐하면 그것은 어떤 목표가 있을 때, 그에 합당한 수단을 찾는 것으로 정의되기 때문이다. 그런데 목표 그 자체는 언제나 결정돼 있는 것이 아니고, 가변적인 것이다. 이 가변성은 광범하게 가치 다원주의의 공간을 열어 놓는다. 『소명으로서의 정치』의 뒷부분에서는 고대 그리스에서 올림포스 신들 간의 갈등 관계를 거론하며 "신들의 전쟁"을 말한다.(217~218) 그것은 궁극적 신념, 가치가 갈등하고 있고, 가치들 간의 위계질서도 존재하지 않는다는 것을 뜻한다. 이런 점 때문에 혹자는 베버를 허무주의, 또는 비관주의라고 보기도 한다. 베버는 인간과 사회가 성취해야 할 목표, 실현해야 할 가치에 대해 합의할 수 있다고 믿지 않았다. "신들의 전쟁"이라는 말은, 인간이 창출하는 가치에 대해 자유 의지적 관점을 가진 것을 의미한다. 이런 조건에서는 다만 선택이 강제될 뿐이고, 이 점에서 철학적으로 실존적이라고 말할 수 있을 것이다.

4   맺는말

앞서 들어가는 말에서 필자는 『프로테스탄티즘』을 현대 서구의 합리주의적 자본주의의 연원을 밝히면서 그것에 의해 추동되는 보편사적 역사 변화의 과정을 탐구하고 있다는 점에서 총론에 해당하는 텍스트로, 『소명으로서의 정치』를 프로테스탄티즘의 윤리를 현대 자본주의와 대의제 민주주의라는 환경하에서 행위하는 직업 정치인들에게 적용했다는 점에서 각론에 해당한다고 말한 바 있다. 그러나 두 텍스트는 총론과 각론적 성격 그 이상이다. 여러 학자들은 광범한 주제들을 다루는 방대한 베버의 저작들이 하나의 중심적인 이론과 설명 틀로 통일적으로 체계화하기가 어렵다고 말한다. 그러나 필자는 이 두 저작이 방대한 베버의 저작과 그것이 담고 있는 이론과 아이디어 전체를 관류하는 중심적인 텍스트라고 생각한다. 우리가 『프로테스탄티즘』을 통해 알게 되는 것은 서구 합리적 자본주의의 출현과 발전이며, 그럼으로써 사회와 역사 변화의 과정이란 그러한 결과를 만들어 내는 어떤 필연적인 요인들이 작용하는 것이 아니라, 수많은 아이러니와 패러독스가 교차하는 의도하지 않은 결과물이라는 것이다. 종교 혁명가 칼뱅은 자신의 교리와 종교 운동을 통해 합리적 자본주의를 만들어 내는 것을 목표로 하지도 않았고, 그 자신이 사후를 되돌아볼 기회가 있다면, 자신의 종교 운동이 그러한 경제 체제를 만들어 내는 힘이 된 것을 상상조차 할 수 없었을 것이다. 세속 세계에서 적극적으로 대응해야 한다는 가장 강렬한 세속적 금욕주의의 교리가 어떻게 인간의 물질적 욕망을 극대화하는 자본주의와 어우러질 수 있겠는가?

베버의 사회과학 이론은, 뒤르켐과 같이 개인의 의도와 동기를 연구할 필요를 부정하고 '사회적 사실'을 결정하는 요인들을 인과적으로 설명하려 했던 실증주의나, 마르크스처럼 생산력과 생산 관계의 모순이 화해할 수 없는 계급 갈등을 불러오며 그로 인한 체제의 모순은 계급 혁명에 의해 해소될 수밖에 없다는 이론, 즉 하나의 경로를 향하여 달리는 결정론적인 유물론적 역사관과는 근본적으로 다르다. 그러나 베버의 이론 틀에서 볼 때, 사회와 역사 변화는, 수많은 비결정론적 요소들이 어우러져 빚어내는 결과물임에도 불구하고 거의 결정론적으로 보이는 합리화의 과정을 피할 수 없다. 베버는 두 상극적인 문제를 대면하고 이를 풀어 나가지 않으면 안 되는 딜레마에 서 있는 인간의 모습을 말하고 있다. 합리적 자본주의의 발전을 근대화라는 말로 표현할 수 있을 것이다. 중세 종교의 신비화가 지배했던 시대 그러나 물질적으로 궁핍했던 사회를 벗어나, 이러한 근대화 과정을 통해 탈신비화와 합리화가 실현되고, 그로 인해 합리적 자본주의가 실현됨으로써 인간의 물질적 행복/향락이 증진되었다고 할 때, 드디어 인간은 행복을 실현했다고 말할 수 있을 것인가? 그것의 대가가 『프로테스탄티즘』의 마지막 구절에서 '쇠우리'라는 메타포를 통해 묘사되는 것처럼, 바깥의 것은 아무것도 볼 수 없는 상태, 완전히 닫힌 체제에 놓인 인간의 조건이라고 할 때, 그것을 그대로 수용할 수 있을 것인가?

　『프로테스탄티즘』에서 나타나는 합리화의 결과는 인간이 피하기 어려운 암울한 디스토피아로 나타난다. 필자의 생각으로『소명으로서의 정치』는 이 합리화가 가져온 부정적 결과, '쇠우리'에 갇힌 인간(이성)으로 하여금 다시 정신을 찾고, 자유를 회복할 수 있는 방법을 말하고 있는 것 같다. 여기에서는『프로테스탄티즘』에서는 발견할 수 없는 베버의 합리화와 대쌍을 이루는 중심 개념으로 카리스마라는 말이 의미를 갖는다. 합리화가 탈신비화와 맞닿아 있다면, 카리스마의 역할은 그것에 의해 고착된 현실을 '재신비화(reenchanting)'하는 것을 통해 정신을 다시 불러들이고, 자유를 회복하는 과업을 떠맡는 일이다. 즉 소명 의식을 가지고 정치 영역에서 행위하는 카리스마적 지도자의 역할이 그것이다. 그들은 베버의 종교사회학에서 말하는 유다이즘의 예언자들, 그리고 칼뱅이 그랬듯이 기존의 질서를 넘어 새로운 세계를 상상하면서 새로운 가치, 새로운 이상을 실현하고자 혁명을 가져왔던 지도자들이다. 그것은 정치 영역에서 정치 지도자들이 담당해야 할 역할이다.『프로테스탄티즘』에서 말하고 있듯이 경제적 변화, 경제적 발전이 가져오는 경제와 사회 영역에서의 합리화의 힘은 그 자체 과정 안에서 대안을 허용하지는 않는다. 그것이 합리화의 본질이다. 변화의 힘은 외부로부터 오지 않으면 안 되는 것이고, 그것이 바로 정치 영역인 것이다. 그것은 또한 마르크스에 의해 주창되었듯이 혁명에 의한 것이 아니라, 대의제 민주주의를 통한 것이다. 필자가 처음『소명으로서의 정치』를 읽었을 때 예상과는 무척 다르게 베버가 민주주의적 지배 형태를 카리스마적 지배 형태로 분류하고 있는 점이 이채로웠다. 그 의미는 베버의 전체 이론 틀을 조금씩 이해하면서 풀리게 되었다. 카리스마 지도자는 변화를 추구하는 역할을 담지해야 하고, 그것을 기대한다는 것을 뜻한다. 그렇지 않고 민주주의를 법적, 합리적 지배 형태로 분류했다면 아마 민주주의는 경제의 합리화를 정치를 통해 합리화하는 것 이상의 역할을 할 수 없다는 것을 의미하게 되었을 것이다. 그렇다면 합리화에 대응하는 어떤 힘도 허용되지 않는 역사와 사회 변화의 결정론적인 진행을 마주하게 되었을 것이다.

베버가 텍스트에서 말하는 민주주의의 역할은, 합리화와 조응하면서 동시에, 그것을 깨뜨리는 것이 과도한 이상주의적 목표라면, 최소한 일정하게 그 과정을 저지하거나 완화할 수 있는 제도이자 힘이라고 이해된다.『소명으로서의 정치』에서 베버는 오로지 "협소한 선택"이 있을 뿐이라고 말한다. 그 선택은 "대중 투표에 기초한 머신을 갖는 (카리스마적) 지도자가 이끌고 가는 민주주의"냐 아니면 "지도자 없는 민주주의", 즉 아무런 소명 의식이나 내면적, 카리스마적 자질을 갖지 못한 직업적 정치인들에 의한 지배냐 하는 양자택일일 뿐이다. 베버의 이론 체계에서 카리스마라는 말의 등장은, 처음부터 끊임없는 논쟁의 대상이었다. 카리스마적 지도자가 이끄는 대중 투표제적 민주주의에 대한 긍정과 희망을 말했던 베버의 주장은, 2차 대전 이후 여러 학자들 사이에서 파시즘의 이론적 기초를 놓은 것이라는 비판의 논점으로 등장했다. 그러나『소명으로서의 정치』를 주제

현대 자본주의와 민주주의를 이해하는 단초

로 강연했던 시점, 공산주의 혁명의 벼랑에서 어떤 것도 대안이 될 수 없었던 환경하에서 베버는 무엇을 선택할 수 있었을까? 베버는 카리스마적 지도자를 말하면서 영국 의회 정치를 모델로 한 글래드스턴이나 로이드조지를 생각했던 것이지, 독재자를 긍정했던 것은 아니다. 어디까지나 의회 역할을 중심으로 정치가 살아 움직이는 정치의 장에서 비전과 내면적 정치 윤리를 갖는 강력한 리더십을 말했던 것이다. 그가 기대하고 말하고자 했던 것이 모든 대중적 권력을 위임받은 대중 투표제적 독재자를 말하는 것이 아니었음은 물론이다. 당시 민주주의의 후진국으로서 독일이 바이마르 공화국이라고 하는, 영국의 의회 민주주의도 뛰어넘을 수 있는 이상적인 체제를 제도화했을 때 그 결과는 공화국의 붕괴와 나치즘의 등장이었다. 나치즘을 불러왔던 것은, 소명 의식을 갖는 카리스마적 지도자가 아니라, 허약한 의회 권력과 정당의 파편화, 그것을 뒷받침했던 독일 제국의 해체 그리고 시민들의 허약한 민주주의 의식이었다. 필자는『소명으로서의 정치』에서 베버가 제시한 대안이 여전히 허약한 민주주의를 위해, 후진적 조건과 사회적 기반에서 민주주의를 강하게 만들 수 있는 내용으로서 유효하다고 생각한다.

최장집   고려대학교 정치외교학과와 동 대학원을 졸업하고 미국 시카고 대학에서 정치학 박사 학위를 받았다. 고려대학교 아세아문제연구소 소장과 대통령자문정책기획위원회 위원장을 역임했고, 현재 고려대학교 명예교수로 있다. 저서로『한국의 노동운동과 국가』,『민주화 이후의 민주주의』,『민주주의의 민주화』,『민중에서 시민으로』,『노동 없는 민주주의의 인간적 상처들』,『정치의 공간』등이 있다.

34

『종의 기원』의 지성사적 의의

다윈의 『종의 기원』 읽기

장대익 (서울대학교 자유전공학부 교수)

찰스 로버트 다윈(Charles Robert Darwin, 1809~1882)

영국 슈루즈베리에서 의사의 아들로 태어났다. 의과대학에 진학했으나 적성에 맞지 않아 중퇴하고 케임브리지에서 신학을 공부했다. 식물학 교수 헨슬로의 권고로 1831년 측량선 비글호에 동승해 5년간 남반구의 여러 섬을 탐험했다. 이때 수집한 화석과 생물을 연구하여 1858년에 자연 선택에 의하여 새로운 종이 기원한다는 자연 선택설을 발표하고 이듬해 이를 정리해 『종의 기원』을 출간했다.

진화론은 사회 전반, 특히 종교계에 엄청난 파문을 일으켰으며 열렬한 지지와 맹렬한 비난을 동시에 받았다. 다윈 자신은 관련된 논쟁에 언급하기를 극도로 꺼렸고 평생 연구와 집필에 전념했다. 『종의 기원』 외에 『비글호 탐험』, 『가축과 재배 작물의 변이』, 『인간의 유래와 성 선택』, 『인간과 동물의 감정 표현』 등을 저술했다.

"인류 역사상 최고의 아이디어를 낸 사람은 누구인가? 딱 한 사람만 골라야 한다면 나는 주저 없이 그를 택하겠다." 미국의 저명한 철학자 대니얼 데닛은 그를 감히 뉴턴이나 아인슈타인보다 더 위대한 사상가라고 치켜세운다. 자연 선택이라는 메커니즘을 도입해 의미와 목적이 없는 물질 영역과 의미, 목적, 그리고 설계가 있는 생명 영역을 통합했기 때문이라는 것이다. 하지만 에든버러 의대에서 채 2년을 채우지 못하고 낙향한 18세 청년을 그 누가 인류 역사상 최고의 아이디어를 낼 만한 인물이라고 기대했겠는가? 오히려 성공한 의사였던 그의 아버지는 "사냥질, 개, 쥐잡기에나 관심이 있는 너는 가족과 너 자신에게 부끄러운 존재가 될 거다."라며 아들을 심하게 나무랐다. 나중에 아버지는 이 말을 일생일대의 실수로 여겼을 것이다. 그 아들이 바로 『종의 기원(*On the Origin of Species*)』을 남긴 찰스 로버트 다윈이다.

1 『종의 기원』이 나오기까지[1]

아들의 장래를 걱정하는 아버지의 심정을 모르는 바 아니기에 다윈은 꾸역꾸역 케임브리지 대학에 신학을 공부하러 간다. 하지만 이번에도 마음은 콩밭에 가 있었다. 실제 전공은 성서 해석이 아니라 딱 정벌레 분류나 다름없었고, 최대 관심사는 어떻게 해야 영국을 떠나 생명체가 우글대는 열대림을 탐험할 수 있는가였다. 인류에게 '적응'이라는 화두를 처음으로 던진 그였지만 정작 자신은 주변 환경에 적

『종의 기원』의 지성사적 의의

응하는 데 계속해서 실패한 셈이다. 하지만 환경도 언젠가는 변하는 법. 다윈은 우여곡절 끝에 비글호에 승선해 꿈에 그리던 남아메리카로 향한다.

만일 다윈이 당시에 비글호를 타지 못했다면 어떤 일이 벌어졌을까? 틀림없이 5년 동안 뱃멀미와 말라리아로 고생하지는 않았겠지만 '다윈'이라는 이름이 오늘날까지 생존·번영하지는 못했을 것이다. 물론 『종의 기원』도 탄생하지 않았을지 모른다. 사실 다윈에게 비글호 승선을 제안한 케임브리지 대학의 헨슬로 교수가 처음부터 다윈을 지목한 것은 아니었다. 다윈은 일종의 '대타' 자격으로 비글호 티켓을 딴 셈이다. 또한 소심한 그는 아버지의 심한 반대에 부딪혀 꿈을 접으려고도 했다. 당시에 괜찮은 가문의 자제가 불결하고 위험한 선원 생활을 자청하는 경우는 극히 이례적이었다. 하지만 아들을 막을 아버지가 어디 있겠는가? 어쨌든 다윈은 기막힌 몇 번의 우연과 난관을 뚫고 비글호에 오르게 된다.

다윈이 1831년에 비글호에 승선하면서 챙겼던 재산 목록 1호는 라이엘(C. Lyell)의 『지질학 원리』 1권이었다. 길이가 26미터밖에 안 되는 비글호의 좁은 방 안에서 그는 자신의 우상 라이엘이 쓴 『지질학 원리』를 탐독했다. 다윈이 이 책에 얼마나 열광했는지는, 집에서 보내온 소포 중에서 그가 가장 반긴 것이 가족들의 편지가 아니라 1832년에 출간된 『지질학 원리』 2권이었다는 사실만으로도 충분히 짐작할 수 있다. 1844년에 다윈은 편지에 다음과 같이 고백하기도 했다. "내 책의 반은 라이엘의 머리에서 나온 것처럼 느껴진다."

연유가 어찌 되었든 그는 비글호에 승선하고부터 라이엘의 동일

과정설(uniformitarianism)에 푹 빠져들게 된다. 다윈이 햇병아리 과학도였던 시절에는 지질이 급격히 변화해 왔다고 주장하는 사람들(대표적으로 프랑스의 퀴비에(G.Cuvier))과 점진적으로 변화해 왔다고 주장하는 사람들(대표적으로 라이엘) 간에 의견 대립이 심각했다. "현재는 과거의 열쇠다."라는 문장으로 요약할 수 있는 라이엘의 동일과정설은, 오늘날의 지구에 영향을 미치는 모든 과정과 법칙은 지구의 역사 전체에도 그대로 적용된다는 이론이다. 쉽게 말하면, 오늘날 지구가 대규모 화산 폭발, 운석 충돌, 해수면 급상승 등과 같은 격변에 늘 시달리지는 않듯이 과거에도 그랬을 것이라는 견해이다. 라이엘의 이론에 심취한 다윈은 생명의 진화가 누구도 살아서 목격할 수 없을 정도로 천천히 진행되는 장엄하고 정연한 과정일 것이라고 생각했다. 다윈의 진화론을 '점진론(gradualism)'이라고 부르는 것도 이 때문이다.

비글호 탐험은 다윈의 일생에서 가장 특별하고 중요한 경험이었다. 그 경험이 얼마나 심원했던지 돌아와서는 영국 밖을 단 한 발짝도 나가지 않고 그것을 정리하고 이론화하는 데 여생을 다 보냈을 정도다.

다윈은 정박지에서 열대림과 해안을 누비며 온갖 동식물을 관찰하고 채집했으며 영국에만 있었으면 상상도 못했을 지진까지 경험했다. 생태, 화석, 그리고 지층에 대한 이런 경험을 통해 다윈은 서서히 아주 긴 기간 동안 벌어질지도 모르는 종(種)의 진화에 눈을 뜬다.

이런 맥락에서 갈라파고스 군도의 탐험은 비글호 항해의 절정이었다고 할 수 있다. 사실 크고 작은 섬 열여섯 개로 이뤄진 이 군도에는 아마존과 같이 기기묘묘한 생명체가 우글대지는 않았다. 즉 다양성이 특출한 공간은 아니었다. 대신 다양성의 '원인'이 흘깃 보이는 곳이었다. 예컨대 거대 거북의 등껍질 형태는 육안으로도 구별할 수 있을 정도로 섬마다 달랐다. 또한 전체적으로는 비슷하지만 부리 모양이 조금씩 다른 새들이 섬 주위에 여기저기 서식하고 있었다. 왜 이렇게 넓지 않은 공간에 이런 식의 다양성이 생겨났을까?

당시 다윈은 이 위대한 질문에 매료되지는 못한 것 같다. 오히려 그는 섬들에 분포해 있는 각종 새의 표본을 만들면서도 어디서 어느 새를 채집했는지조차 기록하지 않았을 정도로 자료의 중요성을 알지 못했다. 그로부터 2년쯤 후에 영국 최고의 조류학자에게서 뜻밖의 결과를 전해 듣고서야 당시의 자료가 범상치 않은 것임을 깨달았다. 물론 다윈은 갈라파고스 군도에 있을 때 크고 뭉뚝한 부리는 큰 씨앗을 쉽게 깨뜨리는 데 유리하고, 뾰족한 집게 모양의 부리는 작고 깊이 숨어 있는 씨를 끄집어내는 데 유리하다는 사실을 눈치채기는 했다. 하지만 별 의심 없이 이들이 서로 별로 관계없는 다른 종이라고 짐작했다. 즉 핀치, 굴뚝새, 검은지빠귀인 줄 알았다.

조류학자의 대답은 놀라운 것이었다. 다윈이 조사한 새들은 같은 핀치류로서, 단지 특정 먹이를 먹기에 적합하도록 굴뚝새나 검은지빠귀와 비슷한 부리를 갖게 된 것뿐이라는 대답이었다. 어쩌면 그 순간 다윈의 머릿속에 한 편의 '위험한 생각'이 스치고 지나갔는지도 모른다. 다양한 핀치 종은 따로따로 창조된 것이 아니라 남아메리카 대륙에 서식하는 한 종의 공통 조상으로부터 갈라져 나왔을 수도 있겠다는 생각. 생명이 전지전능한 신에 의해 창조된 것이 아니라 자연의 선택과 환경의 힘으로 인해 변화하고 적응해 온 것일 수 있다는 생각. 1837년부터 다윈은 자신의 비밀 노트 한구석에 한 종이 새로운 종으로 가지 치기를 해 나가는 계통도를 그리기 시작한다. 이런 맥락에서 핀치는 진화론의 역사에 등장하는 가장 중요한 동물일 것이다. 그래서 다윈의 후예들은 그 새에 '다윈 핀치'라는 별명을 붙여 주기도 했다.

이듬해 다윈은 맬서스(T. R. Malthus)의 『인구론(*An Essay on the Principle of Population*)』(1798)을 정독한다. 교구 목사이며 영국 최초의 정치경제학 교수이기도 한 맬서스는 이 책에서 인구 증가가 식량 공급을 초과해서 1인당 식량이 감소할 것이라고 예측했다. 그에 따르면 인구는 다른 개입 요소가 없을 때 기하급수적으로 증가하는 데 비해 식량 공급은 산술급수적으로 증가하기 때문이다. 대신 그는 사고나 자연사와 같은 자연적 원인, 전쟁과 기근과 같은 재난, 만혼이나 금욕과 같은 도덕적 절제, 그리고 살인과 동성애와 같은 죄악 등이 과도한 인구 증가를 억제한다고 믿었다. 맬서스가 보기에 인류가 아직 멸망하지 않은 이유는 역설적이게도 바로 이런 억제 요소들이 인류사에 계속적으로 작용해 왔기 때문이다.

여기서 맬서스가 정말로 인류의 미래를 비관적으로 보았는지는 분명하지 않다. 오히려 그는 도덕적 절제를 통해 인구 과잉으로 인한 비참함에서 인류가 자유로워질 수 있다고 말하는 것 같다. 흥미로운 점은 그가 이런 절제를 노동 계급이나 하층민의 의무로만 여기고 있다는 사실이다. 따라서 그는 인구 과잉 현상 같은 사회적 질병은 일차적으로 도덕적 절제에 실패한 노동 계급과 하층민에게 책임이 있다고 주장하기도 했다.

맬서스는 이렇게 인구 과잉으로 인한 인류의 멸종 가능성을 보여 줌으로써 계몽주의적 낙관론을 비판하려 했다. 그에 의하면 사회 개

『종의 기원』의 지성사적 의의

혁을 위한 모든 노력은 실패할 수밖에 없는데, 빈곤은 사회적 불평등의 결과가 아니기 때문이다. 어떤 집단이든 결국에는 집단의 인구가 식량 공급을 초과할 것이기 때문에 빈곤은 생겨날 수밖에 없다. 맬서스는 여기서 누가 죽고 누가 사는가를 결정하는 '생존 투쟁(struggle for existence)'이 일어날 수밖에 없다고 말했다.

다윈은 암울한 현실과 미래가 짙게 배어 나오는 이 책에서 오히려 생명 진화의 큰 힘을 발견한다. 어떤 집단의 몇몇 개체들은 특정 조건하에서 더 잘 살아남을 수 있는 형질을 가졌을 수도 있다. 가령 큰 몸집, 뾰족한 부리, 두꺼운 털, 날카로운 이빨 등을 가진 개체는 그렇지 않은 개체에 비해 특정 환경에서 생존하기가 더 유리할 수 있다. 그러면 이러한 특징을 갖고 태어난 개체들은 같은 종의 다른 개체들보다 더 많은 후손을 낳을 가능성이 높아진다.

다윈은 이 생존 투쟁의 원리를 갈라파고스의 핀치에 적용해 보았다. 대륙에서 날아온 핀치 한 무리가 갈라파고스 섬 중 한 곳에 둥지를 틀었다고 하자. 마침 이 섬에는 딱딱한 씨앗을 가진 식물이 많이 퍼져 있어서 그것이 새들의 주요 식량이다. 핀치 무리 중에는 남들보다 조금이라도 더 뾰족한 부리를 가진 개체도 있고, 조금 더 뭉뚝하고 큰 부리를 가진 개체도 있는데, 이 섬의 환경에 더 적합한 형질은 뭉뚝한 부리일 것이다. 그렇다면 뭉뚝한 부리를 가진 개체는 다른 개체에 비해 다음 세대에 더 많은 후손을 남길 것이고 이런 과정이 아주 오랫동안 반복되면, 즉 충분한 시간이 흐른다면 원래 핀치와는 매우 다른 모습을 가진 새로운 종이 탄생할 수도 있다. 당시에 맬서스의 『인구론』을 읽어 본 사람은 많았을 것이다. 하지만 생존 투쟁의 원리를 자연계에도 동일하게 적용해 본 사람은 다윈과, 그 외에는 월리스뿐이었다. 갈라파고스의 핀치는 이런 창조적 발상의 촉매제였다.

다윈은 『인구론』을 읽은 1838년부터 1844년까지 이런 생각을 차근차근 정리해 나갔다. 1842년에는 35쪽짜리 개요를 만들었고 1844년에는 230쪽짜리 완전한 논문을 작성했다. 그러고는 절친한 식물학자 후커(J. Hooker)에게 편지로 조심스레 고민을 털어놓는다. "마치 살인을 자백하는" 심정으로.

저는 갈라파고스 군도에 퍼져 있는 동식물을 보고 깜짝 놀라 종의 변화에 대해 어떤 빛을 던져 줄 수 있다고 생각되는 자료는 마구 긁어모았습니다. 농업과 원예에 대한 책도 매우 많이 읽었고 자료 수집을 잠시도 쉰 적이 없습니다. 그러자 한 줄기 빛이 비춰 오는 것 같았고 이제 저는 당초의 제 생각과는 달리 종이 불변한 것은 아니라는 확신에 거의 도달했습니다.(마치 살인을 자백하는 것 같군요.) 저는 종이 다양한 방법으로 환경에 정교하게 적응해 나가는 방법을 알아냈다고 생각합니다.(바로 이 점이 황당한 것이지요!) 당신은 저를 한심스럽게 볼 겁니다. '이런 사람에게 여태 편지를 쓰고 시간을 내줬다니.'라고 말입니다. 저라도 5년 전에는 똑같은 반응을 보였을 겁니다.(1844년 후커에게 보낸 편지에서)

이 편지를 읽고 다윈의 '새로운 생각'이 무엇인지 궁금해한 후커를 다윈은 명료한 논리와 방대한 자료로 설복시켰다. 그는 이에 용기를 얻었지만, 같은 해 익명으로 출판된 『창조의 자연사의 흔적(Vestiges of the Natural History of Creation)』(1844)이 수난을 당하는 것을 보며 몸을

움츠리게 된다. 생명의 진화를 주장한 이 책은 당시 영국 사회에서 수만 권이 팔려 나갈 정도로 엄청난 대중적 성공을 누렸지만, 짜깁기식의 논리와 창조자로서의 신을 모독하는 느낌을 주는 불경스러운 결론 때문에 평단으로부터 심한 혹평을 들어야 했다.

이 스캔들은 왜 다윈이 거의 20년 동안이나 자신의 이론을 묵혀 놓았는지를 이해할 수 있는 단초가 된다. 나중에 그 익명의 저자가 스코틀랜드의 출판업자인 체임버스(R. Chambers)라는 사실이 밝혀지고 나서, 다시 한 번 다윈은 생명 진화에 대한 탄탄한 논리와 풍부한 자료가 없이는 학계의 마음이 움직이지 않는다는 점을 분명하게 깨닫게 되었다. 그때까지만 해도 다윈은 산호초와 화산섬을 연구한 『비글호 항해 지질학』으로 지질학자로서 명성을 떨치고 있긴 했지만, 생물학자로서는 검증이 덜 끝난 상황이었다. 소심한 성격의 다윈은 진화론에 대한 생각을 잠시(?) 접어 두고 대신 갑각류 일종인 따개비 연구에 매진한다. 무려 8년씩이나. 이 과정에서 다윈의 몸은 점점 쇠약해졌다. 알 수 없는 질병에 걸려 은둔자처럼 집에 처박혀 아내의 시중을 받아야 했을 정도였다. 오래 품고 있던 생각을 집대성하기에는 여건이 좋지 않았다.

1859년 11월 24일, 드디어 『종의 기원』으로 흔히 알려진 『자연선택에 의한 종의 기원에 관하여, 또는 생존 투쟁에서 선호되는 품종의 보존에 관하여(*On the Origin of Species by Means of Natural Selection, or the Preservation of Favoured Races in the Struggle for Life*)』 초판이 우여곡절 끝에 탄생한다. 왜 여기에 '우여곡절'이라는 단어를 쓸 수밖에 없는지에 대해서는 설명이 필요하다. 따개비 연구에 손을 댄 다윈은 1851년 결국

1000쪽에 달하는 연구서를 출판하여 자연사학자로도 큰 명성을 얻었으며 그에 힘입어 1854년부터 자연 선택을 다시 연구하기 시작했다. 1858년 6월 18일, 다윈은 편지 한 통을 받았다. 발신인란에는 '알프레드 러셀 월리스(Alfred Russel Wallace)'라는 이름이 적혀 있었다.

영국의 조그만 시골에서 태어난 월리스(1823~1913)는 열네 살에 학교를 그만두고 여기저기에서 측량 기사로 일하면서 생계를 유지하는 가난한 젊은이였다. 측량 기사로 10년 정도 여러 지형을 돌아다니다 보니 자연스럽게 동식물 표본에 관심을 갖게 되었고 표본을 모아다가 팔기까지 했다. 급기야는 1854년부터 8년 동안 영국을 떠나 동남아, 아마존, 인도네시아 등지를 탐험하면서 런던의 후원자와 거래상에 생물 표본을 보내어 생계를 유지하기에 이른다.

그는 다윈과는 달리 부유하지도 않았고 영국 주류 사회의 일원도 아니었다. 시골의 가난한 청년에 불과했다. 그래서 페일리(W. Paley)의 설계 논증에 세례를 받은 당시의 주류 과학자들과는 달리 체임버스의 『창조의 자연사의 흔적』에도 열광할 수 있었다. 학문적으로도 아마추어였고 아웃사이더였다. 하지만 월리스는 이미 1854년부터 종이 진화할지도 모른다고 생각하고 있었다. 남아메리카를 탐험하면서 생물의 독특한 지리적 분포를 관찰할 수 있었기 때문이다. 그는 지리적 장벽으로 인해 분리된 두 지역에 매우 유사한 종들이 서식하는 경우를 종종 발견하곤 했다. 마치 부모 종이 그 장벽을 사이에 두고 새로운 두 종으로 분화한 것 같은 모습이었다.

게다가 월리스는 같은 해에 라이엘의 『지질학 원리』를 꼼꼼히 읽었고, 점진적인 변화가 생물의 지리적 분포를 결정하는 데 매우 중요하다는 사실을 어렴풋이 깨닫게 되었다. 1855년에는 「새로운 종의 도입을 규제하는 법칙에 관하여」라는 논문을 출판하는데, 여기서 그는 "모든 종은 이미 존재하는 친척 종들과 함께 같은 시공간상에 우연히 존재하게 된다."라고 주장했다. 이 논문은 3년 후에 자신이 제안하게 될 혁명적 이론의 전조였다.

1858년 초, 그는 열사병으로 누워 있으면서 말레이 군도의 원주민 수가 왜 급격히 증가하지 않는지를 곰곰이 생각한다. 그러다 15년 전쯤에 흥미롭게 읽었던 맬서스의 『인구론』이 갑자기 떠올랐다. 생존 투쟁! 맞다. 새로운 종을 탄생시키는 메커니즘! 순간 그는 이마에 놓인 물수건은 아랑곳하지 않고 침상에서 벌떡 일어났을지도 모른다. 그래서 탄생한 논문이 「원형으로부터 무한정 이탈하는 변형의 성향에 관하여(On the Tendency of Varieties to Depart Indefinitely from the Original Type)」이다. 월리스는 다윈에게 이 논문을 동봉해 편지를 보낸다. 출판을 부탁한 것도 아니었다. 단지 자신이 '올바른 생각'을 하고 있는지 검토받고 싶다는 정도였다.

왜 월리스는 하필이면 다윈에게 편지를 보냈을까? 사실 그는 이전에 딱 한 번 다윈을 만난 적이 있었다. 그 이후로 두 사람은 서신을 주고받는 사이가 되었다. 월리스가 다윈에게 흥미로운 질문, 참신한 가설과 함께 좋은 표본을 많이 보내왔기 때문이다. 다윈에게 월리스는 편지를 정기적으로 주고받는 많은 사람 중 한 명이었을 뿐이지만, 월리스에게 다윈은 매우 특별한 존재였다. 이미 다윈은 영국의 지식인 사회에서 유명인이었으며 지질학과 생물학 분야에서는 대가의 반열에 올라 있었다. 그리고 당시는 그가 종의 기원 문제에 대해 매우 이단적인 생각을 갖고 있다는 소문이 퍼지기 시작할 때였다. 비슷한 문제로 고민하던 월리스에게 다윈보다 더 좋은 스승은 없었다. 한때 월리스는 다윈에게서 "사유가 없다면 훌륭하고 참신한 관찰은 불가능합니다."라는 격려의 말을 듣기도 했다.

월리스의 편지를 읽는 다윈의 얼굴은 점점 굳어져 갔다. 편지에는 다윈이 20년씩이나 공들여 온 이론을 너무도 명확하게 이해하고 쓴 20쪽짜리 논문 한 편이 들어 있었다. 마치 자신의 이론을 다른 사람의 말로 듣는 느낌이었나 보다. "이보다 더 간결하고 좋은 요약은 없었지요. 그가 쓴 용어들은 마치 내 책의 소제목들 같았답니다!" 다윈은 라이엘에게 보낸 편지에서 그때의 심정을 이렇게 표현했다.

다윈은 그동안의 연구를 모두 불태우는 한이 있더라도 월리스의 생각을 훔쳤다는 말은 듣고 싶지 않았다. 망연자실한 다윈에게 라이엘과 후커는 흥미로운 제안을 한다. 다윈이 자연 선택에 관하여 1844년에 쓴 글과 1857년에 후커에게 쓴 편지의 일부, 그리고 월리스의 논문을 함께 묶어서 생물분류학회(런던 린네 학회)에서 발표하자는 것이었다. 물론 런던에서 무슨 일이 벌어지고 있는지 월리스는 알 턱이 없었다. 1858년 7월 1일, 놀랍게도 이 혁명적 사상의 발표는 조용하게 끝났다. 더 놀라운 일은 발표가 끝난 후에야 소식을 듣게 된 월리스도 결코 불쾌해하지 않았다는 사실이다. 다윈은 어린 아들이 갑자기 죽는 바람에 발표회에 참석하지도 못했다. 이후 다윈은 몇 달을 달라붙어 『종의 기원』을 집필한다. 그 결과가 400쪽 분량의 『종의 기원』 초판이었고, 이것은 다윈이 원래 쓰고자 했던 방대한 책의 축약본이었다.

과학사에 조예가 깊은 독자라면 모를까 월리스라는 이름을 기억

『종의 기원』의 지성사적 의의

하는 이는 거의 없을 것이다. "이등은 영원히 기억되지 않는다."라는 광고 카피가 있긴 하지만 공동 일등도 때로는 기억되지 않는 모양이다. 이는 월리스를 끝까지 챙긴 다윈과 그런 다윈을 일평생 존경했던 월리스의 특별한 우정 때문이었는지도 모른다. '다윈의 달(moon)'은 그래서 붙여진 월리스의 별명이다. 미적분학에 대한 우선권을 놓고 으르렁대며 유럽을 떠들썩하게 했던 뉴턴과 라이프니츠의 추악한 관계와 다윈과 월리스의 우정 어린 관계는 얼마나 큰 대조를 이루는가.

다윈이 월리스의 태양이든, 월리스가 다윈의 달이든, 둘은 모두 생명의 진화가 자연 선택이라는 메커니즘에 의해서 일어난다는 가설에 도달했다. 그것도 거의 동시에, 거의 비슷한 지적인 경로를 통해서 말이다. 이는 어쩌면, 그들의 지적 인생에서 가장 중요한 책이 라이엘의 『지질학 원리』와 맬서스의 『인구론』이었기 때문인지도 모른다. 또한 동식물에 대한 장기 관찰 경험(다윈 5년, 월리스 8년)이 있었기 때문인지도 모른다. 마치 두 사람이 똑같은 지도(『지질학 원리』와 『인구론』)를 들고 중간에 비슷한 지역(관찰과 채취)을 거쳐 산꼭대기(자연 선택)에 다다른 셈이었다.

다윈과 월리스가 모든 면에서 서로 동의하지는 않았다. 자연 선택 메커니즘을 제시하기 위해 인공 선택(artificial selection) 메커니즘을 전혀 고려하지 않은 일과 인류의 진화에 대해서 자연 선택 메커니즘이 아니라 초월적 힘에 의존한 일은 월리스가 단지 '다윈의 달'로 만족한 것은 아님을 보여 준다. 이런 차이에도 불구하고 그들의 우정은 평생 동안 돈독했다. 1859년 11월 말, 다윈은 저자 증정본으로 나온 녹색 장정의 『종의 기원』을 인도네시아에 있는 월리스에게 소포로 보낸다. 동봉한 편지에는 "대중의 반응이 어떨지는 오직 신만이 아실 겁니다."라고 씌어 있었다.

2 『종의 기원』의 논증

흔히 동서양의 고전에 대해 기대하는 바와는 달리, 『종의 기원』의 시작 부분이 결코 우아하지는 않다. 오히려 동물 육종사와 사육사가 인공 교배를 통해 원하는 개체를 어떤 방식으로 얻어 내는지에 대한 시시콜콜한 이야기로 채워져 있다. '인공 선택(artificial selection)'은 다윈이 그런 육종사들의 일을 규정하기 위해 최초로 붙인 용어였다. 당시에 육종사라는 직업은 다윈과 같은 중산층 엘리트와는 거리가 먼 부류였지만, 다윈은 실제로 비둘기 교배 전문가들과 많은 시간을 보내면서 그들의 지식과 노하우를 전수받기도 했다. 왜냐하면 인공 선택의 사례들은 자연 선택을 이해하는 데 매우 유용한 자료가 될 수 있었기 때문이다. 다윈의 생각은 아주 분명하고 설득력이 있었다. '육종사의 손에 의해 몇 세대 만에도 이렇게 다양한 비둘기 종이 생겨날 수 있다면 자연의 손으로는 얼마나 더하겠는가! 그것도 수천, 수만 세대를 주무르는 보이지 않는 자연의 손에서 말이다!' 어쩌면 다윈은 이 대목에서도 점진론을 주장한 라이엘의 『지질학 원리』를 다시 한 번 들췄는지도 모른다.

다윈은 육종사들의 암묵적 지식에서 두 가지 중요한 원리를 발견한다. 하나는 인공 선택에서 힌트를 얻은 자연 선택의 힘이고 다른 하

『종의 기원』의 지성사적 의의

나는 부모의 형질이 자식에게도 전달된다는 원리이다. 하지만 구체적으로 어떤 메커니즘에 의해 이런 대물림이 일어나는지에 대해서는 알지 못했다. 다만 자연계에는 같은 종 내에서도 수많은 변이가 존재한다는 사실만은 확신할 수 있었다.

하지만 자연 변이들은 모두 살아남을 수는 없어 보였다. 왜냐하면 모든 것을 모든 이에게 풍족하게 제공하는 환경이란 있을 수 없기 때문이다. 그래서 다윈은 변이들 간에 생존 경쟁이 일어날 수밖에 없다고 결론 내린다. 그것은 조금이라도 생존에 유리한 특성을 가진 개체가 그렇지 않은 개체에 비해 더 잘 살아남아 자손을 퍼뜨리는 과정이다. 이 대목에서 그는 맬서스의 『인구론』에 큰 빚을 졌다.

『종의 기원』의 모든 지면은 이렇게 자연 선택이라는 종 분화 메커니즘을 향해 조금씩 천천히 진화하고 있었다. 게다가 다윈은 자신의 주장만을 길게 늘어놓고 잉크 뚜껑을 덮어 버리는 얌체가 아니었다. 진정한 완벽주의자답게 그는 자연 선택론에 대한 예상 반론들을 스스로 정리한 후에 그것을 조목조목 검토하고 있다. 가령 최근까지도 진화론자들 사이에 논쟁이 되고 있는 화석 기록의 불완전성 문제, 적응이 얼마나 강력한가의 문제, 잡종의 문제 등을 총 15장 중 5장, 즉 책의 3분의 1을 할애하여 다루고 있다. 『종의 기원』은 그의 고백처럼 "하나의 긴 논증(one long argument)"이다.

생명이 진화한다는 주장 자체는 당시만 해도 아주 새로운 것은 아니었다. 영국에서는 다윈의 친할아버지인 이래즈머스 다윈(Erasmus Darwin)이, 프랑스에서는 라마르크(J. B. Lamarck)가 이미 몇십 년 전에 비슷한 주장을 펼쳤다. 이래즈머스 다윈은 18세기 영국 중부에서 활동한 꽤 유명한 외과 의사이자 시인이었다. 물론 후대에게는 찰스 다윈의 할아버지로 더 유명하다. 그는 「자연의 신전」이라는 시와 의학서적인 『주노미아(*Zoonomia*)』(1794~1796)에서 현재 살아 있는 모든 생물이 태초의 미생물로부터 점진적으로 발전되어 왔다고 주장했다.

당시 그의 이론도 파격적이었지만 그의 사생활도 평범하지 않았다. 첫 부인과 사별하자 사생아 둘을 낳는가 하면 지천명의 나이에 과부 환자와 재혼을 하기도 했다. 이런 복잡한 사생활 때문에 이래즈머스 다윈의 아들인 로버트 다윈은 아들 찰스에게 할아버지에 관한 이야기를 거의 들려주지 않았다. 하지만 다윈이 의학을 공부하기 위해 잠시 머문 에든버러 대학에서는 이래즈머스 다윈을 칭송하는 선생들이 적지 않았다. 당시에 찰스 다윈은 이를 매우 신기하게만 여겼지만, 훗날에는 자신의 이론이 할아버지의 사상으로부터 대물림받았을지 모른다고 회고한다. 매우 흥미로운 사실은, 찰스 다윈이 자연 선택론을 20년 동안이나 숙성시킨 후 발표했듯이 그의 할아버지 이래즈머스도 거의 20년 만에 자신의 생각을 표출하기 시작했다는 점이다. 사생활만 비교했을 때는 '대범한 할아버지와 소심한 손자'처럼 느껴지지만 사상적인 측면에서는 둘 다 신중한 혁명가였다. 할아버지는 혁신적 사상가로만 남았지만 손자는 그 어렴풋한 생각을 체계적으로 정리한 위대한 사상가로 후대까지 명성을 떨쳤다.

영국에 이래즈머스 다윈이 있었다면 프랑스에는 라마르크가 있었다. 그는 프랑스 혁명 정부가 세운 자연사 박물관에서 무척추동물을 연구하던 학자였다. 1800년경에 그는 종이 불변한다는 자신의 옛 생각을 버리고 『동물 철학(*Zoological Philosophy*)』(1809)에서 새로운 이론을 탐구하기 시작했다. 그는 무생물에 전기 충격을 가하면 생명체가 된다고 주장하며 생명의 자연발생설을 옹호했는데, 그에 따르면 이런 식으로 만들어질 수 있는 생명체란 지극히 단순한 개체일 뿐이다. 그는 이런 단순한 생명체가 여러 세대를 거치면서 점점 더 복잡한 개체로 조금씩 진보하게 된다고 주장했다. 라마르크는 이론적으로 이런 진보는 동물계에서 선형적으로 일어난다고 보았다. 즉 맨 밑바닥에는 가장 하등한 생명체가 있고 인간은 자연계의 맨 위를 차지하는 존재로 인식됐다. 따라서 라마르크에게 동식물의 멸종(extinction)은 있을 수 없는 현상이다. 또한 그 진보의 사다리에 틈이 있을 수 없기 때문에 그는 각 종이 명확하게 구분될 수 있다는 전통적인 견해도 받아들일 수 없었다.

그렇다면 아리스토텔레스부터 시작된 '존재의 대사슬(great chain of being, 라틴어로는 scala natura에 해당됨)' 개념은 라마르크에 와서 어떻게 변주되는가? 라마르크의 모형은 전통적인 사슬 모형과 큰 차이가 있다. 영국의 시인 포프(A. Pope)가 "자연의 사슬 중 어디든, 그것이 열 번째든 일만 번째든, 하나라도 끊어지면 전체가 무너지리라."라고 읊조렸듯이, 당시에는 완벽한 신이 자연계에 한구석의 빈틈도 없이 온갖 생명체를 촘촘히 심어 놓았으며 각자의 자리는 단단히 고정되어 있다고 믿는 사람이 대다수였다. 이것이 바로 '존재의 대사슬'에 대한 전통적인 견해였다. 이 견해에 따르면 원숭이는 영원히 원숭이로 남아 있고 그 위의 인간은 영원히 인간일 뿐이며 이 둘 간의 서열은 불변한다. 수많은 생명체들이 긴 사다리에 주렁주렁 매달려 있는 모습을 상상해 보라.

반면 라마르크의 사슬 모형은 덩그러니 놓여 있는 사다리라기보다는 계속해서 올라가는 에스컬레이터를 닮았다. 즉 현재 동물원에 살고 있는 침팬지들도 충분한 시간이 지나면 우리와 같은 인간 종으로 변한다. 마치 2층에서 에스컬레이터에 몸을 실은 침팬지가 인간으로 변해 3층에 도착하는 꼴이다.

하지만 탁월한 분류학자였던 라마르크는 생명체가 아무리 많이 관찰된다 해도 이 에스컬레이터를 빈틈없이 채울 수 없을 것이라는 사실을 누구보다 잘 알았다. 그래서 그는 이런 난점을 설명하기 위해 새로운 진화 과정을 제안한다. 그것이 바로 그를 유명하게 한 '획득 형질의 유전' 이론이다. 라마르크는 이 이론을 사용하여 생명이 주변 환경에 따라 변화하는지, 그리고 궁극적으로는 하등 생물이 고등 생물로 어떻게 발전할 수 있는지를 설명하려 했다.

그의 논리는 매우 단순하고 명확하다. '기린의 목이 어떻게 길어졌나?'에 대한 라마르크의 설명을 들어 보자. 기린은 예나 지금이나 대개 키 큰 나무가 있는 지대에 서식한다. 기린의 조상은 지금처럼 목이 길지 않았다. 그런데 그중 어떤 개체가 높이 매달려 있는 잎을 따 먹기 위해 목을 열심히 계속 늘렸다. 이런 과정이 반복되면서 그 개체 속에 존재하는 신경액이 목 쪽으로 더 많이 쏠리게 되었고 그 결과 그 기린은 목이 길어졌다. 기린에게 긴 목은 하나의 획득한 형질이다. 그런데 라마르크는 여기에 머물지 않고 그 형질이 자손들에게 전달된다고 생각했다. 즉 그 기린의 새끼들은 부모의 긴 목을 물려받고, 세대를 거듭하면 긴 목을 가진 기린이 점점 더 늘어나 오늘날과 같은 기린의 모습이 되었다는 것이다. 이것이 바로 라마르크의 획득 형질의 유전 이론이다.

당시 유럽에서는 그의 이론이 증거가 없는 그럴듯한 이야기일 뿐이라고 비판하는 학자가 많았다. 예컨대 프랑스의 저명한 해부학자 퀴비에는 과거에 형성된 동물 화석과 오늘날 존재하는 동물의 해부학적 구조를 비교함으로써 복잡성에 있어서 둘이 별 차이가 없다고 반박했다. 나폴레옹이 이집트 파라오의 무덤에서 동물 미라를 전리품으로 가져오기 시작하면서 퀴비에의 이런 비판은 더 큰 힘을 발휘하기도 했다. 하지만 라마르크의 획득 형질 유전 이론은 20세기 초 독일 세포학자 바이스만(A. Weismann)의 생식 세포 유전 이론이 입증되기 전까지는 결코 사그라들지 않았다. 『종의 기원』에서 자연 선택을 강조한 다윈마저도 이 획득 형질 유전 이론을 완전히 버리지 못했을 정도였다.

이렇게 종이 진화한다는 개념은 다윈이 자연 선택에 의한 진화 개념을 제시했을 당시에 그렇게 새로운 것은 아니었다. 『종의 기원』의 첫 부분에서 이미 종의 변화 가능성을 주장했던 학자 서른세 명을 열거하고 있을 정도였다. 그렇다면 다윈의 독창성은 어디에 있었는가? 첫째로 그것은 진화의 과정이 어떻게 일어나는가에 대한 주요 기제(mechanism)로서 자연 선택을 내세웠다는 점이다. 그는 이 선택 과정을 통해 개체들 간의 차별적인 생존과 번식이 일어나며 그로 인해 생명이 진화한다고 생각했다. 그의 또 다른 중요한 기여는 생명이 마치 나뭇가지가 뻗어 나가듯 진화한다는 사실을 밝혀낸 데 있었다.

『종의 기원』에서 제시된 자연 선택론은 과학의 역사에서 가장 뛰어난 이론 중 하나이지만 동시에 초등학생도 충분히 이해할 수 있을 정도로 논리 구조가 단순하다. 다윈은 자연 선택을 다음과 같이 요약한다.

> 만일 어떤 개체들에게 유용한 변이가 실제로 발생한다면, 그로 인해 그 개체들은 생존 투쟁에서 살아남을 좋은 기회를 갖게 될 것임이 분명하다. 또한 대물림의 강력한 원리를 통해 그것들은 유사한 특징을 가진 자손들을 생산해 낼 것이다. 나는 이런 보존의 원리를 간략히 '자연 선택'이라고 불렀다.(『종의 기원』 4장)

이를 바탕으로 『종의 기원』의 긴 논증을 정리해 보면 다윈은 결국 아래의 네 가지를 자연 선택이 작용하는 조건으로 보고 있음을 알 수 있다.

(1) 모든 생명체는 실제로 살아남을 수 있는 것보다 더 많은 수의 자손을 낳는다.
(2) 같은 종에 속하는 개체라도 저마다 다른 형질을 가진다.
(3) 특정 형질을 가진 개체가 다른 개체들에 비해 환경에 더 적합하다.
(4) 그 형질 중 적어도 일부는 자손에게 전달된다.

이 조건이 만족되면 어떤 개체군(population) 내의 형질들의 빈도는 시간이 지나면서 변하게 될 것이고 상당한 시간이 지나면 새로운 종도 생겨난다. 이것이 바로 다윈이 제시한 자연 선택에 의한 진화의 핵심이다. 간단하지 않은가? 『종의 기원』을 읽은 동물학자 헉슬리(T.

H. Huxley)는 "이 쉬운 자연 선택을 생각해 내지 못했다니 이런 바보 같으니!"라는 일성을 내뱉었다고 한다.

여기서 한 가지 주의할 점이 있다. 흔히 진화와 자연 선택을 같은 것으로 생각하는데 이것은 오해이다. 그럼 이 둘이 어떻게 다른가? 자연 선택이 무엇인지에 대해서는 앞서 자세히 설명했으니 진화에 대해서 잠시 살펴보자. '진화(evolution)'라는 용어는 오늘날 더 이상 전문 용어가 아니다. 매스컴을 보라. "동물의 진화", "별의 진화"만 있는 게 아니다. "자동차가 진화한다", "휴대폰의 진화"라는 말도 단골 광고 카피가 된 지 오래다. 이때 '진화'의 뉘앙스는 중립적 뜻을 담고 있는 '변화(change)'보다는 점점 나아진다는 뜻이 담긴 '진보(progress)' 쪽에 더 가깝다.

하지만 적어도 생물학의 영역에서 '진화'는 어떤 개체군의 유전적 구성이 시간이 지나면서 변화하는 현상을 뜻한다. 가령 개체군의 유전적 구성이 너무 크게 변해 처음 개체군의 구성원과 이후 개체군이 구성원이 서로 교배도 되지 않는 상황이 벌어질 때 종 분화(speciation)가 일어났다고 말한다. 다윈에 의하면 우리가 보고 있는 생명의 다양성은 이런 종 분화 과정이 셀 수 없을 정도로 많이 일어나 차곡차곡 쌓인 결과이다. 그리고 다윈은 종 분화 과정이 마치 나무가 가지를 치듯 일어난다고 생각했다.

생명의 다양성과 정교함은 지식의 거인들에게도 하나의 퍼즐이었다. 다윈은 이 퍼즐을 제대로 푼 첫 번째 과학자였다. 앞서 말했듯이 그의 공헌은 다음의 두 가지로 정리할 수 있다. 하나는 자연 선택이 진화의 주요 메커니즘이라는 사실을 밝힌 점, 그리고 종의 진화를 생명의 나무로 이해했다는 점이다. 사실 '자연 선택'이 다윈의 트레이드마크처럼 되어 있어서 후자의 중요성이 상대적으로 덜 강조되곤 한다. 하지만 생명의 나무야말로 다윈의 혁명적 사상이 실감나게 느껴지는 부분이다. 진화 패턴에 대한 우리의 이해가 다윈에 의해 사다리 모형에서 나무 모형으로 변함으로써 우리는 동물원의 침팬지가 아무리 시간이 지나도 결코 인간이 될 수 없다는 사실을 명확히 이해하게 되었고 현시점에 최고로 잘 적응한 종이 호모사피엔스 사피엔스라고 했던 오만함에서 벗어날 수 있게 되었다. 생명의 나무에서 가지 끝에 있는 모든 종은 어쨌거나 자신의 서식지에서 잘 적응해 살고 있는 성공한 종인 것이다. 그리고 그 모든 화려한 종들의 어머니, 그 어머니의 어머니, 그 어머니의 어머니의 어머니로 계속해서 거슬러 올라가면 결국에는 하나의 공통 조상을 만난다는 사실. 이 얼마나 장엄한 세계관인가!

> 이 행성이 정해진 중력 법칙에 따라 계속 회전하는 동안, 그렇게 단순했던 시작이 이렇게 가장 아름답고 경이로운 무수한 형태의 생명으로 진화했고 진화하고 있다는 사실은 또 얼마나 장엄한가.(『종의 기원』 맨 마지막 문단)

『종의 기원』에 대한 독자들의 반응은 어땠을까? 1250부를 찍은 초판은 첫날 모두 매진되었고 1860년 1월에 3000부를 더 찍었을 정도로 가히 폭발적이었다. 하지만 학자들의 평가는 대중보다는 훨씬 더 조심스럽고 부정적이었다. 다윈은 독자들의 반응에 매우 민감했던 과학자 중 한 사람이다. 실제로 그는 3판부터 당대 학자들(특히 고

생물학자와 물리학자들)의 반응과 비판에 대응하기 위해 1~2판의 내용을 대폭 손질했다. 예컨대 2판에서는 책의 맨 마지막 문단에서 "창조자에 의해"라는 구절을 삽입하여 종교적 반감을 최소화하려 했다. 다윈은 1859~1872년까지 무려 다섯 번이나 판본을 바꿨다.

단어 사용과 관련해서도 흥미로운 변화가 있었다. 오늘날 대개 다윈의 진화론 하면 적자생존부터 떠올리는데 이는 당대의 철학자 스펜서(H. Spencer, 1820~1903)의 영향 때문이다. 다윈의 그의 영향으로 5판부터 '적자생존(survival of the fittest)'이라는 용어를 사용했다. 더 놀라운 사실은 '진화(evolution)'라는 용어 자체도 원래 다윈 것이 아니었다는 점이다. 그는 줄곧 '변화를 동반한 계승(descent with modification)'이라는 용어를 써 오다가 6판에 가서야 '진화'로 대체한다. 이 또한 스펜서의 입김이 작용한 결과였다. 스펜서는 『종의 기원』을 읽고 아마도 다윈과는 다른 꿈을 꿨나 보다. 그는 적자생존 개념을 인간 사회에 적용하여 사회 다윈주의(social Darwinism)라는 정치 이념을 창안해 냈다. 그리고 훗날 인종주의와 우생학의 원흉으로 몰리기도 한다.

20년간 생각을 숙성시키며 지식의 칼을 갈았던 다윈에게 『종의 기원』은 긴 휴가처럼 느껴질지도 모를 일이었다. 아마 어지간한 사람 같으면 "다 이루었다!"라며 여생을 편하게 즐기고 싶었을 것이다. 하지만 다윈은 1859년 이후에도 여생 동안 책을 무려 열 권이나 더 냈을 정도로 대단한 열정의 소유자였다. 이름도 모르는 병 때문에 집과 온천만을 오가는 은둔 생활을 했으면서도 말이다.

그중 여섯 권이 식물학에 관한 것이다. 『곤충에 의한 난초의 다양한 수정 전략』(1862), 『덩굴 식물의 운동과 습성』(1865), 『식충 식물』(1875), 『식물의 교배와 자가 수정의 효과』(1876), 『같은 종 식물의 꽃 형태 변이』(1877), 아들 프랜시스와 함께 쓴 『식물의 운동력』(1880)이 그것이다. 한편 다윈은 자신의 유전 이론을 발전시킨 『사육 동식물의 변이』(1868)도 출간했는데, 여기서도 여전히 획득 형질의 유전 메커니즘을 버리지 못했다.

『인간의 유래와 성 선택(*The Descent of Man and Selection in Relation to Sex*)』(1871)은 『종의 기원』 이후의 최대 걸작이라 불릴 만하다. 크게 두 가지 이유가 있는데, 하나는 이 책이 인류의 진화 문제를 본격적으로 다뤘다는 점이고, 다른 하나는 성 선택(sexual selection)에 대한 흥미로운 주장이 들어 있다는 점이다. 인류의 진화에 대해서 그는 인류가 현존하는 영장류에서 진화한 것이 아니라 과거의 영장류 조상으로부터 진화했다는 사실을 밝혔고, 성 선택 부분에서는 짝짓기를 위한 경쟁이 생존을 위한 경쟁만큼이나 진화에 중요하다는 점을 설명했다. 아무리 생존 경쟁의 최고수라 해도 짝짓기를 하지 못하면 진화의 측면에서는 실패일 수밖에 없다. 자손을 남기지 못하니까 말이다. 다윈은 성 선택에 의한 짝짓기 과정이 인류의 진화를 추동하는 강력한 힘이었다고 말한다.

또 한 권의 역작은 『인간과 동물의 감정 표현(*The Expression of Emotions in Man and Animals*)』(1872)이다. 다윈의 후예들은 이 세 권을 묶어 다윈의 삼부작이라 부르기도 한다. 이 책에서 다윈은 동물의 감정 표현이 어떻게 진화했는지를 면밀히 검토한다. 그래서 침팬지와 인간의 웃음, 찡그림, 화냄, 분노 등과 같은 감정 표현이 어떻게 서로 닮았고 다른지를 상세히 비교하기도 했다.

『지렁이의 작용에 의한 식생 토양 형성』(1881)은 다윈의 마지막 저작이다. 말년에 거대하고 폼 나는 주제를 골라 대미를 장식하려는 여느 천재들과 다윈을 비교해 보라. '지렁이'라니! 더 우아한 동물도 많았을 텐데 말이다. 하지만 다윈의 다음과 같은 고백을 들어 보면 왜 마지막 저작의 주제가 지렁이인지를 어렴풋이 짐작할 수 있을 것 같다. "관찰과 실험을 포기할 수밖에 없는 날이 바로 내 장례식이 될 것이다."

3 『종의 기원』그 이후 — 쇠퇴와 부활

하지만 자연 선택 개념은 다윈의 독창적인 생각이었던 만큼 비판도 많았다. 자연 선택이란 개체가 자신이 가진 변이 때문에 다른 개체들에 비해 생존과 번식에 더 유리해져 다음 세대에 더 많은 자손을 남기는 과정이다. 하지만 비판자들은 무작위적인 변이에 작용하는 자연 선택 메커니즘만으로는 기막히게 적응한 생물 종의 사례들을 잘 설명할 수 없다고 불평했다.

이러한 비판의 포문은 라마르크주의자들이 먼저 열었다. 사실 『종의 기원』을 읽다 보면 다윈마저도 이를 상당 부분 받아들이고 있어 놀랄 때가 있는데, 이런 경향은 『종의 기원』이 판을 거듭할수록 더욱 심해졌다. 20세기 초 바이스만이 여러 세대에 걸쳐 쥐의 꼬리를 잘랐지만 다음 세대 쥐의 꼬리가 짧아지지 않았다(즉 후천적으로 변형된 형질은 유전되지 않는다)는 것을 보이기 전까지, 획득 형질의 유전과 자연 선택은 '적과의 동침'까지는 아니어도 '불안한 동거'를 이루고 있었다.

'정향(定向)진화설'도 자연 선택의 앞길을 가로막았다. 정향진화설은 생명이 내재적으로 더 완벽해지려는 쪽으로 변화하는 성향을 갖는다는 가설이다. 라마르크주의가 생명이 필요에 따라 유리한 형질을 쟁취해 진화를 이룬다는 시각이라면 정향진화설은 우수한 종을 향해 진화의 방향이 정해져 있다는 뜻이다. 이 모든 비판은 자연 선택의 창조적 힘을 믿지 못한 결과였다.

게다가 다윈은 유전 현상에 대해 입증되지 않은 '범생설'과 '혼합유전설'을 믿고 있었다. 범생설이란 몸 속 세포들이 '제뮬'이라는 작은 입자를 만들어 유전 가능한 형질을 자손에게 전달한다는 것이고, 혼합유전설이란 유전 물질이 액체처럼 서로 섞여 전달된다는 것이다. 하지만 이런 견해를 따르면 시간이 지날수록 개체들 사이의 차이가 줄어들어 결국 종 분화가 불가능해지기 때문에 다윈으로서도 심각한 문제였다. 가령 흰 물감과 검은 물감을 섞으면 회색만 나올 뿐 회색끼리 섞어서 흰색과 검은색이 나올 수 없는 것과 같다.

사태가 이 지경이 되자 다윈은 1880년에 과학 전문지《네이처》의 편집장에게 격앙된 어조로 다음과 같이 편지를 보낸다. "나는 진화가 자연 선택에만 의존한다는 주장을 결코 한 적이 없소이다." 안쓰러운 광경이다. 영국의 진화론 역사가인 피터 보울러는 19세기 후반에서 20세기 전반까지를 '다윈주의의 쇠퇴기'라고까지 부른다. 때마침 적자생존 개념을 인간 사회에 적용해 빈민들을 냉혹하게 몰아붙였던 스펜서의 사회 다윈주의는 다윈의 원래 이론마저도 곤경에 빠뜨렸다.

그러나 추락하는 다윈을 구원한 이는 오히려 그를 궁지에 몰아넣은 유전학 분야에서 나왔다. 유전학의 아버지 그레고어 멘델(G. Mendel, 1822~1884). 그의 역사적인 논문 「식물 교잡에 관한 실험」은 1866년에 발표되었지만 1900년 유전학자 휴고 드 브리스에 의해 재발견될 때까지는 존재감이 없었다. 그 유명한 멘델의 완두 실험이 세상의 빛을 본 후, 다윈이 쩔쩔맸던 유전 문제도 돌파구를 찾았다. 멘델은 입자처럼 서로 섞이지 않는 유전 물질이 다음 세대에 독립적으로 유전된다고 생각했다. 하지만 그의 이론은 곧 완두의 껍질처럼 명확히 구별되는 불연속적 형질에만 적용된다고 비판받는다. 이에 현대 통계학의 아버지로 불리는 로널드 피셔는 1918년 사람의 키와 같은 연속적인 변이들도 멘델의 유전 이론으로 설명할 수 있음을 통계적으로 보였다. 영국의 유전학자 J. B. S. 홀데인은 후추나방 색깔의 진화를 관찰함으로써 피셔의 예측 모형을 경험적으로도 입증했다. 이로써 수많은 연속적 변이들에 작용하는 자연 선택의 힘이 검증되었고, 개체군의 유전자 빈도 변화에 초점을 맞춘 진화론이 탄생했다. '다윈 부활 프로젝트'는 성공적이었다.

부활한 다윈은 러시아 출신의 테오도시우스 도브잔스키와 독일 출신의 에른스트 마이어 등에 의해 새 힘을 얻었다. 고생물학자 조지 게이로드 심슨과 식물학자 레드야드 스테빈즈는 각각 화석 연구와 식물 연구를 통해 획득 형질 유전설, 정향진화설, 도약설보다 자연 선택 이론을 더 강력히 지지한다고 천명했다. 급기야 1942년 영국의 생물학자 줄리언 헉슬리('다윈의 불도그'를 자처했던 토머스 헉슬리의 손자이며 『멋진 신세계』 작가 올더스 헉슬리의 동생)는 『진화: 근대적 종합』이라는 책을 통해 당시의 훈훈한 분위기를 전했다.

되돌아보면 '종합'이라는 표현은 좀 민망하다. 샴페인을 너무 일찍 터뜨린 것이기 때문이다. 제임스 왓슨과 프랜시스 크릭이 DNA의 이중 나선 구조를 발견한 것이 1953년 아니던가? 우리는 그 이후에야 유전자의 실체를 바로 알기 시작했다.

이제는 고전의 반열에 오른 리처드 도킨스(R. Dawkins)의 『이기적 유전자』도 따지고 보면 다윈과 왓슨 사이에서 태어난 하이브리드다. 좀 더 정확히 말하면 도킨스는 분자생물학의 세례를 받아 「사회적 행동의 유전적 진화」(1964)라는 논문에서 이타성의 진화를 설명한 윌리엄 해밀턴의 견해를 창조적으로 재구성한 커뮤니케이터였다. 도킨스는 이타적으로 보이는 동물의 협동 행동이 유전자의 눈높이에서는 이기적일 수 있음을 극적으로 보여 주었고, 우리 인간도 결국 '유전자의 운반자'라는 점을 강조하며 다윈의 생명관을 도발적으로 각색했다. 도킨스의 이기적 유전자 이론에서 가장 중요한 행위자는 유기체가 아니라 유전자다.

비슷한 시기에 출간된 하버드 대학 에드워드 윌슨의 『사회생물학』(1975)은 동물행동학 연구의 패러다임을 바꿔 놓았다. 실제로 윌슨의 후예들인 행동 생태 연구자들은 개체들끼리 얼마나 유전적으로 가깝고 먼지를 밝혀 주는 DNA 분석을 비롯한 온갖 유전학적 기법을 적극 활용한다. 유전체 염기 서열을 해독할 수 있는 기술이 발달하면서 형태만 보고 생물 종을 분류했던 과거의 분류학에도 큰 변화가 생겼다.

발생학에도 엄청난 변화가 일어났다. 사실 '근대적 종합'이나 '신다윈주의'로 불리는 1940년대 진화론의 발전은 반쪽짜리다. 이때만 해도 발생학은 막 등장한 유전학의 막강한 위세에 밀려 통합의 언저리에도 끼지 못했다. 신다윈주의자들은 하나의 수정체가 어떻게 성체로 발생하는지, 그리고 그런 발생 메커니즘 자체가 어떻게 진화해 왔는지는 관심이 없었다. 오직 성체에 작용하는 자연 선택에만 관심을 기울였다.

　　수정된 세포가 하나의 생명체가 되는 발생 메커니즘이야말로 변이를 만들어 내는 핵심인데도 오히려 블랙박스처럼 취급되었다. 발생을 조절하는 유전자들의 정체가 속속 밝혀지기 시작한 1980년대에 들어서서야 변화의 바람이 일어났다. 드디어 발생이라는 블랙박스가 열리기 시작한 것이다.

　　예컨대 분자유전학의 발전으로 초파리의 체절 형성을 조절하는 혹스 유전자들이 발견되더니, 그 유전자들이 포유류의 척추와 골격 형성에도 똑같이 관여한다는 사실이 밝혀졌다. 즉 같은 유전자가 아주 동떨어진 종에서도 동일한 기능을 하고 있다는 것이다. 이런 연구들은 발생과 진화의 만남의 장소가 되었고 연구자들은 여기에 '이보디보(진화발생학, evolutionary development의 애칭)'라는 예쁜 이름을 붙여 주었다. 이보디보에 의하면 생물 종의 다양성은 레고 블록(혹스 유전자)을 다른 방식으로 쌓음으로써 생겨난다. 이보디보로 인해 진화에 대한 이해도 깊어져, 이젠 유전자 빈도뿐만 아니라 발현 방식도 활발히 연구되고 있다.

　　하지만 자연 선택론의 이런 역동적인 발전은 생물학계 내부의 치열한 논쟁을 통해 진행되어 왔다고 해야 할 것이다. 지난 150여 년 동안 유전학, 분자생물학, 분류학, 생태학, 그리고 발생학 등이 진화생물학과 함께 발전하면서 진화의 본성에 대한 견해도 수정에 수정을 거듭했다. 치열한 논쟁과 이론의 수정은, 통념과는 달리, 좋은 과학의 징표이다.

4　『종의 기원』의 철학적 함의

다윈의 진화론은 코페르니쿠스의 혁명 이상으로 인간과 자연에 대한 인류의 생각에 엄청난 변화를 몰고 왔다. 첫째, 인간이 생명의 최고 위치를 점하고 있으며 다른 동물과는 본질적으로 다르다는 인간 중심주의를 배격했다. 둘째, 놀라운 적응으로 가득 찬 자연 세계의 존재를 통해 신의 존재를 증명하려던 자연신학(natural theology) 전통을 비판했다. 셋째, 자연 세계가 정확하게 구획되어 있고 각 구획마다 고유한 본질을 가지고 있다는 본질주의(essentialism)를 거부했다.

천동설에서 지동설로의 변화는 인간 중심주의를 탈피하기 위한 시작에 불과했다. 왜냐하면 지동설에서도 인간은 여전히 지구의 중심에 우뚝 서 있는 존재이기 때문이다. 이런 생각은 아리스토텔레스까지 거슬러 올라간다. 그는 무생물로부터 식물과 동물, 그리고 인간과 천사들에 이르는 '존재의 대사슬'을 일직선상에 놓고 인간을 자연 세계의 최고 정점에 올려놓았다.

하지만 한두 종의 원시 생명에서부터 지구 위의 모든 생명이 가지를 치듯 분기되어 왔다고 보는 다윈의 진화론이 나오면서 자연 세계에서 인간은 더 이상 최고의 자리에 놓일 수 없게 되었다. 예컨대 인간과 침팬지는 대략 600만 년 전 쯤에 공통 조상에서 분기되어 독자적으로 진화해 온 사촌 관계이다. 따라서 동물원에 있는 침팬지가 아무리 진화를 거듭한다 해도 인간 종이 될 수는 없다. 이것이야말로 생명의 나무(tree of life) 모형이 던져 준 혁명적인 발상 전환이다. 다윈은 자신의 이론이 인간의 지위에 대한 전통적인 견해와 함께 갈 수 없음을 분명히 알고 있었다. 하지만 반발을 두려워한 나머지 인간의 진화에 대해서는 의도적으로 말을 아꼈다. 그가 『종의 기원』을 출간한 지 10년도 더 지난 뒤에야 인간의 진화를 본격적으로 다룬 『인간의 유래와 성 선택』을 내놓은 데에는 그런 속사정도 있었다.

빅토리아 시대의 영국 사회에서 원숭이와 인간이 공통 조상에서 갈라져 나온 사촌지간이라는 생각은 매우 거북살스러운 것이었으리라. 인간의 지위를 두고 옥스퍼드의 주교 윌버포스(S. Wilberforce)와 토머스 헉슬리가 벌인 논쟁(1860)은 매우 유명하다. 윌버포스는 연설 도중에 헉슬리를 바라보며 "당신이 원숭이의 자손이라고 주장한다면 그 조상은 할아버지 쪽에서 왔는가 아니면 할머니 쪽에서 왔는가?"라고 물었다. 이에 헉슬리는 "중요한 과학 토론을 단지 웃음거리로 만드는 데 자신의 재능을 사용하려는 그런 인간보다는 차라리 원숭이를 할아버지로 삼겠다."라고 되받아쳤다. 다윈의 관점에 대한 사람들의 대체적인 반응은 다음과 같은 말 속에 잘 표현되어 있다. "세상에, 인간이 원숭이의 자손이라니! 이것이 사실이 아니길, 하지만 만일 사실이라면 널리 알려지지 않기를."

다윈의 진화론이 세계관에 미친 두 번째 충격은, 정교하게 적응되어 있는 자연 세계를 설명하기 위해 더 이상 지적인 신(intelligent god)을 상정하지 않아도 된다는 점이었다. 다음과 같은 상황을 상상해 보자. 부시맨이 사막을 지나다가 우연히 낯선 물건을 하나 발견한다. 마을에 돌아온 그는 조심스럽게 들고 온 그 물건을 추장에게 보여 주었다. 원로들의 비밀회의가 급히 소집되었고 몇 시간이 흐른 후 추장은 초조하게 결과를 기다리던 이들에게 그것이 암탉처럼 때를 알려 주는 장치일 뿐 위험한 물건이 아니라고 공표한다. 모두들 환호성을 지르는 순간, 어디선가 들려오는 목소리. "그러면 누가 그것을 만들어 우리에게 보냈을까요?" 아마도 또 한 번의 심각한 비밀회의가 열렸을 것이다. 과연 어떤 결론이 나왔을까? 정말로 영화 「부시맨」에서나 나올 법한 가상 사건이긴 하지만, 정교하고 복잡한 기능으로 무장된 생명의 세계를 보고 있노라면 우리도 곧 부시맨이 된다. "도대체 이렇게 복잡한 기능들이 어떻게 해서 생겨났을까?"

　적어도 서양에서는 거의 2세기 전쯤에 이런 물음에 대한 세련된 대답이 마련되었다. 페일리는 『자연 신학』이라는 책에서, 인간의 눈과 같은 복잡한 기관들이 자연적인 과정으로는 만들어질 수 없기 때문에 지적인 설계자(intelligent designer)에 의해 창조될 수밖에 없다고 논증하였다. 그는 생명의 복잡성과 자연의 질서 등을 들어 신의 존재를 증명해 보이려고 노력했다. 이런 식의 사고는 마치 놀라운(?) 기능을 하는 시계를 처음 보고 그것의 창조자를 떠올리는 부시맨의 추리와 유사하다. 즉 복잡한 기능을 가진 어떤 것이 존재한다면 그것은 틀림없이 어떤 설계자에 의해서 만들어졌을 것이라는 논리이다. 그래서 사람들은 이런 추론을 '설계로부터의 논증(an argument from design)' 혹은 '설계 논증'이라고 부른다.

진화학자 도킨스는 바로 그 추리가 오류임을 더 명확히 밝히기 위해『눈먼 시계공』이라는 책을 썼다. 그의 주장은 생물계의 복잡한 기능들이 자연 선택을 통해 진화할 수 있기 때문에 지적인 설계자가 필요하지 않다는 것이다. 도킨스에 의하면 1859년에『종의 기원』을 출간했던 다윈이야말로 페일리식의 설계 논증을 혁파한 최초의 인물이며 자신은 다윈의 발자취를 따라 자연 선택의 창조적인 과정을 현대적인 관점에서 쉽게 설명해 준 해설가일 뿐이다. 그는 과학과 신앙 사이에서 괴로워했던 다윈보다 한 발 더 나아가 다음과 같은 용감한 결론을 내린다. "우리는 다윈으로 인해 지적으로 충실한 무신론자가 되었다."

자연 선택이 도대체 무엇이기에 창조자로서의 신의 자리마저 대신할 수 있단 말인가? 도킨스는 자연 선택을 시계공에 비유한다. 여기까지는 페일리와 똑같다. 하지만 그 시계공이 장님이란다. 즉 생물의 진화 과정은 시계공이 설계도에 따라 부품들을 조립하듯 진행되지 않고 오히려 설계도도 볼 수 없는 장님이 손을 더듬으며 부속을 이리저리 끼워 맞추는 식으로 진행된다는 것이다. 도킨스에 따르면, 자연 선택의 결과인 생명체들을 보면 마치 숙련된 시계공이 있어서 그가 설계하고 고안한 것 같은 인상을 주나, 그것은 어디까지나 인상일 뿐 실제의 자연 선택은 앞을 내다보지도 못하고 절차를 계획하지도 않으며 목적을 드러내지도 않는 그런 과정이다.

마지막으로, 다윈의 진화론이 플라톤 이후로 존재론의 왕좌를 지켜 온 본질주의적 형이상학에 어떤 도전이 되었는지를 생각해 보자. 본질주의란 간단히 말해 자연 세계가 어떤 구분된 본질들로 정확하게 구획되어 있다는 견해이다. 예컨대 금과 구리가 각각의 고유한 본질적 속성들에 의해서 뚜렷하게 구분되듯이 자연 세계의 모든 것이 각각의 유형(type)으로 구분된다는 생각이다. 이런 생각은 모든 생명체를 이데아의 세계에 존재하는 완벽한 형상의 불완전한 모방쯤으로 본 플라톤부터 종(種)이 신에 의해 각 종류대로 창조되었다고 믿는 기독교에 이르기까지 그 역사가 매우 깊다.

하지만 다윈의 진화론은 이런 본질주의적 세계관을 거부한다. 이유는 분명하다. 변이들(variations)은 다윈의 자연 선택이 작동하기 위해 반드시 필요한 요소인데, 다윈은 자연이 개체군 내의 이런 변이들을 선택적으로 보존함으로써 종 분화가 일어난다고 주장하기 때문이다. 즉 개체군 내의 구성원들이 서로 이질적이어야 생명의 진화가 가능하다는 논리이다. 진화생물학자인 마이어는 이런 의미에서 다윈의 진화론으로 인해 해묵은 본질주의가 '개체군 사상(population thinking)'이라는 비본질주의적 견해로 대체되었다고 주장한다. 이렇게 개체군 사상은 인간과 동물의 연속성 주장과 더불어 다윈 당대 및 이후의 존재론 혹은 세계관에 지대한 영향을 끼쳤다. 이 사상은 종의 불변성을 믿는 기독교적 전통과 종의 이상형(ideal type)을 상정하는 플라톤적 전통 둘 다에 잘 어울리지 않는 개념이다. 다윈 혁명은 이렇게 인간과 동물의 경계를 흐려 놓았다.

『종의 기원』의 지성사적 의의

참고 문헌

(1) 다윈의 주요 저작

Darwin, C., *On the Origin of Species*(Murray, 1859).

―――, *Descent of Man and Its Relations to Sex*(Murray, 1871).

―――, *The Expression of the Emotions in Man and Animals*(Murray, 1872).

Ruse, M. and R. J. Richards eds., *The Cambridge Companion to the "Origin of Species"*(Cambridge University Press, 2009).

(2) 다윈의 생애와 업적

데이비드 콰먼, 이한음 옮김,『신중한 다윈씨』(승산, 2008).

에이드리언 데스먼드·제임스 무어, 김명주 옮김, 『다윈 평전』(뿌리와이파리, 2009).

장대익,『다윈 & 페일리: 진화론도 진화한다』(김영사, 2006).

재닛 브라운, 임종기 옮김,『찰스 다윈 평전 1』(김영사, 2010).

―――, 이경아 옮김,『찰스 다윈 평전 2』(김영사, 2010).

―――, 이한음 옮김,『종의 기원 이펙트』(세종서적, 2012).

칼 짐머, 이창희 옮김,『진화』(세종서적, 2004).

(3) 진화론의 역사와 철학

리처드 도킨스, 이용철 옮김,『눈먼 시계공』(사이언스북스, 2004).

마이클 루스, 류운 옮김,『진화의 탄생』(바다출판사, 2010).

마이클 셔머, 류운 옮김,『왜 다윈이 중요한가』(바다출판사, 2008).

션 캐럴, 김명주 옮김,『한 치의 의심도 없는 진화 이야기』(지호, 2008).

스티븐 제이 굴드, 홍욱희·홍동선 옮김, 『다윈 이후』(사이언스북스, 2009).

장대익,『다윈의 정원』(바다출판사, 2017).

제리 코인, 김명남 옮김, 『지울 수 없는 흔적』(을유문화사, 2011).

Dennett, D., *Darwin's Dangerous Idea: Evolution and the Meanings of Life*(Touchstone, 1995).

Mayr, E., *The Growth of Biological Thought: Diversity, Evolution, and Inheritance*(Harvard University Press, 1982).

장대익 한국과학기술원(KAIST) 기계공학과를 졸업하고 서울대학교 과학사 및 과학 철학 협동 과정에서 석사와 박사 학위(생물철학 및 진화학)를 받았다. 미국 터프츠 대학 인지연구소 연구원, 서울대학교 과학문화센터 연구교수, 동덕여자대학교 교양교 직학부 교수를 거쳐 현재 서울대학교 자유전공학부 교수로 재직하면서 문화 및 사회 성의 진화에 대해 연구하고 있다. 저서로 『다윈의 식탁』, 『다윈의 서재』, 『다윈의 정원』, 『울트라 소셜』 등이 있고 역서로 에드워드 윌슨의 『통섭』(공역) 등이 있다. 제11회 대한민국과학문화상을 수상했다.

35

패러다임과 과학의 발전

토머스 쿤의 『과학혁명의 구조』 읽기

홍성욱 (서울대학교 생명과학부 교수)

토머스 새뮤얼 쿤(Thomas Samuel Kuhn, 1922~1996)

미국 신시내티에서 태어나 하버드 대학에서 물리학을 공부했다. 같은 대학에서 주니어 펠로, 교양 과정 및 과학사 조교수로 재직하면서 과학사를 중심으로 철학, 언어학, 사회학, 심리학 등 인접 인 문·사회과학 분야까지 폭넓게 연구하고 토론했다. 1956년 UC버클리로 자리를 옮겨 과학사 과정 을 개설했고, 1962년 과학사를 '패러다임'의 교체에 의한 혁명적 과정으로 이해한 『과학혁명의 구 조』를 발표하여 과학철학뿐 아니라 자연과학, 사회과학 전반에 지적 파장을 일으켰다. 이후 프린 스턴 대학 과학사 및 과학철학 교수, MIT 언어학-철학과 교수로 재직했고 1996년 암으로 사망했 다. 『과학혁명의 구조』 외에 『코페르니쿠스 혁명』, 『흑체 이론과 양자 불연속』, 논문집 『본질적 긴 장』과 『구조 이후의 길』 등의 저서를 남겼다.

쿤의『과학혁명의 구조』는 20세기에 출판된 학술서 중에서 가장 영향력이 크고, 가장 널리 읽히고, 가장 많이 인용된 책이다. 구글 인용 지수를 기준으로 이 책은 현재 9만 7600회가 넘게 인용되었다. 푸코의『감시와 처벌』이 6만 7000회, 쿤과 같은 학문 분야에 속하는 포퍼의 대표 저서『추측과 논박』이 1만 7600여 회, 과학기술학(Science and Technology Studies, STS) 분야의 세계적인 학자 브뤼노 라투르의 저서 중 가장 널리 읽힌『우리는 결코 근대인이었던 적이 없다』가 1만 4000회 정도 인용된 것을 보면,『과학혁명의 구조』의 영향력을 짐작할 수 있다. 이 책은 과학사나 과학철학이라는 작은 학문 분야를 넘어서 인문사회과학과 자연과학 전반에 심원한 영향을 미쳤으며, 쿤이 발굴한 패러다임(paradigm)이란 개념은 이제 일상 용어가 되었다. 도대체『과학혁명의 구조』가 무슨 주장을 담고 있기에 이렇게 학문의 울타리를 넘어서 거의 모든 분야에 영향을 미칠 수 있었을까?

1   쿤의 생애와 초기 과학사 연구

『과학혁명의 구조』의 저자인 토머스 쿤은 1922년 미국 오하이오주의 신시내티에서 태어났다. 쿤의 아버지는 MIT와 하버드의 협동 프로그램에서 수력공학을 전공하고 1차 대전에 공병으로 참전한 엔지니어였다. 그는 전쟁이 끝난 뒤 신시내티로 돌아와서 부모를 부양하면서 결혼해 쿤을 낳았다. 쿤은 아버지를 나중에 자신의 멘토가 되었던 "제임스 코넌트(James Conant) 다음으로 세상에서 가장 똑똑했던 사람"이라고 치켜세울 정도로 존경했다. 쿤이 여섯 살이 되자 그의 부모는 뉴욕으로 거주지를 옮겼으며, 학생의 독립심을 키우는 데 주력하던 '혁신 학교(Progressive school)'에 아들을 입학시켰다. 두 곳의 혁신 학교를 다닌 뒤에 쿤은 대학 입학을 준비하는 고등학교에 진학했고 1940년에는 하버드 대학에 입학했다. 당시 쿤은 물리와 수학 중 어느 것을 전공할지 고민했는데, 결국은 아버지의 조언에 따라 이론 물리학을 전공으로 선택했다.

쿤의 대학 시절과 관련해서는 두어 가지 흥미로운 일화가 전한다. 1학년 물리학 수업에서 시험을 잘 치르지 못해 C 학점을 받은 쿤은 교수를 찾아가서 이 학점을 가지고도 유명한 물리학자가 된 사람이 있는지 물었다고 한다. 교수는 답변을 피한 채로 쿤을 격려했고, 이에 용기를 얻은 쿤은 문제(problems) 풀이의 기법을 점점 더 연마해서 다음 학기에는 평점을 A-로, 그다음 학기부터는 A로 올렸다는 것이다. 이때 쿤은 과학자들이 문제를 풀면서 패러다임을 체화한다는 것을 어렴풋이 경험했다고 볼 수 있다. 쿤은 또 철학사 수업을 들으면서 칸트의 지식의 전제 조건들에 매료되었던 반면 역사에는 별반 흥미를 느끼지 못했다. 그는 역사 과목을 단 하나 수강했는데, 이에 어떤 매력도 느끼지 못했다고 회고한 적이 있다. 물리학을 전공하던 쿤은 2학년부터 하버드 대학의 학생 잡지 《크림슨(Crimson)》의 편집에 참여했으며, 3학년 때에는 편집장을 맡았다. 《크림슨》에서의 활동은 이후 쿤의 생애에 큰 전기를 가져오게 된다.

그가 입학한 1940년부터 하버드 대학은 제2차 세계 대전을 위한 전시 동원 체제에 편입되었고, 1941년 이후에는 과학자들이 대대적으로 전쟁 관련 연구에 투입되었다. 하버드 대학 물리학과는 전통적인 물리학 과목 대신에 전자공학 과목을 개설하기 시작했으며, 쿤은 대부분 전자공학 과목들을 수강한 뒤에 입학 3년 만인 1943년에 학사 학위를 받았다. 학위를 받자마자 하버드의 라디오 연구소(Radio Research Laboratory)에서 레이더 방해 전파 연구에 투입되었는데, 그에게 주어진 일은 레이더의 표준 공식들을 보완하는 이론적인 작업이었다. 쿤은 이 공식들이 어떻게 유도되었는지도 모른 채로 공식을 정교화하는 작업에 몰두했는데, 이 경험은 그가 나중에 '정상과학(normal science)'이라고 부르는 과학 활동의 특성을 착안하는 한 계기가 되었다. 1944년에 영국으로 파견된 그는 몇 개월 동안 폭격기의 효율을 연구하는 그룹에서 일을 했으며, 독일의 레이더 설비를 파악하기 위해서 프랑스 전쟁터에 파견되기도 했다.

쿤은 종전 직전에 미국으로 돌아와서 하버드의 물리학과 대학원에서 다시 수업을 듣기 시작했다. 이 무렵에 그는 물리학을 직업으로 삼을 것인가에 대해서 점차 회의를 느끼고 있었다. 결국 학과의 허락을 받아 학점의 절반을 철학 과목으로 대체하기도 했지만, 강의 위주의 철학 수업에도 큰 매력을 느끼지 못했다. 진로와 자신의 적성에 대해서 고민하던 쿤은 일단 물리학으로 박사 학위를 받기로 결정하고, 이론물리학(고체물리학)에 대한 논문을 써서 1949년에 박사 학위를 받았다.

그러나 박사 학위를 받기 1년 전인 1948년에 그의 진로는 이미 바뀌어 있었다. 쿤은 1948년에 당시 하버드 대학 총장이었던 코넌트의 요청에 따라 하버드 대학의 교양 교과 중 하나인 '자연과학

패러다임과 과학의 발전

4(Natural Sciences 4)'를 위한 교재 편찬을 시작했다. 쿤이 1945년 《크림슨》에 낸 하버드 교양 교육 보고서에 대한 논평을 주목한 코넌트가 쿤을 자신의 조교로 지목한 것이었다. 2차 대전 중에 미국 국방연구위원회의 의장을 지낸 코넌트는 전후 하버드의 교육 개혁을 주도했는데, 개혁의 핵심은 인문학·사회학·경영학과 같은 비(非)자연과학 전공 대학생에게 자연과학의 '전략과 전술' 즉 과학의 핵심 방법론을 가르치는 것이었다. 원폭 개발 이후 미국의 미래가 이 교육에 달려 있다고 믿었던 코넌트는 과학사 중심의 교재를 편집하려 했고, 특히 화학을 전공한 자신이 제대로 다루기 힘든 물리학을 쿤이 맡아 주길 원했다. 쿤은 뉴턴의 역학이 과학을 모르는 대학생들에게 너무 어렵다고 판단하고 갈릴레오에 초점을 맞추었다. 그는 갈릴레오와 갈릴레오 이전의 아리스토텔레스의 물리학의 차이를 분석하기 위해 아리스토텔레스의 『물리학』을 읽기 시작했으며, 거의 같은 시기에 지성사학자 쿠아레(Alexandre Koyré)의 『갈릴레오 연구(*Études galiléennes*)』를 탐독했다.

『과학혁명의 구조』 서문에는 바로 이 시기에 쿤이 한 가지 문제를 골똘히 생각하다가 '계시'와도 같은 통찰력을 얻은 경험이 생생하게 기술되어 있다. 간단히 말해 쿤을 당혹스럽게 했던 문제는, 윤리학이나 정치철학 같은 분야에서는 지금 관점으로 보아도 꽤나 합리적인 설명을 제시했던 아리스토텔레스가 물리학, 특히 물체의 운동에 대해서는 너무나도 '멍청해 보이는' 설명에 만족했다는 것이었다. 물체의 운동 속도가 물체의 무게나 힘에 비례한다는 아리스토텔레스의 운동 이론은 갈릴레오와 뉴턴에 의해서 완성된 고전물리학을 배운 사람에게는 이해하기 힘든 것이었다. 그렇지만 쿤은 아리스토텔레스의 운동 이론을 '이해 가능한 것으로 만드는(make sense)' 방법이 있을 것이라고 생각했으며, 이 문제를 놓고 고민을 하던 중에 섬광과도 같은 깨달음을 얻게 되었다. 그것은 아리스토텔레스의 운동 개념은 물체의 거리 이동만이 아닌 물체의 상태의 일반적 변화를 의미했고, 따라서 이것은 운동 자체를 물체의 상태로 간주한 갈릴레오의 근대적 운동 개념과 질적으로 다르다는 것이었다. 운동 개념을 당시의 맥락에서 파악하고 나니 아리스토텔레스의 물리학과 17세기 갈릴레오의 물리학 사이에는 진화적 발전이나 오류의 교정이 아니라 '게슈탈트 전환(gestalt switch)'이나 개념적 틀의 변혁이 존재했음을 인식할 수 있었다. 1948년 여름에 쿤을 찾아온 깨달음은 과학의 발전이란 누적적으로 이해할 수 없는 것임을 강하게 시사했다. 이 무렵에 쿤은 러셀(Bertrand Russell), 프랭크(Philip Frank), 브리지먼(P. W. Bridgman) 등의 저술을 읽으면서 과학 방법론 일반에 대한 생각을 발전시키고 있었는데, 점차 과학의 역사에 대한 통찰을 통해서 과학에 대한 철학적 인식에 기여할 수 있음을 깨닫게 되었다.

역사학의 방법론에서 볼 때, 1948년 쿤의 경험은 텍스트가 해석을 필요로 한다는 것을 의미했다. 쿤에게 과거의 텍스트는 쉽게 이해될 수 있는 것이 아니라 근본적으로 이해하기 힘든 것이었으며, 이를 이해 가능한 방식으로 해석하던 쿤은 점점 더 과거의 텍스트와 현재의 지식 사이에 '번역불가능성(untranslatability)'이 존재함에 주목하게 되었다. '번역'이 안 되는 텍스트를 이해하기 위해서 과학사학자들은 과거의 과학자들이 사용했던 개념과 용어를 습득해야 했는데, 이러한 개념과 용어는 텍스트를 처음 접한 역사학자가 한 번 훑어봄으로써 단숨에 습득할 수 있는 것이 아니었다. 이를 이해 가능한 것으로 만들려면, "텍스트에서 잘 맞지 않는 것들을 찾아내고, 이에 대해서 깊게 고민하고, 그러다가 순간적으로 그것을 꿰어 맞출 수 있는 방법을 찾아내는 식으로" 텍스트를 읽어야 했다. 쿤은 이렇게 텍스트상의 기묘한 점들(textual oddities)을 찾아서 이해 가능하게 해석해 내는 방법이 대륙철학에서의 '해석학(hermeneutics)'의 방법과 유사하다고 회고했다.

1948년부터 1962년까지는 쿤이 역사학자로서 입지를 서서히 굳히면서 과학에 대한 철학적 입장을 정리하던 시기였다. 당시 쿤의 연구는 주로 철학이 아닌 역사에 집중되었지만, 그 이유는 그가 역사를 충분히 알고 난 다음에, 즉 충분히 '성숙한' 다음에 철학적인 주장을 펴야 한다고 생각했기 때문이었다. 1948년 가을 쿤은 코넌트의 추천으로 하버드 대학 펠로 협회(Society of Fellows)의 주니어 펠로(Junior Fellow)로 임명되었으며, 여기서 받는 지원금 덕분에 다른 직장에 들어가지 않고 3년간 독서와 연구를 계속할 수 있었다. 이 시기 동안 쿤은 17세기 청교도주의와 실험과학에 대한 로버트 머튼의 논문을 읽고, 장 피아제의 발달심리학을 공부했으며, 협회의 시니어 펠로였던 콰인(W. Quine)의 유명한 논문 「경험주의의 두 가지 도그마」(1951)를 읽었다. 그는 또 역사학자 버터필드(Herbert Butterfield)와 쿠아레의 저술들을 읽으면서, 과거의 과학적 사건을 현재의 관심이 아니라 그 자체의 맥락 속에서 이해해야 하고, 과학의 발전이 급격한 변혁으로 특징지어진다는 자신의 생각을 더 분명히 할 수 있었다. 1950년에 쿤은 프랑스와 영국을 방문해서 바슐라르(Gaston Bachelard), 메리 헤시(Mary Hesse)와 짧은 만남을 가졌다. 1950~1951년에는 세 편의 물리학, 수학 논문을 출판했으며, 1950년부터 내시(Leonard Nash)와 코넌트의 강의를 물려받아서 교양 과학을 가르쳤고, 이후 '아리스토텔레스에서 뉴턴에 이르는 역학의 발전'이라는 과목을 만들어서 강의하기도 했다.

쿤의 첫 과학사 연구는 17세기 영국의 화학자 로버트 보일(Robert Boyle)에 대한 것이었다. 보일은 기체의 압력과 부피에 대한 보일의 법칙을 발견하고 근대적 원소의 개념을 최초로 제시했으며, 『회의적 화학자』와 같은 저술을 출판한 근대 화학자였다. 그렇지만 보일은 모든 물질이 서로 변환될 수 있다고 믿었다. 그는 마치 연금술사처럼 금을 만들려고 노력하기도 했으며, 실제로 자신이 금을 만들었다고 주장하기도 했다. 근대 화학과 연금술이 공존하는 사실을 어떻게 설명할 것인가? 쿤은 고대 그리스의 원자론을 계승한 보일과 같은 입자론자들은 입자들의 이합집산이 (지금의 화학에서 말하는) 원소를 만들기 때문에 물질이 서로 변환될 수 있다고 믿었다고 설명했다. 그렇다면 보일이 원소의 개념을 최초로 제기한 것은 어떻게 설명될 수 있는가? 쿤은 보일이 지금 화학자들이 생각하는 원소의 개념을 가졌을 수가 없다고 생각했으며, 실제로 보일의 텍스트에서 '원소가 왜 존재하지 않는가에 대한 이유'를 설명한 구절을 발견할 수 있었다. 즉 그때까지 알려진 상식과는 달리 보일은 근대적 개념의 원소 이론을 제창하지 않았던 것이다. 보일의 텍스트는 근대 화학의 관점에서 보면 이해가 안 되는 점이 많았지만, 17세기 입자론의 특성을 고려하면

225

충분히 설명이 되는 것이었다.

이 무렵 쿤은 하버드 대학에서 강의한 코페르니쿠스 혁명에 대한 교재를 집필 중이었다. 쿤은 코페르니쿠스 혁명의 사례가 과학의 비누적적인 발전을 가장 잘 보여 준다고 생각했다. 이 무렵에 논리 실증주의 과학철학을 대표하던 과학철학자 오토 노이라트(Otto Neurath)가 열여덟 권의 책을 엮어서 '통일된 과학의 국제 백과사전(International Encyclopaedia of Unified Science)' 시리즈의 출판을 시작했는데, 이 중 첫 권을 쓴 철학자 찰스 모리스(Charles Morris)가 쿤에게 과학사 분야를 써 줄 것을 부탁했다. 이 기회에 자신이 오랫동안 생각하던 책을 간략하게나마 쓸 수 있겠다고 생각한 쿤은 청탁을 수락했다. 쿤의 책이 논리 실증주의 통일과학 시리즈에 포함된 것은 무척 아이러니한데, 결과적으로 쿤의 책은 논리 실증주의의 철학적 기반을 부수고, 통일된(unified) 과학에 대한 신념을 깨뜨리면서 통일되지 않은(disunified) 과학의 토대를 제공했기 때문이다.

1956년 쿤은 버클리 대학으로 자리를 옮겼고, 하버드에 있을 때 집필하던 『코페르니쿠스 혁명(The Copernican Revolution)』을 완성해서 1957년에 출판했다. 이 책은 여러모로 『과학혁명의 구조』의 전주(前奏)라고 할 수 있다. 이 책의 가장 두드러진 특징은 쿤이 『천구의 회전에 대하여』(1543)를 쓴 코페르니쿠스를 '혁명적'이자 동시에 '전통적'인 인물로 묘사했다는 것이다. 쿤의 코페르니쿠스는 지구를 부동의 우주 중심에 놓았던 아리스토텔레스-프톨레마이오스의 체계를 부정하고 지구가 자전과 공전을 한다고 주장한 혁명가였지만, 동시에 수정 천구(天球)의 존재를 인정하고 원운동을 고수한 보수적인 사람이었다. 코페르니쿠스에게서 혁명적이고 보수적인 성격이 동시에 발견된다는 것은 과학혁명에 대한 쿤의 핵심 생각과 맞닿아 있었다. 쿤에 의하면 코페르니쿠스는 1300년가량 지속되면서 문제점을 누적해 온 프톨레마이오스 천문학 체계를 공부하고 그 천문학에서 가르친 대로 천문학의 문제를 풀던 천문학자였다. 그렇지만 그는 이렇게 누적된 구(舊)체계의 문제점을 최초로 명확하게 인식했던 사람이기도 했다. 즉 이 사례를 분석하면서 쿤은 과학의 발전에서 가장 중요한 것이 과학자로 하여금 문제를 해결할 수 있도록 하는 도구들의 집합이며(이것이 그가 나중에 패러다임으로 명명한 것이다.) 이러한 도구들이 더 이상 작동하지 않을 때 과학 체계에 급격한 변혁이 일어난다는 것을 명확히 할 수 있었다. 코페르니쿠스는 원운동의 조합을 통해 천체 현상을 설명하던 과거 프톨레마이오스 천문학의 기술적 도구를 완벽하게 소화했지만, 지구 중심의 구체계로는 행성 운동의 기술에 한계를 느끼고 이를 해결하기 위해서 지구에 자전이나 공전 같은 운동을 도입한 것이다. 이를 통해 코페르니쿠스는 구체계의 문제를 해결했지만 그의 해법에는 구체계의 보수적인 성격이 그대로 담겨 있었다. 그렇지만 코페르니쿠스의 해법이 나오고 일단 이것을 받아들인 케플러와 같은 과학자들은 코페르니쿠스가 고수했던 원운동의 속박을 과감히 떨쳐 버리고 진정으로 근대적인 우주관을 출범시켰던 것이다.

쿤은 코페르니쿠스의 천문학 체계가 프톨레마이오스의 체계에 비해서 더 정확하지도 않았고 그렇다고 더 간단하지도 않았음을 강조했다. 코페르니쿠스의 체계는 원운동의 조합을 가지고 행성의 운동을 설명했기 때문에 프톨레마이오스처럼 주전원(epicycle)과 이심원(eccentric circle) 같은 도구를 사용해야 했다. 그렇지만 행성의 역행 운동이나 지구에서 바라볼 때 수성이나 금성 같은 내행성과 태양이 이루는 각에 최대치가 존재한다는 현상은 정성적으로 쉽게 설명했다. 이런 상황에서 왜 코페르니쿠스는 태양 중심설(지동설)을 주장했고, 또 누가 무슨 이유에서 코페르니쿠스를 받아들였는가? 태양 중심설을 받아들일 경우에는 몇 가지 천체 현상이 깔끔하게 설명되었지만 우리가 볼 수도 없고 느끼지도 못하는 지구의 운동을 인정해야 했다. 쿤은 케플러나 갈릴레오와 같이 코페르니쿠스의 체계를 받아들인 과학자들이 바로 코페르니쿠스의 체계에서 볼 수 있는 미적인 단순성과 아름다움에 끌렸다고 하면서, 코페르니쿠스를 비롯한 당시의 지동설주의자들은 르네상스 신플라톤주의나 헤르메스주의의 영향을 깊게 받았다고 주장했다. 이렇게 '비합리적'인 요소에 의해서 과학 이론이 선택된다는 것이 쿤의 핵심 주장이었으며 이는 후에 『과학혁명의 구조』에서 패러다임을 선택하는 기제를 예시하는 것이었다.

하버드 대학과 마찬가지로 버클리 대학도 학생들에게 과학의 방법론, 특히 과학적 발견의 방법론을 가르치는 데 관심이 많았다. 당시 소련의 스푸트니크 인공위성이 발사된 뒤에 미국 정부와 대학은 과학적 발견을 이룰 수 있는 방법론을 교육해서 창의적인 과학자들을 키워 내야 한다고 생각했고, 버클리 대학이 쿤을 고용한 것도 부분적으로 이런 필요를 충족하기 위해서였다. 쿤은 버클리의 대학원생들에게 물리학 원전들을 읽는 세미나 수업을 진행하면서 오랫동안 구상하던 『과학혁명의 구조』를 집필하기 시작했다. 그는 버클리와 스탠퍼드의 세미나에서 영감을 얻어 정상과학의 본질이 퍼즐 풀이(puzzle solving)라는 인식을 얻었고, 사회과학과 자연과학의 차이에 주목하면서 자신의 과학관을 가장 잘 표현할 수 있는 '패러다임'이라는 용어를 찾아내는 데에도 성공했다. 이후 쿤의 집필은 빨라졌고, 『과학혁명의 구조』는 1962년에 '통일된 과학의 국제 백과사전' 시리즈와 시카고 대학 출판부에서 독립적으로 출판되었다.

2 『과학혁명의 구조』의 주장과 내용

쿤의 『과학혁명의 구조』는 과학 발전의 '구조'에 대한 책이다. 쿤에 의하면 과학은 패러다임이 정립된 정상과학과 이것이 바뀌는 과학혁명을 반복하면서 발전한다. 역사적으로 보았을 때 한 과학 분야가 그 분야의 토대가 되는 이론이나 연구를 가능케 하는 방법론, 그리고 의미 있는 문제의 총체인 패러다임을 받아들이면 이 과학 분야가 정상과학 단계에 들어간다고 볼 수 있다. 정상과학하에서 과학자들은 패러다임이 제공하는 퍼즐 풀이에 몰두한다. 그렇지만 시간이 지나면서 정상과학의 패러다임 내에서 풀리지 않는 변칙(anomalies)이 등장하고, 정상과학은 위기(crisis)의 국면으로 접어든다. 위기가 지속되면서 기존의 패러다임과 전혀 다른 새로운 패러다임이 등장해서 변칙을 설명하고, 그 뒤에 두 개 혹은 그 이상의 패러다임이 경쟁하는 과학혁명(scientific revolution)이 시작된다. 새로운 패러다임이 과거의 패러다임을 제치고 과학자 사회에 받아들여지면 혁명의 시기가 끝나고 새로운 정상과학의 단계가 시작된다. 즉 과학의 발전은 전(前) 정상과학, 정상과학, 위기, 혁명, 새로운 정상과학으로 이어진다. 여기서 보는 과학의 혁명은 봉건적인 왕정이 붕괴하고 근대적 공화정이 세워지는 사회 혁명처럼 급격하고 총체적이다.

패러다임은 과학자 사회에 풍부한 자원을 제공한다. 먼저 패러다임은 과학자들에게 다양한 문제를 다루고 해결하는 방법을 주며, 어떤 문제가 중요한 문제인지 지침을 제시해 준다. 또 패러다임은 표준적 방법에 의해 중요한 문제를 풀 수 있다는 확신을 주고, 실험과 측정에 의미를 부여한다. 과학자들은 자신의 관찰과 기존의 이론이 일치하도록 실험과 이론의 정확성을 증진시키고, 더 많은 현상을 설명할 수 있도록 패러다임의 범위를 확장하며, 중력 상수와 같은 보편 상수의 값을 결정하고, 패러다임을 명료하게 하는 수량적 법칙을 수립한다. 이렇게 기존의 패러다임을 완벽하게 하고 측정값을 정교하게 하는 행위가 곧 쿤이 정상과학이라 지칭한 활동이다.

정상과학은 기본적으로 보수적이다. 여기에는 기존의 이론 체계를 부수고자 하는 도전의 정신이 없다. 과학철학자 포퍼(Karl Popper)는 과학의 본질이 과감한 가설을 제시하고 이것을 반증하는 과정이 반복되는 것이라고 보았는데, 그가 보기에 쿤의 정상과학은 과학에 대한 '모독'이자 심지어 "열린사회의 적"이 좋아할 것이었다. 사실 포퍼의 관점에서 보면 과학자들이 도전적이지 못한 과학 연구에 몰두할 필요가 없었다. 누가 이런 '단순한' 일을 좋아하겠는가? 쿤은 이에 대한 설명을 퍼즐 맞추기에서 찾았다. 퍼즐을 맞춰 본 사람은 퍼즐 풀기가 매우 간단한 활동이고 답이 있다는 것을 알면서도 퍼즐 풀이를 즐거워하면서 이에 몰입하는 것을 당연하게 생각한다. 비슷한 논리로 정상과학 하에서 과학 활동에 몰두하는 과학자들은 마치 퍼즐 풀이에 몰입한 사람들처럼 자신이 풀고 있는 문제가 언젠가는 풀릴 것이라는 기대하에 과학 활동에 몰두한다는 것이다. 퍼즐을 즐기는 사람이 그 문제에 답이 있고 따라서 언젠가는 이것이 해결될 것이라는 기대 때문에 더 큰 재미를 느끼듯이, 정상과학을 수행하는 과학자들의 경험도 이와 크게 다르지 않다는 것이 쿤의 생각이었다.

패러다임이 해결할 수 없는 변칙적 문제를 만나면 정상과학은 위기의 국면과 과학혁명의 국면으로 접어든다. 변칙의 출현은 혁명의 전조인데, 한두 개의 변칙이 출현한다고 해서 반드시 패러다임이 폐기된다고 생각해서는 안 된다. 정상과학의 단계에서 과학자 공동체는 패러다임으로 잘 설명할 수 없는 문제를 무시하거나, 이론의 일부를 바꿔서 이를 설명하는 전략을 취하곤 한다. 패러다임은 이론 및 가정 일부를 변경함으로써 유지되곤 하는데, 이 부분은 쿤과 포퍼가 결정적인 차이를 보였던 지점이다. 포퍼는 기존의 이론과 어긋나는 관찰이나 실험 결과가 나올 경우에 이론이 폐기되고 새롭고 과감한 가설이 다시 제창된다고 주장했지만, 쿤은 과학사의 예를 들어 이론 체계가 쉽게 바뀌지 않고 오히려 문제가 되는 관찰이나 실험을 포용할 수 있도록 조금씩 변형된다고 주장했기 때문이다.

그러나 변칙이 계속 등장하고 과학자 공동체가 기존의 틀을 바꾸지 않고는 변칙들을 설명하기 어렵다고 느끼기 시작하면 과학은 위기의 국면에 들어간다. 위기가 고조되고 경쟁하는 새로운 패러다임이 등장하면 혁명 단계에 진입하게 되는 것이다. 패러다임의 변화는 인식론에서의 변화만을 수반하는 것이 아니다. "패러다임이 변함에 따라서 세상이 변하는 것은 아니지만, 과학자들은 다른 세상에서 작업하게 된다."라는 쿤의 유명한 표현에서 볼 수 있듯이, 패러다임이 바뀌면 과학자들은 "다른 세상"에 살게 되는 셈이었다. 하늘에 변화가 없다는 아리스토텔레스의 패러다임이 지배적일 때, 천문학자들은 초신성 같은 변화를 거의 기록하지 못했다. 이 패러다임이 무너지면서 유럽의 천문학자들은 갑자기 하늘에서 초신성을 보기 시작했다. 패러다임이 바뀌면서 세계를 구성하는 존재들이 달라졌기 때문이다.

과학혁명의 시기에는 신구 패러다임이 경쟁하게 되는데, 쿤은 새로운 패러다임의 미적 단순함(간단함) 또는 아름다움과 같은 과학 외적 요인에 끌린 과학자들이 새로운 패러다임으로 전환한다고 보았다. 패러다임의 선택은 게슈탈트 전환 또는 종교적 '개종'과 같으며, 과학혁명 시기에 새로운 패러다임을 선택하는 과학자에게는 과학 내적인 요소보다는 철학적, 종교적, 사상적, 미적 요소와 같은 과학 외적인 요소가 중요한 역할을 한다. 오래된 패러다임과 새로운 패러다임의 차이는 총체적이며 같은 잣대로 평가할 수 없기 때문에 패러다임 전환은 점진적이고 논리적인 진화와 다르며 이론의 선택은 '합리적'인 기준으로만 이루어질 수 없다. 과학철학자들은 과학 외적인 요소들이 이론의 선택에 결정적으로 작용한다는 쿤의 주장을 상대주의라고 비판했다. 헝가리의 과학철학자 라카토슈(Lakatos Imre)는 쿤이 과학 이론의 선택을 '군중 심리'로 전락시켰다고 개탄했다.

쿤의 저서에서 가장 논쟁을 불러일으켰던 점은 바로 두 패러다임의 비교와 관련된 부분이었다. 쿤은 아리스토텔레스 패러다임과 뉴턴 패러다임 사이에, 혹은 뉴턴 역학과 아인슈타인의 상대성 이론 간에 '공약불가능성(incommensurability)'이 있다고 주장했다. 공약불가능성은 원래 수학에서 $\sqrt{2}$와 같은 무리수를 a/b와 같은 유리수의 비로 표시할 때 a와 b의 관계를 나타내는 말이었는데 1960년대 초반에 쿤과 파이어아벤트(Paul Feyerabend)에 의해서 서로 다른 과학 체계의 관계를 지칭하는 말로 거의 동시에 사용되었다. 쿤은 과거의 패러다임과 새로운 패러다임 사이의 비교가 합리적인 잣대로만 이루어질 수 없다고 이야기한다. 과거의 패러다임은 많은 문제를 해결했지만 몇몇 변칙 현상을 잘 해결하지 못했고, 새로운 패러다임은 이 변칙적인 문제를 해결하지만 이것이 어떻게 발전할지는 미지수이며 게다가 과거에 잘 해결된 문제를 잘 다루지 못하는 경우도 있다. 즉 특정한 현상이 한쪽에서는 설명하기 힘든 변칙 현상인데, 다른 쪽에서는 법칙과 같은 당연한 현상이 되는 것이다. 이런 경우에 이 둘을 어떻게 합리적인 기준만을 사용해서 비교하고 이 중에 어떤 것이 우월한가를 알 수 있는가? 쿤은 이 비교가 근본적으로 불가능하다고 주장했던 것이다.

쿤의 주장의 핵심은, 완벽하지만 한두 현상을 잘 설명하지 못하는 패러다임과 한두 현상을 잘 설명하지만 미래가 불확실한 패러다임 중에서 하나를 선택하는 것이, 하나의 패러다임 내에서 두 이론을 비교하는 데에 사용되는 여러 합리적인 기준을 사용해서는 가능하지 않다는 것이었다. 이 문제는 과거와 미래와의 갈등 사이에서 무엇을 선택하는가와 관련되어 있다. 결국 새로운 패러다임을 받아들이는 세대는 보통 과거의 패러다임에 깊게 몸을 담그지 않았던 새로운 세대이거나 과학자 공동체의 중심에서 조금 떨어져 있던 주변부 과학

패러다임과 과학의 발전

자들이다. 과거 패러다임을 깊게 체화했고 실제로 그 패러다임을 통해 많은 문제를 풀어낸 세대는 새로운 패러다임을 쉽게 받아들이지 않는다. 패러다임의 전환은 과학자들의 세대교체와도 어느 정도 일치한다. 이러한 근거에서 쿤은 과학의 발전이 완벽한 진리를 향해서 한 발자국씩 접근한다는 과학의 진보(progress) 개념을 부정했다.

쿤의 이런 설명은 많은 논쟁을 불러일으켰다. 패러다임 사이의 공약불가능성은 존재할 수 없고, 또 존재한다고 해도 알 수 없다는 비판이 등장했다. 쿤은 과학철학 분야에서의 이런 비판을 수용하면서 1970년대와 1980년대를 통해서 공약불가능성을 두 패러다임의 언어가 일대일로 번역될 수 없다는 '번역불가능성'으로 해석했다. 번역불가능성은 다른 두 패러다임이 자연 종(natural kinds)을 분류하는 서로 다른 분류 체계(taxonomic system)를 가지고 있는 데에서 연유했다. 쿤은 점차 과학철학자의 언어를 사용하기 시작했고, 패러다임 사이의 공약불가능성이 아니라 과학 이론 사이의 번역불가능성을 규명하려고 했다. 그렇지만 이런 정교화 과정에서 그가 처음에 생각했던 패러다임 사이의 공약불가능성, 즉 과거의 성취와 미래의 기대를 합리적으로 비교하기 힘들다는 통찰은 서서히 잊혔다.

3 『과학 혁명의 구조』가 인접 학문에 미친 영향

쿤의 주장은 자연과학을 모델로 지식의 객관성과 합리성을 추구하던 인문사회과학자들에게 큰 충격을 안겨 주었다. 쿤의 연구가 역사적 객관성의 토대를 흔들었지만, 미국 지성사를 연구하던 역사학자 홀링거(David Hollinger)는 쿤을 근거로 역사적 객관성을 새롭게 이해해 보려는 시도를 했다. 그는 쿤이 자연과학의 특성으로 보여 주었던 것은 과학철학자들이 주장하는 단일한 포괄 법칙(covering law) 없이도 과학이 잘 작동하는 것이라고 결론지었다. 따라서 과학이 이렇다면 역사학자들은 하나의 과학적인 설명을 찾으려고 하기보다는, 지금 던지는 상이한 질문들과 이를 해결하기 위한 상이한 노력의 총체가 바로 역사학이며, 역사학이 지금의 모습 그 자체로 타당성을 가진다는 점을 인식해야 한다고 해석했다. 역사학자들은 사관에 따라서 다른 주제에 관심을 가질 뿐만 아니라 같은 주제에 대해서도 서로 다른 질문을 던지는데, 역사학의 이러한 특성은 서로 다른 역사 해석이 모여서 결국은 우리의 역사 이해를 더 깊게 한다는 역사학자 공동체의 묵시적 합의에 따른 것이며, 쿤의 과학에 대한 해석에 비추어 보면 그 자체가 학문적인 타당성을 가질 수 있는 것이었다. 홀링거는 진리를 추구하는 역사학자들의 동기와 비판적인 질문을 공유하는 역사학자 공동체에 대한 신뢰에 근거한 학문 활동이 역사 연구에 일종의 "원초적인 타당성(primal validity)"을 제공하는 것이라고 해석했다.

그런데 우리는 쿤의 『과학혁명의 구조』가 과연 과학적 객관성에 대한 도전을 내포하고 있었는가를 물어볼 필요가 있다. 쿤 자신은 이 문제에 대해서 일관성 있게 '아니다'라고 대답했다. 쿤 이후의 과학은 그 이전과는 다른 모습이 되었지만, 쿤은 과학적 객관성을 포기할 필요는 없다고 보았던 것이다. 그 이유는 과거의 객관성이 '자연'을 기준으로 삼아 보장되던 것이었다면, 이제는 '패러다임'을 기준으로 삼아 형성되는 것으로 바뀌기만 하면 되었기 때문이다. 과학 공동체가 패러다임을 선택하면, 패러다임은 과학자들에게 해결해야 할 중요한 문제와 이를 해결할 수 있는 모델과 방법론만을 제시하는 것이 아니라, 과학자들이 '자연'이라고 부르는 것, 즉 관찰 대상과 관찰 결과까지도 제공하는 것이었다. 따라서 과학자들은 그 속에서 이론과 실험을 비교하고, 이론을 확장하고, 상수를 결정하며 측정하는 등 과학 활동의 전부를 수행하는 것이었다. 패러다임은 이 중에 어떤 활동이 더 가치 있는 것이며, 어떤 이론이 더 관찰 결과와 잘 부합하는지를 판단하는 기준을 제공했는데, 쿤에게는 이것이 과학의 합리성, 객관성에 다름 아니었다. 따라서 비판자들이 보기에 쿤은 과학의 합리성과 객관성을 부정했지만, 쿤의 "코페르니쿠스적 전환"은 항상 문제가 많고 모호했던 '자연'이라는 준거를 더 확실한 '패러다임'이라는 준거로 바꾼 것이라고 볼 수 있었다. 과학의 객관성, 합리성은 과학자 공동체가 합의한 패러다임이라는 준거 틀 속에서 더 분명하게 손에 잡히는 개념이 되었던 것이다.

쿤은 이런 자신의 이론적이고 철학적인 설명을 어떻게 설득력 있게 제시할 수 있었을까? 한 가지 방법은 과거의 과학자들이 지금의 과학자들과 전혀 다른 패러다임을 공유하고 있었다는 것을 보이는 것이다. 쿤이 과거의 패러다임을 복원하는 방식 중 하나는 과거의 텍스트에서 이해가 안 되는 구절에 주목하고, 이 구절을 이해가 되는 것으로 만들 때까지 그 의미에 대해서 깊게 숙고하는 것이었다. 과거의 패러다임은 지금의 패러다임과는 다른 개념들의 연결망으로 구성되었기 때문에, 이해가 잘 안 되는 개념이나 구절을 이해가 되는 것으로 만드는 과정은 과거에 존재했다가 사라져 버린 개념들 사이의 연결 망을 복원하는 결과를 낳을 수 있었다. 예를 들어, 17세기 과학자들이 공유했던 기계적 철학이라는 패러다임은 그들이 사용한 원소라는 개념이 지금의 원소와는 완전히 다른 것임을 이해함으로써 온전히 파악할 수 있었다. 이런 온전하고도 '객관적'인 역사 이해는 패러다임이 존재하기 때문에 가능한 것이었다. 패러다임이 가능케 하는 역사적 객관성과 패러다임에 근거한 과학의 객관성은 서로를 강화해 주는 개념들이었다.

역사학에도 이와 비슷한 전환이 있을 수 있을까? 텍스트가 과거에 존재했던 역사적 사건이나 저자의 의도를 반영한다는 믿음에 근거한 역사적 객관성 개념이 항상 문제를 낳는다면, 과학에서의 패러다임 비슷한 것을 역사적 행위자에게도 도입할 수는 없을까? 쿤에 의해서 과학의 객관성의 준거가 '자연'에서 '패러다임'으로 바뀌었다면, 역사적 객관성도 '역사적 사건'이나 '저자의 의도'에서 '패러다임'으로 그 준거를 바꾸는 것이 가능하지 않을까? 과학자들의 관찰, 이론, 실험을 유도하는 것이 자연이 아니라 공동체가 공유한 패러다임이고, 과학자들이 남긴 텍스트가 자연이 아니라 이들의 정상과학 활동을 기록한 것이라면, 역사적 행위자들도 공유한 패러다임 속에서 관찰, 이론, 소통과 토론을 만들어 가며, 이들이 남긴 역사적 텍스트는 역사적 사건이 아니라 이들이 패러다임 속에서 전용한 여러 개념들이 발화된 것으로 볼 수 있지 않을까? 이럴 경우 텍스트는 해체주의자들이 이해하는 것처럼 다른 텍스트를 비추는 거울인 것이 아니라, 정상과학과 유사한 패러다임을 공유한 행위자들의 언어적 활동을 기록한 것이 될 수 있지 않을까? 따라서 텍스트 해석의 객관성은 당시 행위자들이 공유한 패러다임을 복원해 내면 자연스럽게 보장되지 않을까?

이런 방식으로 역사적 텍스트, 역사적 객관성을 새롭게 해석한 역사학자는 포콕(J. G. A. Pocock)이었다. 정치사상사를 연구하던 지성사학자 포콕은 쿤의 패러다임 개념을 정치사상사에 도입했다. 그는 쿤의 패러다임이 과학자들에게 문제를 풀게 하는 도구의 집합이자 동시에 자연 그 자체가 된다는 점에 착안해서, 그동안 막연하게 정의되었던 '정치사상(political thoughts)'이라는 것을 '정치적 언어'라는 패러다임의 정교화로 새롭게 정의했다. 여기에서 포콕이 사용한 '언어'라는 개념은 우리의 일상 언어가 아니라, 정치사상가들을 비롯한 정치적 행위자들이 공유한 인식 틀을 의미하는 것이었다. 즉 그가 '언어'라고 한 것은 과학의 패러다임과 흡사한, 정치 세계의 패러다임이었다. 포콕의 전환은 급진적인 것이었는데, 그는 쿤이 그랬듯이 텍스트를 해석할 때 '언어'(즉 패러다임) 밖에 있는 '객관적인' 역사적 사건은 더 이상 고려의 대상이 되지 않는다는 입장을 견지했기 때문이다. 사람들은 정치적 '언어'와 소통하는 과정에서 정치적 사고를 하는데, 쿤의 패러다임이 그렇듯이 이 '언어'는 정치적 행위자들의 개념적 세계 그 자체였다. 쿤이 과학사에서 '패러다임의 우선성(priority)'을 강조했듯이, 포콕은 정치사상사에서 '언어(패러다임)의 우선성'을 주장했던 것이다.

과학사와 과학철학을 포함하는 과학학(Science Studies)의 영역에서도 쿤의 영향은 두드러졌다. 과학 지식이 사회적 요소의 개입에 의해서 구성된다고 본 급진적 사회구성주의자들은 자신들의 사회구성주의를 쿤의 과학관을 좀 더 확장한 것으로 간주했다. 에든버러 대학의 '과학학' 과정을 개설한 데이비드 에지(David Edge)는 사회구성주의 STS의 역사를 회고하는 글에서 1969년에 이 과정이 만들어지면서 모인 초기 멤버들이 거의 매일 쿤의 『과학혁명의 구조』에 대해서만 세미나를 했다고 회고했다. 이들은 뒤르켐, 비트겐슈타인, 메리 헤시 등으로부터도 영향을 받았지만, 쿤의 영향이 가장 크고 심원했다.

이 에든버러 학파(Edinburgh School)의 멤버들이 쿤에게서 주목한 것은 '과학 지식에 대한 사회학'의 가능성이었다. 앞서 지적했듯이, 쿤은 과학혁명기의 패러다임의 선택에 과학 외적인 요소들, 즉 철학적, 종교적, 정치적, 문화적 요소들이 개입할 수 있다고 보았고, 역사적인 사례 연구를 통해서 이를 예증했다. 과학 이론의 선택에 과학 외적 요인이 영향을 미칠 수 있다면, 이런 사례들은 기존의 과학철학이 아닌 사회학의 분석 대상이 될 수 있음을 보여 주는 것이었다. 그런데 문제는 쿤의 과학 발전의 '구조'에서 과학혁명은 매우 드문 사건이고, 이보다 정상과학이 더 일상적이고 일반적인 과학 활동이라는 것이다. 과학 지식이 사회학의 대상이 되기 위해서는 정상과학이 사회학의 연구에 포함되어야 했다. 에든버러 학파의 사회구성주의자들은 과학혁명기의 패러다임의 전이에 적용되었던 논리를 정상과학 시기의 패러다임의 명료화와 확장에 그대로 가지고 왔다. 쿤에 의하면 하나의 패러다임이 패러다임으로 인정을 받기 위해서는 해결이 안 되던 문제를 놀랍게 성공적으로 해결하고, 다른 여러 문제에 같은 방식의 해법이 적용될 수 있다는 가능성을 보여 줘야 했다. 쿤은 이런 패

패러다임과 과학의 발전

러다임을 받아들이고 체화하는 과정이 어떤 규칙에 의해서 일어나는 것이 아니라, 마치 언어를 배우는 것같이 느슨한 '가족 유사성'을 이해하는 과정을 밟는다고 강조했다. 에든버러 학파의 사회구성주의자들은 이런 쿤의 논의를 연장해서 같은 과정이 패러다임의 명료화와 확장에도 동일하게 적용된다고 보았던 것이다.

조금 더 구체적으로 말해서, 어떤 패러다임이 A라는 문제를 성공적으로 해결해서 패러다임의 지위를 부여받았다고 해도, 이것이 B, C, D……라는 다른 문제를 자동적으로 풀 수는 없다는 것이 이들의 결론이었다. 사회구성주의자들에 의하면 그 원인은 B, C, D……라는 문제를 풀기 전에 먼저 A와 B, C, D…… 사이에 존재하는 유사성을 인식하는 것이 선행되어야 하기 때문이다. 그런데 이런 인식은 패러다임 자체나 규칙에 의해서 주어지는 것이 아니라, 연구자의 창의성과 상상력이 작동해서 만들어 내는 것이었다. 즉 패러다임의 명료화와 확장은 여러 현상들 사이에서 가족 유사성과 같은 유사 관계(similarities relation)를 발견하는 일이었고, 이는 자연에 존재하는 것을 발견하는 일이 아니라 과학자 공동체에 속한 연구자가 구성해 내는 것이었다. 이러한 인식은 쿤의 정상과학이 근본적으로 모델에 근거한 사유(model-based reasoning)임을 지적한 과학철학자들의 견해와 흡사하다.

과학사회학자 반스(Barry Barnes)는 쿤이 말한 정상과학의 본질이 주어진 모델을 이용하거나 확장해서 아직 풀리지 않은 문제를 해결하는 것이라고 해석하면서, 이 과정이 패러다임에 의해서나 규격화된 규칙에 의해서 인도되지 않는다고 강조했다. 드브로이(L. V. de

Broglie)가 물질의 개념을 확장한 것이나, 판트호프(J. H. van't Hoff)가 분자의 공간적 특성을 고려해서 광학 이성체의 문제를 푼 것이나, 라우에(M. von Laue)가 결정을 이용해서 X선 회절의 가능성을 발견한 것 등은 모두 정상과학적 업적인데, 이런 정상과학적 업적은 결코 패러다임에서 답을 쉽게 찾을 수 있는 문제가 아니라는 것이 반스의 주장이다. 쿤과 달리 정상과학 활동은 '청소 작업'이 아니라 기존의 모델을 새로운 문제에 확장하는, 즉 자신에게 주어진 모델과 자신이 만드는 새로운 모델 사이의 일종의 유사 관계 혹은 유비 관계를 인식하는 활동이고, 따라서 규칙에 의해 지배되는 활동이 아니다. 쿤이 든 사례를 보아도, 수도꼭지가 달린 통에 물을 넣고 꼭지를 열었을 때 물이 보이는 운동과 시계의 추 같은 진자(pendulum)와의 유사 관계를 인식하는 것은 패러다임 어디에서도 명시되어 있지 않다는 것이 반스의 생각이었다. 사회구성주의자들은 이러한 인식을 과학혁명에 다시 적용했다. 쿤이 패러다임의 전환이라고 특별히 강조했던 과학혁명이란 사건은 새 패러다임의 선택이 규칙에 의해서 이루어지는 것이 아니며, 따라서 공동체가 공유한 사회적인 요소들이 그 과정에 작동한다는 의미에서 본질적으로 정상과학의 활동과 다르지 않은 것이었다. 이렇게 해서 정상과학과 과학혁명 양자 모두에 사회학적인 분석을 적용할 수 있게 되었고, 만하임(Karl Mannheim) 같은 사회학자가 생각했던 것과는 반대로 과학 지식의 사회학은 철학적으로 의미 있는 프로그램이 될 수 있었다.

이렇게 사회구성주의자들에게 쿤이 각별한 의미를 지닌 정도에 비례해서 쿤이 에든버러 학파, 넓게는 사회구성주의에 기초한 과학학이 자신을 원용하고 해석한 방식에 반대하고 이를 비판했다는 사실도 잘 알려져 있다. 쿤은 영국에서 발전한 과학사회학이 자신의 주장에서 벗어났다고 했으며, 이외에도 여러 차례에 걸쳐서 사회구성주의 과학사회학이 자신의 핵심 주장을 왜곡했다고 강조했다. 이런 언급들을 종합해 보면, 쿤은 사회구성주의 과학사회학의 '지식의 사회적 구성'이라는 주장에 동조하지 않았으며, 사회구성주의 과학사회학을 포스트모던 '해체주의'의 일환으로 생각했고, 이들이 과학의 내용을 더 깊게 천착하지 못하고 너무 쉽게 사회적 요소를 끌어들여서 과학적 지식의 형성을 사회적으로 설명하려 했다고 비판한 것으로 보인다. 그는 자신의 『과학혁명의 구조』가 이런 주장을 낳는 데 가장 큰 기여를 했다는 사회구성주의자들의 평가에 못마땅해했다.

쿤을 수용하고 상찬했던 사회구성주의자들의 입장도 시간이 지나면서 서서히 바뀌었는데, 이런 변화는 쿤의 『흑체 이론과 양자 불연속』(1978)이 등장하면서 표면화되었다. 당시 사회구성주의 과학사회학의 젊은 연구자였던 트레버 핀치(Trevor Pinch)는 서평을 통해 『과학혁명의 구조』에서 나타나는 쿤의 혁명적 성격이 이 책에서는 거의 완벽하게 사라졌음을 개탄했다. 쿤의 주장 중 하나는 과학혁명기의 패러다임의 선택에 과학 내적인 요소보다 과학 외적인 요소들이 주요 영향을 미친다는 것이었는데, 이러한 사회적 요소의 개입과 영향이 이 책에 와서는 전혀 보이지 않는다는 것이 핀치의 비판이었다. 그는 또 양자 불연속을 둘러싼 쿤의 분석에 공약불가능성 같은 그의 핵심적 개념이 단 한 번도 등장하지 않았다고 비판했다. 핀치를 비롯한 많은 과학사회학자에게 『흑체 이론과 양자 불연속』은 쿤이 20년 전의 '내적 과학사'로 회귀한 것으로 비쳤다. 쿤은 이런 비판이 이 책을 오독한 결과이며, 이런 오독은 『과학혁명의 구조』에서 그가 제시한 과학혁명의 특성을 잘못 이해한 데에 기인한다고 반론을 제시했다. 이후 쿤과 사회구성주의는 결코 가까워지지 못했는데, 이 둘의 관계는 쿤이 낳은 가장 두드러진 아이러니 중 하나였다.

4   『과학혁명의 구조』의 의의

쿤에 의하면 두 패러다임 사이에 공약불가능성이 존재하고, 이것이 정상과학의 누적적이고 연속적인 발전에 균열을 가져온다. 새로운 패러다임이 채택될 경우에 과학자들은 기존의 현상을 새로운 언어로 기술하고, 새로운 현상에 주목하며, 새로운 데이터를 내놓는다. 또 과거에 다루어진 모든 문제가 새로운 패러다임에 흡수되는 것이 아니라, 이 중에서 잊히는 것이 생긴다. 과거에는 익숙한 것이 새로운 패러다임에서는 낯선 것이 되고, 과거에는 중요했던 문제에 더 이상 관심을 두지 않는 경우도 생긴다. 쿤은 라부아지에(A. L. Lavoisier)에 의한 화학 혁명 이후 화학자들이 물질의 성질의 문제에 대한 관심을 잃어버렸고, 그 관심이 다시 회복되는 데 한 세기 가까운 시간이 걸렸다는 점을 지적하고 있다.

이런 점을 생각하면 결국 과학의 발전은 직선적인 것이라고 말하기 힘들게 된다. 하나의 패러다임에서 다른 패러다임으로 넘어가는 것은 덜 좋은 것에서 더 좋은 것으로의 변화가 아니라, 기존의 것에서 다른 것으로의 변화다. 과학의 발전은 세상에 대한 절대적 진리를 향해서 누적적으로 나아가는 것이 아니라, 하나의 패러다임에서 다른 패러다임으로 단절적인 변화를 연속적으로 겪는다는 것이 쿤의 주장이다. 이는 하나의 종에서 다른 종으로 진화하는 진화론과 유비해 생각할 수 있다. 마치 하나의 종에서 다른 종으로의 진화가 미리 설정된 목표를 향해 나아가는 진보가 아니듯, 과학의 발전도 궁극적이고 유일한 진리를 향해 나아가는 활동이 아니라는 것이다. 생존 경쟁과 자연 선택에 의한 진화론을 제창한 다윈은 생물의 진화에서 신이 미리 설정한 궁극적인 목적이라는 개념을 폐기했다. 진화는 궁극적인 목표를 향해서 한 발자국씩 나아가는 것이 아니라, 그때그때의 환경에 우연적으로 더 잘 적응한 종이 살아남는 식이다. 비슷하게, 쿤의『과학혁명의 구조』는 세계에 대한 인간의 과학적 인식이 궁극적인 진리를 향해 한 발자국씩 나아가는 것이 아니라는 사실을 설득력 있게 보였다. 이 점이 바로 쿤이 가져온 '혁명'이, 19세기 다윈의 혁명만큼이나 큰 반향과 논쟁을 불러일으켰고, 또 수용되는 데 시간이 걸렸던(그리고 아직도 충분히 수용되지 못한) 이유이다.

쿤이 한국에 소개된 지도 오래되었고 그의 책이나 그 요약본도 널리 읽히고 있지만, 아직 쿤이 제시한 급진적인 인식이 충분히 평가되거나 수용되지는 못하고 있다. 우리 사회에서는 아직도 과학은 미신을 타파하는 (절대적) 진리라고 생각되며, 산업 기술의 발전을 위해 과학의 발전은 물론 국민들이 이런 과학적 태도를 갖는 것이 중요하다고 여겨진다. 이러한 단순한 과학관이 교육되고 미디어를 통해 유포되면서 과학 그 자체에 대해서 성찰하는 기회는 줄어든다. 그동안 서구 과학을 모방해 과학 기술을 발전시키는 것이 과제였던 우리 사회의 문화에서는 과학을 자연에 대한 진리라고 단순하게 생각하는 것이 과학의 교육이나 응용에 더 효과적이었을 것이다.

그러나 이제는 과학에 대해 더욱 성찰적인 태도가 절실하다. 이는 과학과 사회의 관계가 지속 가능한 것이 되기 위해서는 물론이고 과학 자체의 발전을 위해서도 그러하다. 과학이 자연에 존재하는 진리를 발견한다는 단순한 사고에서 벗어나서, 『과학혁명의 구조』에서 나타난 것같이 과학에 대해 역사적이고 철학적인 이해를 시도하는 것이 과학 교육은 물론 과학과 사회와의 관계를 한 단계 더 성숙한 수준으로 끌어올리는 데 도움이 될 것이다. 『과학혁명의 구조』에는 정상과학이 왜 놀라울 정도로 급속하고 깊이 있게 발전하는지, 과학적 창의성이란 무엇인지, 과학자의 구체적인 실행(practices)에 주목하는 것이 과학을 이해하는 데 왜 중요한지, 과학이 왜 근본적인 의미에서 문화적이고 사회적 활동인지, 왜 과학자 공동체는 오래된 패러다임을 쉽게 포기할 수 없는지, 누가, 어떻게 새로운 패러다임을 제창하는지에 대한 흥미로운 통찰들이 담겨 있다.

어릴 적에는 자신의 주장만이 옳다고 생각한다. 그러다가 성년이 되면 자신의 주장만큼이나 다른 사람들의 주장도 의미가 있다는 것을 알게 된다. 어릴 적에는 절대적 권위와 진리가 있어야 세상을 살 수 있다고 믿는다. 성인이 되어서야 세상에 절대적인 권위와 가치의 기준이 없더라도 사람들은 보다 나은 가치가 무엇인지 판단하면서 살아간다는 사실을 이해하게 된다. 과학이 자연에 대한 절대적 진리를 발견하는 인간만의 고귀한 행위라고 생각하는 것은 과학에 대

패러다임과 과학의 발전

한 철학적 태도의 '유아기'에 해당한다. 쿤은 과학에 대한, 그리고 지식에 대한 우리의 이해와 태도를 '성년기'로 접어들게 이끌어 주었다. 유아독존의 세계를 둘러싼 껍질을 깨는 과정이 항상 고통을 수반한다면, 쿤의 『과학혁명의 구조』가 낳은 논쟁과 논란은 과학을 통한 세상의 인식이 유아기에서 성년기로 성장하는 과정에서 껍질이 깨지는 통증에 해당하는 것이었다.[1]

참고 문헌

홍성욱, 「토머스 쿤의 역사학, 철학, 그리고 과학」, 《서양사 연구》 33호(2005. 11), 139~175쪽.

─────, 「기술 패러다임과 기술 혁명: 토머스 쿤과 기술사」, 《한국과학사학회지》 제34호 3권(2012. 12), 563~591쪽.

─────, 「초기 사회구성주의와 과학철학의 관계에 대한 고찰 (1): 패러다임으로서의 쿤」, 《과학철학》 17권 2호(2014), 13~43쪽.

Baltas, Aristides, Kostas Gavroglu and Vasson Kindi, "A Discussion with Thomas S. Kuhn: A Physicist Who Became a Historian for Philosophical Purposes," *Neusis* Vol. 6(1997), pp. 145~200.

Barnes, Barry S., *T. S. Kuhn and Social Science*(London: Macmillan, 1982).

Hollinger, David A., "T. S. Kuhn's Theory of Science and Its Implications for History," *American Historical Review* no. 78(1973), pp. 370~393.

Hoyningen-Huene, Paul, *Reconstructing Scientific Revolutions: Thomas S. Kuhn's Philosophy of Science*(Chicago: University of Chicago Press, 1993).

Kuhn, Thomas S., *The Copernican Revolution: Planetary Astronomy in the Development of Western Thought*(Cambridge, MA: Harvard University Press, 1957).

―――, *The Structure of Scientific Revolutions*(Chicago: University of Chicago Press, 1962, 1970, 1996, 2012). 김명자, 홍성욱이 공역한 한국어판은 2012년에 이언 해킹(Ian Hacking)의 서문을 포함해서 출판된 4판이다.

Lakatos, I. and A. Musgrave eds., *Criticism and the Growth of Knowledge*(Cambridge: Cambridge University Press, 1970).

Pocock, J. G. A., *Politics, Language and Time: Essays on Political Thought and History*(New York: Atheneum, 1971).

홍성욱　서울대학교 물리학과를 졸업하고 동 대학교 과학사 및 과학철학 협동 과정에서 석사, 박사 학위를 받았다. 캐나다 토론토 대학에서 과학기술사철학과 교수를 역임했으며, 현재 서울대학교 생명과학부 교수로 재직하면서 과학사 및 과학철학 협동 과정에서 과학기술과 사회(STS), 과학기술사를 강의하고 있다. 저서로 『홍성욱의 STS, 과학을 경청하다』, 『인간의 얼굴을 한 과학』, 『과학은 얼마나』, 『네트워크 혁명, 그 열림과 닫힘』, 『파놉티콘: 정보사회, 정보감옥』 등이 있고 역서로 토머스 쿤의 『과학 혁명의 구조』(공역), 편서 『융합이란 무엇인가』, 편역서 『인간·사물·동맹』 등이 있다.

36

우주의 역사와 본질

스티븐 호킹의 『시간의 역사』 읽기

오세정 (서울대학교 명예교수)

스티븐 윌리엄 호킹(Stephen William Hawking, 1942~2018)
영국 옥스퍼드에서 태어나 옥스퍼드 대학을 졸업하고 케임브리지 대학원에서 물리학을 전공했다. 박사 학위를 준비하던 1963년에 루게릭병 진단과 함께 시한부 인생을 선고받았지만 이에 굴하지 않고 연구에 몰두해 특이점 정리, 블랙홀 증발, 양자우주론 등 현대 이론물리학에 굵직한 업적을 남겼다. 1974년 영국 왕립학회 회원이 되었고 1979년부터 30년간 케임브리지 대학의 루커스 석좌교수로 재직했다. 베스트셀러가 된 대중 과학서 『시간의 역사』를 집필하고 수많은 다큐멘터리 제작에 참여하는 등 과학의 대중화에도 힘썼다. 『시간의 역사』 외에 『블랙홀과 아기 우주』, 『시간과 공간에 관하여』(공저), 『호두 껍질 속의 우주』, 『위대한 설계』(공저) 등의 저서가 있다. 대영제국 훈장(CBE), 미국 대통령 자유훈장을 수훈했고 기초 물리학상을 비롯해 수많은 상을 받았다.

1   스티븐 호킹과 『시간의 역사』

스티븐 호킹은 아마도 금세기에 일반인에게 가장 많이 알려진 물리학자일 것이다. 그는 1979년부터 2009년까지 케임브리지 대학에서 루커스 수학 석좌교수(Lucasian Professor of Mathematics)[1]로 재직하면서, 우주론과 양자 중력 분야에서 탁월한 학문적인 업적을 남겼다. 대표적으로 로저 펜로즈[2]와 함께 일반 상대론적 특이점(singularity)에 대한 정리를 증명했으며, 블랙홀이 열복사를 방출한다는 사실(이는 '호킹 복사' 혹은 '베켄슈타인-호킹 복사'로 불린다.)을 밝혀냈다. 호킹은 아인슈타인의 일반 상대성 이론과, 미시 세계를 설명하는 현대 물리학인 양자역학을 결합한 최초의 물리학자 중 한 사람이다. 이러한 여러 중요한 업적 때문에 '우주의 대가(Master of the Universe)'라고 불리기도 했으며, 세계 여러 나라에서 수많은 상과 명예 학위를 받았다.

개인사적으로 호킹은 대학원생이었던 스물한 살부터 근위축성 측색 경화증(루게릭병)을 앓는 불행을 겪었다. 처음에는 2~3년밖에 못 살 것이라는 진단을 받았지만, 호킹은 그 후 50년 이상을 살면서 이론물리학 분야에서 활발하게 연구를 수행하여 많은 업적을 남겼다. 일흔 살이 넘어서도 케임브리지 대학 교수로서 학술 논문을 냈으며, 자신은 영원히 은퇴하지 않을 것이라고 말하기도 했다. 그러나 루게릭병 때문에 신체 활동이 매우 제한적이어서, 팔다리를 쓰지 못해 휠체어와 간병인에 의지함은 물론 글씨도 쓰지 못하고 컴퓨터 기판도 사용하지 못했다. 따라서 복잡한 이론물리학의 수식들을 순전히 머릿속에서 처리해야 했고, 말을 할 수 없어 뺨 근육의 미세한 움직임을 감지해 내는 컴퓨터의 언어 합성기(speech synthesizer)로 강의를 했다.

이러한 신체적인 어려움에도 불구하고 호킹은 전문적인 과학 연구를 하는 것과 더불어 자신의 이론 및 일반적인 우주론을 다룬 대중 과학 서적도 여러 권 펴냈다. 딸 루시 호킹(Lucy Hawking)과 함께 어린이를 위한 대중 과학 서적을 내기도 했다. 그가 낸 책 중에서 가장 유명한 것이 이 글에서 다룰 『시간의 역사(*A Brief History of Time*)』이다. 이 책은 1988년 출판된 후 영국 《선데이 타임스》 베스트셀러 목록에 최고 기록인 237주 동안이나 올라서 화제가 되었고, 수많은 언어로 번역되어 현재까지 세계적으로 1000만 권 이상 팔렸을 것으로 추정된다. 이 책의 내용은 1992년 유명한 영화 제작자 스티븐 스필버그에 의해 영화로 제작되기도 했다.

호킹은 『시간의 역사』를 쓰면서 대중의 관심을 끄는 데 특히 관심을 기울였다. 출판사도 대중 서적 출판에 전문성을 가진 곳을 골랐고, 책 서문에 "어떤 사람이 내가 이 책에서 방정식을 사용할 때마다 매상 부수가 반씩 줄어들 것이라고 귀띔해 주었다. 그래서 나는 이 책 안에 방정식을 전혀 쓰지 않기로 결심했다. 그러나 어쩔 수 없이 단 하나, 아인슈타인의 유명한 방정식을 집어넣고 말았다. 이 때문에 가능했던 독자의 수가 반으로 줄지 않았으면 한다."라고 썼다. 하지만 『시간의 역사』는 세계적으로 매우 많이 팔렸음에도 불구하고 일반 대중이 읽기 쉬운 책은 아니었던 것 같다. 미국의 수학자 조던 엘렌버그(Jordan Ellenberg)는 2014년 7월 《월스트리트 저널》에 쓴 「여름에 가장 잘 안 읽히는 책」이라는 제목의 글에서, 독자들이 어떤 책을 끝까지 읽었는지 알아보는 척도로서 '호킹 지수(Hawking Index)'라는 것을 제안한 바 있다. 아마존 킨들에는 독자들이 중요한 구절에 밑줄을 치는 '인기 하이라이트(popular highlights)'라는 기능이 있는데, 이 추천 구절이 나온 쪽수의 평균을 책 전체 쪽수로 나눈 것이 호킹 지수이다. 추천 문단이 책에 고르게 펴져 있다고 가정할 때, 독자들이 책을 끝까지 읽었다면 이 지수는 50퍼센트 부근에 있을 것이지만 독자들이 책을 절반밖에 안 읽었다면 25퍼센트 이하일 것이라는 점에 착안해 호킹 지수를 독자들이 책을 어디까지 읽었는지 가늠하는 척도로 쓸 수 있다는 말이다. 엘렌버그는 당시 유명한 책들의 호킹 지수를 조사했는데, 출판된 지 시간이 상당히 경과한 책 중에서는 『시간의 역사』가 6.6퍼센트로 밑바닥을 차지하여 '호킹 지수'라는 이름을 붙였다.[3]

사실 『시간의 역사』는 비전문가가 읽고 내용을 모두 이해하기에 쉬운 책은 아니다. 하지만 세세한 사항들에 너무 얽매이지 않고 전체적인 줄거리를 따라가면 우주의 역사와 인류 우주관이 어떻게 변화해 왔는지 큰 흐름을 이해할 수 있다. "우주는 어떻게 시작되었나?" "창조주가 있다고 생각해야 우주 역사를 이해할 수 있나?" "우주는 공간적이나 시간적으로 끝이 있을까?" 이와 같은 질문은 우리 모두가 어린아이 때부터 가지고 있던 것이고, 인류가 끊임없이 탐구해 온 주제이기도 하다. 이 글에서는 위대한 과학자이자 현대 우주론을 확립하는 데 큰 공헌을 한 호킹이 직접 쓴 책 『시간의 역사』의 내용을 통해서, 이러한 질문들에 대한 현대 물리학의 대답을 나름대로 정리하려 한다.[4]

2   인류 우주관의 역사

고대 서양의 우주관 — 그리스 시대의 우주관

인류는 문명의 초기 단계부터 우리가 사는 지구와 우주가 어떻게 생겼는지에 대해서 큰 관심을 보였다. 이미 기원전 340년에 그리스의 대표적인 철학자 아리스토텔레스는 『천구(天球)에 대하여』라는 저서에서, 월식 때 보이는 지구 그림자가 둥글다는 사실과 수평선 너머에서 오는 배가 돛이 먼저 보인다는 사실로부터 지구가 납작한 것이 아니라 둥근 공 모양이라고 주장했다. 그러나 아리스토텔레스는 지구가 우주의 중심이 되어야 한다고 믿었기 때문에 지구는 가만히 있고 그 둘레를 태양, 달, 행성, 별(항성)들이 원 궤도로 돈다고 생각했다. 이런 생각은 그리스의 천문학자 프톨레마이오스[5]에 의하여 완전한 천동설의 우주 체계로 확립된다. 이 우주 체계에서는 그림 1에서 보듯이 지구를 중심에 두고 그 둘레를 달, 태양, 항성, 그리고 당시까지 알려진 5개의 행성(수성, 금성, 화성, 목성, 토성)을 실은 8개의 구면이 에워싸고 있다. 행성들은 각자의 구면에 붙은 작은 원을 돌게 되는데, 이것은 행성이 밤하늘에서 보여 주는 꽤 복잡한 경로를 설명하기 위한 것으로 이 모델로 당시에 알려져 있던 천체의 위치를 상당히 정확하게 예측할 수 있었다.

프톨레마이오스의 우주 모델은 1514년 폴란드의 신부 니콜라우스 코페르니쿠스가 지동설을 주장할 때까지 거의 1400년간 의심 없이 받아들여졌다. 특히 기독교 교회는 천동설이 제시하는 우주 모델이 성경의 말씀과 부합한다고 여겨 지지했기 때문에, 신부였던 코페

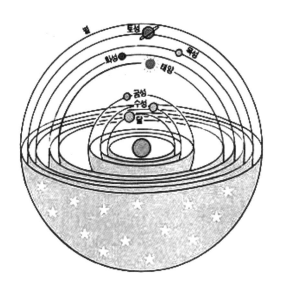

그림 1 프톨레마이오스의 우주 모델(출처:《동아사이언스》)

르니쿠스는 교회로부터 이단으로 낙인찍힐 것을 두려워해 지동설을 익명으로 발표했다고 한다. 심지어 이탈리아의 유명한 과학자 갈릴레오가 지동설을 지지했다는 이유로 1633년 종교 재판에 처해지기까지 한 일은 잘 알려져 있다.

코페르니쿠스-뉴턴의 근대 우주관

이처럼 굳건했던 천동설도 근대 과학이 발달하면서 지동설에 자리를 내주게 된다. 그러나 그 과정은 코페르니쿠스가 처음 지동설을 주장한 후에도 100년 이상이 걸렸다. 지동설이 널리 받아들여지는 데에는 독일의 천문학자 요하네스 케플러와 이탈리아의 갈릴레오, 그리고 근대 과학의 아버지라고 불리는 영국의 물리학자 아이작 뉴턴

우주의 역사와 본질

의 역할이 컸다. 먼저 케플러는 덴마크의 천문학자 티코 브라헤가 축적한 방대한 천문 관측 자료를 분석해 행성 궤도에 대한 케플러의 세 가지 법칙을 알아낸다. 이 중 첫 번째 법칙이 행성은 태양을 한 초점(focus)으로 하는 타원(ellipse) 궤도를 그린다는 것이다. 타원은 원을 조금 찌그러뜨린 달걀 모양의 도형을 의미한다.(그림 2 참조. 이 그림에서는 행성 궤도의 찌그러짐이 실제보다 과장되게 그려졌다.) 아리스토텔레스와 프톨레마이오스는 원(circle)운동을 가장 완벽한 운동이라고 여겼기에 행성들이 원 궤도를 따른다고 생각했지만, 행성 궤도에 대한 정밀한 측정 결과는 조금 찌그러진 타원이었던 것이다.

또한 거의 같은 시기에 갈릴레오는 당시 갓 발명된 망원경으로 밤하늘을 관측해 목성 주위를 도는 위성들을 발견했다. 이 발견은 모든 천체가 지구 둘레를 돌지는 않는다는 사실을 보여 주어서, 지구가

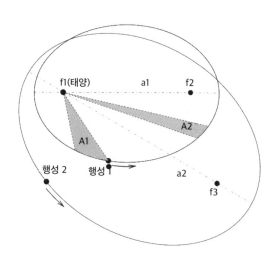

그림 2 케플러 제1법칙: 행성의 타원 궤도

우주의 중심이고 모든 천체는 지구를 중심으로 돌아야 한다는 천동설의 기본 가정을 뒤흔들게 된다. 즉 과거 아리스토텔레스 등 그리스의 철학자들이 '사변적인 논리'를 통하여 자연 현상을 이해하려고 한 것을 벗어나, 갈릴레오나 케플러는 '관측(observation)'에 의하여 자연 현상을 이해하기 시작한 것이다.

케플러의 법칙은 1687년 뉴턴이 『자연철학의 수학적 원리 (*Philosophiae Naturalis Principia Mathematica*)』란 책에서 운동 법칙과 만유인력의 법칙을 이용해 설명함으로써 이론적으로 완전히 이해되기에 이른다. 이제 코페르니쿠스로부터 시작된 지동설은 더 이상 의심할 여지가 없는 정설로 자리 잡게 된 것이다. 뉴턴의 이러한 설명은 또한 근대 과학의 보편성(universality)을 확립하는 계기가 되었다. 즉 뉴턴 이전에는 지구상의 현상을 지배하는 지상의 법칙과 하늘에서 일어나는 현상을 지배하는 천상의 법칙이 다르다고 생각했다. 이것도 역시 종교의 영향으로서, 하늘은 완벽한 세계이기 때문에 오류가 있을 수 없는 반면, 지구상에서 일어나는 일은 불완전하여 혼돈이 있다는 생각이었던 것이다. 그러나 뉴턴은 만유인력 법칙과 운동 법칙이 지상에서 땅으로 떨어지는 사과에만 적용되는 것이 아니라, 천상에서 일어나는 지구와 태양, 태양과 행성 사이의 운동에도 똑같이 적용된다고 주장했다. 뉴턴은 만유인력 법칙과 운동의 법칙을 적용하여 태양을 중심으로 하는 지구와 행성의 운동을 정확하게 설명할 수 있었고, 그렇기 때문에 이 이론은 곧 여러 사람들에게 받아들여졌다.

이처럼 천상의 법칙과 지상의 법칙이 동일하고, 또한 그것이 시간에 관계없이 일정하다는 믿음은 우리에게 우주에 대하여 큰 깨달음을 주었다. 즉 지구상에서 발견한 물리학 법칙을 우주에서 일어나는/일어났던/일어날 현상들에 보편적으로(universally) 적용함으로써, 우리가 가 보지 못한 먼 별에서 일어나는 현상이나 수십억 년 전 우주에서 일어났던 현상에 대해서도 추측할 수 있게 된 것이다. 그러기에 우리는 지금 태양이 계속 에너지를 내는 메커니즘을 이해하고 있고, 태양과 지구가 앞으로 어떻게 변할지도 예측하고 있으며, 우주가 처음 생성됐을 때의 현상까지도 추측하고 있다. 호킹의 책에서 이야기할 대폭발(Big Bang) 이론이나 우주의 진화에 대한 이론 역시 모두 이 믿음에 근거한 것이다.

아인슈타인의 시공간 개념과 현대 우주관

17세기에 확립된 뉴턴의 역학 법칙은 그 후 산업 혁명 시기를 지나면서 기계 문명을 이끌어 간 이론적 근거가 되었고, 그 정확도와 정밀도도 꾸준히 발전했다. 19세기 말에 이르러 뉴턴의 고전물리학에 대한 과학자들의 신뢰는 한없이 깊어져서, 어느 물리학자는 "앞으로 물리학에서는 새로운 것이 나올 수 없다."라고 말하기까지 했다고 한다. 그러나 20세기에 들어오자마자 이러한 생각은 여지없이 깨지고 만다. 그중의 하나가 시간에 관한 개념이다. 뉴턴의 고전적 우주관에 의하면 시간은 절대적인 양으로서, 시간의 흐름은 관측자의 위치나 운동 상태에 따라서 변하지 않는다고 생각했다. 그러나 1905년 아인슈타인이 발표한 특수 상대성 이론(special theory of relativity)에 의하면 시간의 흐름조차 절대적인 것이 아니라 관측자의 운동에 따라 상대적으로 변하는 것이고, 시간과 3차원 공간이 서로 엉켜서 4차원의 시공간(space-time)을 형성하는 것으로 이해해야 한다는 것이다. 이러한 특수 상대성 이론은 이후 물체의 속도가 매우 빠를 때 관측되는 여러 물리적 현상과 잘 부합함이 확인되었다. 또한 여기서 유도되는 에너지와 질량에 관한 법칙은 여러 실험을 통하여 검증되었고, 원자 폭탄과 원자력 발전소 등 원자핵 에너지 이용의 근거가 되었다.

그러나 특수 상대성 이론은 뉴턴의 중력 이론과 모순되는 점이 있었다. 뉴턴의 이론에서는 한쪽 물체를 움직이면 다른 쪽 물체에 미치는 힘이 순간적으로 변한다고 본다. 그렇다면 중력의 효과가 무한히 큰 속도로 전해지는 것이라서, 어떤 정보의 전달도 빛의 속도를 넘을 수 없다는 특수 상대성 이론에 어긋난다. 아인슈타인은 특수 상대성 이론에 어긋나지 않는 중력 이론을 만들려고 여러 번 시도하다가 마침내 1915년 일반 상대성 이론(general theory of relativity)을 발표한다. 일반 상대성 이론에서 아인슈타인의 혁신적인 생각은, 중력이 다른 힘과는 달리 시공간이 평탄하지 않은 데서 유래하는 힘이라는 것이다. 즉 시공간이 그 속에 들어 있는 질량이나 에너지로 인하여 '구부러졌다'고 생각할 수 있다는 것이다. 그리고 중력장 안에서의 물체의 운동은 '구부러진 시공간' 안에서 두 점 사이의 최단 경로(측지선(測地線)이라고 불린다.)를 따른다는 것이다. 광선도 구부러진 시공간에서 측지선을 따라 움직여야 하므로, 중력장에서의 궤도는 직선이 아니라 구부러지게 보인다. 이러한 현상은 실제로 1919년 영국의 천문학자 에딩턴이 적도 부근의 서부 아프리카에서 일식이 일어날 때 태양 부근을 지나는 별빛의 궤도를 측정함으로써 확인되었다.[6] 일반 상대성 이론의 또 다른 예측은 중력이 큰 공간에서는 시간이 느리게 간다는 것이다. 따라서 높은 고도에서의 시계의 작동 속도는 지상에서의 속도와 다르다. 이 사실은 오늘날 GPS처럼 인공위성의 신호를 기준으로 하는 정밀 항법 장치에서 이미 실용적으로 이용되고 있다.

17세기 뉴턴과 갈릴레오는 공간 안의 절대적 위치라는 개념을 없애 버렸다. 상대적으로 서로 일정한 속도로 움직이는 좌표계는 모두 동일하며, 운동 법칙은 이 모든 좌표계에서 똑같이 적용되어야 한다는 것이다. 20세기에 와서 아인슈타인이 특수 상대성 이론을 발표하면서 절대적 시간 개념도 부인되었다. 더욱이 일반 상대성 이론에 와서는 공간과 시간은 역학적인 양이 되었다. 호킹은 『시간의 역사』에서 이렇게 기술하고 있다.

공간과 시간은 이제 역학적인 양이 되었다. 즉 물체가 움직이고 힘이 작용할 때 이는 공간과 시간의 곡률(曲率)에 영향을 주고, 또 한편 시공간의 구조는 물체의 운동이나 힘의 작용에 영향을 주게 된다. 공간과 시간은 우주 안에서 일어나는 모든 것에 영향을 줄 뿐만 아니라 영향을 받기도 하는 것이다. 공간과 시간의 개념 없이는 우주에서 일어나는 사건을 이야기할 수 없듯이, 일반 상대성 이론에서는 우주의 한계 밖에서 공간과 시간을 논한다는 것은 의미가 없다. 수십 년이 지나는 동안에 공간과 시간에 대한 이 새로운 이해는 우리의 우주관을 혁신하게 되었다. 과거에서 미래에 걸쳐 거의 변함없이 영원히 존속하는 우주라는 낡은 생각은, 이제 유한한 과거에 시작되었고 한정된 미래에 끝마칠지도 모를 역동적이고 팽창하는 우주란 개념으로 대치되었다. (……) 로저 펜로즈와 나는 아인슈타인의 일반 상대성 이론이, 우주가 시작이 있었고 또 아마도 종말이 있어야 한다는 사실을 암시하고 있음을 밝혔던 것이다.[7]

3 빅뱅 이론

팽창하는 우주

우주가 시간에 따른 변화가 없는 정적(靜的)인 상태인지 혹은 끝과 시작이 있는 동적(動的)인 상태인지는 오래전부터 논의되어 온 철학적, 과학적 문제였다. 물론 20세기 이전에는 대부분의 사람들이 정적인 우주론을 믿었다. 그런데 20세기 들어와 아인슈타인의 상대성 이론과 호킹, 펜로즈 같은 우주 이론물리학자들의 연구 결과로 인하여 이것이 호킹이 말한 대로 "유한한 과거에 시작되었고 한정된 미래에 끝마칠지도 모를 역동적이고 팽창하는 우주란 개념으로 대치"되었던 것이다.

이러한 생각은 미국의 천문학자 허블의 실험에 의해 증명되기에 이른다. 1920년대에 천문학자들은 별들에게서 오는 빛의 스펙트럼(빛의 파장에 따른 분포)을 조사하기 시작하였는데, 이때 매우 특이한 현상을 발견했다. 즉 모든 빛의 파장들이 별마다 일정한 비율만큼 길게 나타나는 것이다.(이것을 '붉은색 쪽'으로의 편이(偏移), 즉 적색 편이(red-shift)라고 부른다.) 과학자들은 이 현상을 파동의 도플러(Doppler) 효과의 하나로서, 빛을 내는 광원(여기서는 별)이 관찰자(지구의 천문학자)와 서로 상대적으로 운동을 하고 있으면 파동의 파장이 변하는 현상으로 해석했다. 실제로 도플러 효과는 우리의 일상생활에서도 쉽게 관측되는데, 예를 들어 소방차가 사이렌을 울리면서 나에게 접근할 때에는 소리가 고음으로 들렸다가 나를 지나쳐서 멀어져 갈 때에는 저음으로 바뀌는 현상은 많이 경험했을 것이다. 이 경우 음파를 내는 음원(source, 여기서는 소방차)이 관찰자(정지해 있는 사람)와의 상대적인 움직임 때문에, 소방차가 나에게 올 때에는 음원과 관찰자가 가까워지면서 파장이 짧아지고 주파수가 증가해 고음으로 들리고, 소방차가 멀어져 갈 때에는 음원과 관찰자가 멀어지면서 파장이 길어져서 주파수가 낮은 저음으로 들리는 것이다. 별에서 나오는 빛의 경우에는 파장이 길어지는 것으로 관측되므로 별과 지구 사이의 거리가 멀어지는 것으로 유추할 수 있다.

더욱 놀라운 사실은 대부분의 별에서 오는 빛이 적색 편이를 나타낸다는 사실이다. 상식적으로 생각하면 은하들은 서로 무질서하게 운동하여 적색 편이(파장이 길어지는 일)되는 경우와 청색 편이(파장이 짧아지는 일)되는 경우가 비슷할 것으로 예측되는데, 관측 결과는 거의 모든 은하가 지구로부터 멀어지는 것으로 나타난 것이다. 게다가 1929년 허블이 발표한 논문은 또 한 번 사람들을 놀라게 했다. 즉 허블이 10여 년에 걸쳐 관측한 바에 의하면, 은하의 적색 편이 정도가 은하와 지구 사이의 거리에 거의 정비례하는 것으로 보였던 것이다. 물론 당시에는 지구와 은하(별) 사이의 거리를 정확히 유추하기가 쉽지 않아서 가끔 관측 결과가 정비례 직선에 맞지 않는 경우도 있었지만, 둘 사이의 명확한 상관관계를 부인하기는 어려웠다. 이러한 결과는 우주가 정지해 있는 것이 아니라 사실은 팽창하고 있으며, 은하들 사이의 거리는 항상 늘어나고 있다는 사실을 함축하는 것이다. 그리고 별까지의 거리와 별이 우리로부터 멀어져 가는 속도가 비례한다는 사실은 별들이 어느 한 점에서 출발했음을 암시해 준다. 즉 과거의 어느 시점에 공간의 한 점에서 큰 폭발이 일어나 우주가 시작된 것 같다는 것이다.(이를 대폭발이라는 의미의 빅뱅(Big Bang)이라고 부르게 되었다.) 그리고 별의 속도와 거리 사이의 비례 상수(이를 허블 상수라고 부른다.)로부터 그 시기는 100억~200억 년 전이라고 짐작할 수 있었다.(지금은 허블 상수의 측정이 점점 정확해져서 빅뱅의 시기를 지금으로부터 138억 년 전으로 추정하고 있다.)

이런 실험 결과는 얼핏 생각하면 우주에서 우리가 차지하는 위치가 특별함을 암시하는 것처럼 느껴질지 모른다. 우주의 은하와 별들이 우리로부터 멀어져 가고 있다는 사실은 우리가 우주의 중심임을 말해 준다고 생각할 수 있기 때문이다. 그러나 이것은 성급한 결론이다. 이해를 돕기 위해 그림 3의 풍선과 같은 2차원 평면이 팽창하는 모습을 살펴보자. 여기서 보면 풍선 위의 어느 점에서 보더라

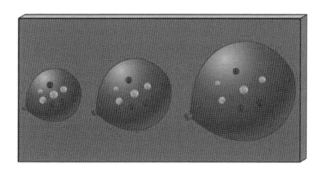

그림 3 2차원 평면의 팽창

우주의 역사와 본질

도 다른 점들은 모두 자신으로부터 멀어져 가는 것처럼 보인다. 그러니 다른 점들이 모두 자신으로부터 멀어져 간다고 해서 어느 특정한 점을 평면의 중심이라고 이야기할 수는 없는 것이다. 이것을 3차원 공간으로 확장해 보면 허블의 관측 결과가 지구가 우주의 중심이라고 이야기하는 것은 아님을 이해할 수 있다. 사실 현대의 과학자들은 반대로 우주는 어느 점에서 보아도 모든 방향으로 동일하게 보일 것(isotropic)이라는 가정을 믿는다. 물론 이 가정이 맞는다는 과학적 증거도 없고 부정하는 증거도 없지만, "겸손하게 믿을 뿐"[8]인 것이다. 실제로 현재 알려진 바에 의하면 지구가 있는 태양계는 우리 은하계의 변두리에 있으며, 우리 은하계가 우주의 중심 위치에 있다고 말할 수도 없다.

허블의 발견이 함축하는 대폭발(빅뱅) 가설은 1970년 펜로즈와 호킹이 공동으로 발표한 논문에서 "만약 일반 상대성 이론이 타당하고 우주 안에 우리가 관측한 만큼의 물질이 있기만 한다면, 대폭발의 특이점(singularity)이 있을 수밖에 없음을 증명함"[9]으로써 확실한 이론적인 근거를 얻게 되었다. 반세기 동안 여러 이론과 실험의 증거가 쌓여 가면서 수천 년 전부터 많은 사람이 믿어 왔던 정적 우주론이 깨지고 우주가 시간의 시초를 가져야 한다는 사실이 명확해진 것이다.

우주의 진화

하지만 대폭발(빅뱅) 이론이 학자들 사이에 널리 인정되기까지에는 여러 우여곡절이 있었다. 우선 아인슈타인부터 일반 상대성 이론이 동적인 해(解)를 갖는 것이 불합리하다고 생각하여 일반 상대성 이론식에 인위적인 우주 상수(cosmological constant)를 도입해 정적인 해를 갖도록 한 일이 있다. 그만큼 우주가 정적이라는 것을 확신했던 것이다.[10] 그러나 그 후 빅뱅 이론의 신빙성을 결정적으로 높여 주는 두 가지 일이 발생해 결국 빅뱅 이론이 정설로 받아들여진다. 하나는 우주에 있는 수소와 헬륨 양의 비율이 이론적으로 설명된 일이고, 다른 하나는 우주 배경 복사(cosmic microwave background radiation)의 발견이다.

오래전에는 우주에 존재하는 원소들이 지구상에서 발견되는 원소와 큰 차이가 없을 것이라고 생각했다. 한 예로 하늘에서 떨어지는 운석을 보면, 지구 상에서 볼 수 있는 돌과 모양이나 원소 구성이 크게 다르지 않은 경우가 많기 때문이다. 그 후 과학적 분석 방법이 발전하면서 지구 전체 구성 원소의 중량 비율을 알게 되었는데, 그 결과에 의하면 지구 전체에는 철(Fe)이 32퍼센트로 제일 많고, 그다음으로는 산소(O)가 30퍼센트, 실리콘(Si) 15퍼센트, 마그네슘(Mg) 14퍼센트 순이었다. 천문학에서도 우주 관측 기술이 점점 발달하면서 우주 공간 전체에 있는 원소들의 비율을 알 수 있게 되었는데, 그 중량 비율을 분석한 결과는 우주에 수소가 74퍼센트, 헬륨이 24퍼센트로 가장 많고 기타 철을 포함한 원소들은 모두 합해도 2퍼센트 내외로 아주 적은 것으로 나타났다. 지구와 우주의 구성 원소 간의 이 같은 큰 차이는 많은 학자들을 의문에 빠뜨렸는데, 빅뱅 이론은 이처럼 우주 공간에 존재하는 원소는 수소와 헬륨이 대부분이고 두 원소 간의 중량 비율이 약 3 대 1이 되는 것을 매우 자연스럽게 설명할 수 있었다.[11] 즉 빅뱅 초기에는 우주가 밀도와 온도가 매우 높은 상태에 있다가 시간이 지나면서 우주 팽창에 의해 온도와 밀도가 점점 낮아지는데, 빅뱅 후 약 3~4분이 지나면 핵융합 반응에 의해 우주에서 양성자 2개와 중성자 2개가 합쳐진 헬륨 원자핵들의 무게가 수소 원자핵(양성자)의 약 3분의 1쯤이 된다는 것이다. 그 후에는 온도와 밀도가 낮아서 (별 내부를 제외한) 우주 공간에서는 핵반응이 거의 일어나지 못하므로, 지금도 우주 전체를 보면 수소와 헬륨 원자핵의 중량 비율이 약 3 대 1로 유지될 것이라는 예측이다. 실제로 우주 공간을 관측해 보면 이 비율은 우주의 어느 부분을 보더라도 (별을 제외하고) 대체로 맞는 것으로 나타난다.

또한 빅뱅 이론에 의하면 우주는 그 후에도 계속 팽창하면서 온도가 낮아지는데, 38만 년쯤 지나면 원자핵이 전자와 결합하여 안정적인 원자를 만들게 된다. 전기적으로 중성인 원자는 전자기파(빛)와의 상호 작용이 아주 작아지기 때문에, 이때부터 전자기파는 자유롭게 온 우주 공간으로 퍼져 움직일 수 있게 된다. 이 전자기파는 우주가 팽창하면서 점차 에너지가 낮아져서 138억 년이 지난 현재에는 절대 온도 2.7도 정도의 에너지를 가질 것으로 예측된다. 이러한 예측은 1940년대 말~1950년대 초에 가모브(George Gamow), 앨퍼(Ralph Alpher), 허먼(Robert Herman) 등 빅뱅 이론을 지지하는 이론물리학자들에 의해서 처음 발표되었고, 1964년 미국 벨 연구소의 펜지어스(Arno Penzias)와 윌슨(Robert Woodrow Wilson)이 실험적으로 관측함으로써 확인되었다. 이를 우주 배경 복사라고 부르는데, 펜지어스와 윌슨의 실험 결과는 빅뱅 이론이 받아들여지는 결정적인 계기가 되어 두 사람은 1978년 노벨 물리학상을 받았다. 우주 배경 복사는 우주의 어느 방향을 보아도 거의 균일하여 전체적인 우주의 등방성(isotropy)을 확인해 준다. 그러나 후에 인공위성을 이용하여 자세하게 측정한 결과, 방향에 따라 약 10만분의 1 정도의 정밀도 수준에서 차이가 있음을 알아내었다. 이 미세한 차이는 빅뱅 초기에 구역에 따라 약간의 밀도 차이가 있었음을 보여 주는 것으로, 이러한 밀도의 차이가 시간이 지남에 따라 물질이 집중적으로 모여 있는 별 및 은하단과 아무것도 없는 넓은 빈 공간 등 상당히 불규칙한 밀도 분포를 보이는 현재 우주의 모습으로 발전하게 된다.

별의 일생

우주의 대폭발(빅뱅)이 일어난 후 우주가 시간에 따라 어떻게 진화해 왔는지는 그 후 핵물리와 입자물리, 우주론 등의 합동 연구에 의하여 많이 밝혀졌다. 특히 은하의 형성 과정과 그 안에 있는 별들의 일생에는 당연히 많은 관심이 집중되었고 많은 연구 결과가 나왔다. 현재까지 알려진 바로는 별들은 빅뱅 후 약 4억 년이 지나고부터 형성되기 시작했으며, 그중 지구가 속한 태양계는 지금으로부터 약 46억 년 전에 탄생한 것으로 보인다. 호킹은 『시간의 역사』에서 이 과정을 다음과 같이 설명한다.

우주 전체로는 계속 팽창하고 냉각되고 있으나, 평균보다 조금만 더 물질의 밀도가 높은 구역에서는 팽창이 그 여분의 중력으로 인한 인력(引力) 때문에 감속될 것이다. 이것은 마침내 어떤 구역에서는 팽창을 멈추게 하여 그 후 수축을 시작하게 만들 것이다. 이렇게 수축하는 구역에서는 외부의 물질이 이끄는 중력으로 작은 회전을 시작할 수 있다. 수축 구역의 크기가 줄어들면 ─ 마치 회전하는 빙상 선수가 팔을 오므리면 회전이 더 빨라지듯이 ─ 그 회전이 더욱 빨라진다. 마침내 수축하는 구역이 아주 작아져서 그 회전이 중력을 균형할 수 있을 정도로 빨라지게 되면 회전하는 원반형 은하가 태어나는 것이다. (……)

시간이 지남에 따라 은하 안의 수소와 헬륨으로 된 기체는 작은 구름 덩어리로 모이고, 이들은 스스로의 중력으로 수축한다. 구름이 수축함에 따라 그 속의 원자들은 서로 충돌을 일으켜서 기체의 온도는 올라간다. 마침내 그 온도가 핵융합 반응을 일으키기에 충분할 정도로 오르게 된다. 이 반응은 수소를 결합해서 헬륨으로 변환하고 이때 발생하는 열은 압력을 높이므로 구름은 더 이상 수축하지 않게 된다. 구름은 이런 상태에서 우리 태양과 같은 별로서 오랫동안 존재하게 되는데, 그동안 수소를 헬륨으로 변환하면서 얻어진 에너지를 열과 빛으로 복사하는 것이다.

더 무거운 별은 강한 스스로의 중력을 지탱하기 위해서 더 뜨거워지므로 핵융합 반응을 훨씬 더 빠르게 일으켜서 불과 1억 년 정도에 수소를 모두 소비해 버린다. 이렇게 되면 별은 조금 더 무거운 원소인 탄소나 산소로 변환하기 시작한다. 그러나 이 반응은 그다지 많은 에너지를 발생하지 않으므로 별은 하나의 위기에 당면하게 된다. 그다음에 무엇이 일어날 것인지는 그리 분명치 않으나, 별의 중심부가 중성자별(neutron star)이나 검은 구멍(black hole)과 같은 극히 높은 밀도의 상태로 무너져 내릴 가능성이 있다. 어떤 경우에는 별의 바깥 부분이 초신성(超新星, supernova)으로 불리는 엄청난 폭발로 인하여 산산이 조각나 버릴 수 있는데, 이 폭발은 그 은하의 다른 별들의 밝기를 모두 합친 것보다 더 밝게 빛난다. 별의 일생의 끝 무렵에 만들어지는 무거운 원소의 일부는 공간에 흩어져서 은하 속의 기체로 되돌아가 다음 세대의 별들을 만드는 원료의 일부를 마련해 준다. 우리 태양은 약 2퍼센트 정도 이런 무거운 원소를 포함하고 있다. 태양은 약 50억 년 전에, 이보다 전에 일어났던 초신성 폭발의 파편들을 포함한 회전하는 기체의 구름으로부터 형성된 제2 내지 제3세대의 별이기 때문이다. 구름 속에 있던 기체의 대부분은 태양을 형성하거나 날아가 버렸는데, 소량의 무거운 원소들은 서로 뭉쳐서 오늘날 태양을 도는 지구와 같은 행성을 만들었던 것이다.[12]

빅뱅이 일어난 이후 138억 년 동안 여기서 기술한 바와 같이 수많은 은하가 탄생했다. 현재 우주에는 1000억 개 정도의 은하가 있고, 각 은하에는 평균적으로 1000억 개 정도의 별(항성)이 있는 것으로 추정된다. 태양은 이 중의 하나인 평범한 항성이다. 각 은하 내에서는 수많은 별들이 끊임없이 생성되고 소멸하는데, 별의 일생은 그 질량에 따라 여러 가지 다른 패턴을 따르는 것으로 알려져 있다. 만일 별의 질량이 태양보다 아주 작은 경우에는 수소-헬륨의 원자핵 반응이 일어나지 못하므로 강한 빛을 내지 못하고 갈색 왜성(brown dwarf)으로 일생을 마친다. 반면 태양과 비슷한 질량의 별들은 수소-헬륨 원자핵 반응이 가능하므로 내부의 핵융합 반응을 통해 빛과 열을 내다가 그 원료가 소진되어 가면 적색 거성(red giant)을 거쳐 백색 왜성(white dwarf)이 된다. 백색 왜성은 핵융합 반응에 의한 압력이 줄어들어 크기가 작아지지만, 전자들 간의 배타 원리(Pauli Exclusion Principle)에 의한 압력으로 중력에 대항하여 대략 지구 정도의 크기를 유지하는 상태이다. 태양은 앞으로 50억 년 후면 이런 과정을 거칠 것으로 예측된다.

태양보다 질량이 매우 무거운 경우에는 전자들 간의 배타 원리도 중력을 당해 낼 수 없어서, 초신성 폭발 등의 과정을 거쳐 중성자별이나 검은 구멍(블랙홀)으로 일생을 마감한다. 중성자별에서는 중성자들 간의 배타 원리가 중력을 대항하지만 크기는 반경 10~20킬로미터 내외로 작아져서 엄청난 밀도를 가지고 있다. 별의 질량이 더 커지면 블랙홀로 발전하게 되는데, 블랙홀은 중력이 너무 커서 심지어 빛도 그 영향력에서 빠져나올 수 없는 상태이다. 또한 어떤 물체가 블랙홀 안으로 들어가면 절대로 다시 빠져나올 수 없다. 따라서 블랙홀을 직접적으로 관측하는 것은 불가능하다. 이러한 성질은 사람들의 호기심을 자극해서, 블랙홀은 이론적으로 예측된 후 많은 사람들의 관심을 끌어 왔다. 물론 블랙홀의 막강한 중력은 그 주위에 있는 별들과 지나가는 빛에 영향을 미치기 때문에, 이런 효과를 통하여 간접적으로 그 존재를 유추할 수는 있다. 현재는 이러한 방법으로 그 존재가 인정된 블랙홀이 상당수 있다. 또한 블랙홀은 아주 작은 공간에 매우 큰 질량이 존재하는 극한 상태여서 양자역학과 중력 이론이 모두 중요해지기 때문에 이론물리학적으로도 흥미로운 주제이다. 스티븐 호킹은 이런 블랙홀의 성질에 대하여 의미 있는 업적을 많이 남겼다.

4 블랙홀

고전적 이론

블랙홀(black hole)이라는 이름은 1969년 미국의 유명한 이론천문학자 존 휠러(John Wheeler)가 처음 사용했다고 알려져 있다. 비슷한 아이디어는 이미 18세기에 영국의 존 미첼(John Mitchell)과 프랑스의 라플라스(Pierre-Simon Laplace)가 제안한 바 있다. 그러나 블랙홀에 대한 체계적인 연구는 빛에 대한 중력의 효과를 모순 없이 설명하는 아인슈타인의 일반 상대성 이론이 발표된 후에야 이루어지게 된다. 상대성 이론이 발표된 직후인 1916년 독일 과학자 카를 슈바르츠실트(Karl Schwarzschild)가 아인슈타인 방정식의 특수해로서 이를 구한 바 있다. 하지만 아인슈타인을 비롯한 당시 대부분의 과학자들은 이 해의 물리적 의미를 제대로 파악하지 못했고, 블랙홀의 실제 존재 가능성에 대해 매우 회의적이었다. 블랙홀의 물리적 실체가 과학자들 사이에서 진지하게 논의되기 시작한 것은 중성자별이 발견된 1960년대 후반 이후였다. 특히 이 시기에 로저 펜로즈와 스티븐 호킹은 일반 상대성 이론에 따른다면 블랙홀 안에도 밀도와 시공간 곡률이 무한히 큰 특이점이 필연적으로 존재한다는 것을 밝힌 바 있어 이론적인 관심도 높아졌다. 이러한 블랙홀에 대한 관심은 1971년 백조자리(Cygnus) X-1이라는 X선 쌍성(X-ray binary star)이 블랙홀일지 모른다는 실험적 관측이 발표되면서 더욱 고조되었다. 지금 대부분의 과학자들은(호킹을 포함하여) 백조자리 X-1이 블랙홀일 것이라고 믿고 있다. 또한 그 후에도 블랙홀 효과라고 생각되는 여러 실험적 사실들이

271

발견된 바 있다.

하지만 블랙홀은 근본적으로 직접적인 실험 관측이 불가능하기 때문에 중요한 성질들은 주로 이론적인 연구에서 밝혀지고 있다. 그 중 하나는 존 휠러가 "블랙홀은 털이 없다.(Black holes have no hair.)"라고 표현하여 유명해진 '털 없는 정리(no-hair theorem)'이다. 이 정리에 의하면 블랙홀의 크기와 형태는 질량과 전하, 그리고 회전 속도(각운동량)에만 의존하지 그 블랙홀을 만들며 붕괴된 물체의 원래 성질과는 전혀 관계가 없다는 것이다. 이 '털 없는 정리'는 일반 상대성 이론의 방정식으로부터 유추할 수 있는 것으로서, 실제로 매우 중요한 이론적 함의를 가지고 있다. 왜냐하면 이는 가능한 블랙홀의 종류를 크게 제한하고 있기 때문이다. 또한 이 정리가 맞는다면 중력 붕괴로 블랙홀이 만들어질 때 그 원료 물질에 대한 극히 많은 정보가 모두 상실됨을 의미한다.

호킹 복사

고전적인 이론에 의하면 블랙홀 안으로부터는 질량을 가진 입자는 물론 빛도 탈출할 수 없다. 그러나 1974년 스티븐 호킹은 양자역학과 일반 상대성 이론을 결합한 이론으로부터, 블랙홀이 복사를 통해 에너지를 방출하고 충분한 시간이 지나면 증발(evaporate)해 없어진다고 주장했다. 즉 블랙홀의 경계인 사건 지평선(event horizon) 부근에서 일어나는 양자역학적 불확정성 원리(Uncertainty Principle)에 의한 양자 요동(quantum fluctuation) 때문에, 블랙홀에서 (반)입자나 광자가 튀어나올 수 있다는 것이다. 이 주장은 블랙홀에 대한 종전의 관점을 완전히 뒤엎었기 때문에 처음에는 많은 반박과 반발에 부딪혔지만, 결국 그 후의 여러 다른 사람들의 연구에 의해 확인되어 지금은 호킹 복사(Hawking Radiation) 혹은 베켄슈타인-호킹 복사라고 불리게 되었다. 호킹 복사는 블랙홀의 질량에 반비례하는 호킹 온도(Hawking Temperature)를 가진 흑체 복사(Blackbody radiation)의 스펙트럼과 일치한다. 일반적으로 호킹 온도는 우주 배경 복사 온도인 2.7도보다 훨씬 낮기 때문에(태양 정도의 질량을 가진 블랙홀의 호킹 온도는 절대온도 10^{-7}도 정도이다.) 실제로 태양만 한 질량의 블랙홀이 증발할 가능성은 없다. 하지만 질량이 매우 큰 블랙홀이 있다면(예를 들어 우주 초기에 밀도의 불균일성 때문에 생성된 원시적 블랙홀이 있다면) 호킹 온도는 질량에 반비례하므로 그 증발이 관측될 가능성은 있다. 이 이론은 현대 물리학의 두 축인 양자역학과 상대성 이론을 결합한 최초의 예측으로서 큰 주목을 받았다.

사실 펜로즈와 호킹의 특이점 이론은 일반 상대성 이론만으로는 우주 초기에 일어난 일을 해석하기에 부족하다는 사실을 이미 보여 주고 있다. 왜냐하면 펜로즈와 호킹의 특이점에서 시작한 우주의 초기에는 우주의 크기가 매우 작아서, 미시 세계를 기술하는 양자역학적 효과를 무시할 수 없기 때문이다. 호킹 복사는 양자역학과 일반 상대성 이론을 결합하는 양자 중력(quantum gravity)이론의 한 예이고, 앞으로의 우주론은 양자역학적 효과를 함께 고려해야 할 것이라는 점을 확실히 보여 준다. 초중력(supergravity)이론이나 끈 이론(string theory), 초끈 이론(superstring theory) 등은 이처럼 양자역학과 중력 이론을 동시에 고려하려는 대통합 시도의 하나이다. 만일 양자역학과 일반 상대성 이론이 완벽하게 결합된 이론이 나온다면, 빅뱅이나 블랙홀에서의 특이점은 사라질 것으로 예상되고 따라서 우주의 시작과 블랙홀의 성질에 대해 좀 더 정확하게 설명할 수 있을 것이라고 물리학자들은 기대하고 있다.

정보 손실과 엔트로피 문제

고전적인 '털 없는 정리'에 의하면 블랙홀은 질량, 전하, 각운동량의 성질 외의 다른 특징은 가질 수 없기 때문에, 중력 붕괴로 블랙홀이 만들어질 때나 외부의 물질이 블랙홀로 빨려 들어가게 되면 원래 물질이 가지고 있던 많은 정보는 모두 상실될 것이다. 만일 블랙홀이 영원히 존재한다면 이 정보들은 블랙홀 안에 저장되어 있다고 볼 수 있어(비록 외부 사람들이 알 수는 없더라도 정보는 우주 안에 남아 있는 것이므로) 물리 법칙상으로 큰 문제가 되지는 않을 것이다. 그러나 앞에서 보았듯이 블랙홀은 호킹 복사에 의하여 천천히 증발해 없어질 수 있고, 1983년 호킹은 호킹 복사가 블랙홀을 원래 만들었던 물질에 대한 정보는 가지고 있지 않다고 주장했다. 그렇다면 호킹 복사를 통하여 블랙홀이 증발해 없어지면 원래 우주 안에 있던 많은 정보가 영원히 사라진다는 것(정보 손실, Information Loss)을 의미한다. 이러한 현상은 물리학의 근본 법칙에 위배되는 것으로 여겨져서 많은 논란이 있었다. 많은 학회와 논문을 통해 이 문제에 대한 이론물리학자들 사이의 격론이 있었고,[13] 결국 2004년에 호킹은 입장을 바꾸어 블랙홀에서 정보가 사라지지는 않는다고 생각한다고 선언했다. 지금은 많은 과학자들이 그 견해에 동의하고 있지만, 아직도 의견을 달리하는 과학자들이 있어 아마도 이 문제의 완전한 해결은 좀 더 연구가 진전될 때까지 기다려야 될는지 모른다.

또 하나 현재의 블랙홀 이론에서 이슈가 되는 것은 엔트로피 (Entropy) 문제이다. 물리학에서 에너지 보존 법칙과 더불어 가장 중요한 법칙 중의 하나라고 인정되는 것이 엔트로피 증가의 법칙이다. 즉 자연의 모든 현상은 무질서도가 증가하는 방향(가능한 상태가 많은 방향)으로 진행된다는 것이다. 실제로 일상생활에서 유리병이 깨져 산산조각이 나는 것은 자연스럽지만, 산산조각 났던 유리 조각들이 저절로 모여 유리병이 되는 것은 상상하기 힘들다. 또한 뜨거운 물과 차가운 물을 섞으면 미지근한 물이 되지만 반대로 미지근한 물이 뜨거운 물과 차가운 물로 분리되는 일은 일어나지 않는다든지, 기체가 확산되는 것은 자연스럽지만 확산된 기체가 한곳으로 저절로 모이지 않는다든지 하는 것 등은 모두 엔트로피 증가 법칙으로 설명할 수 있다. 그런데 블랙홀의 경우 호킹 복사가 이러한 엔트로피 증가의 법칙과 일치하는지 여부가 논란이 되었다. 블랙홀의 경우 사건 지평선의 총 넓이가 엔트로피와 비례한다고 생각하면 이 문제는 해결되는 듯이 보이나, 그 경우 엔트로피가 불랙홀의 부피가 아니라 면적에 비례한다는 특이한 성질을 인정해야 한다. 이 점에 대해서도 상당한 논란이 있었고, 이 문제 또한 시간이 더 지나야 만족스럽게 해결될 것이라고 생각된다.

5 맺는 말

시간의 화살

대부분의 물리학 법칙은 시간 대칭성(time symmetry)을 가진다. 즉 물리 법칙을 표현하는 방정식에 t 대신에 –t를 대입해도 그 방정식은 성립한다. 다시 말하면 시간을 거꾸로 돌려도 그 방정식은 성립한다는 것이다. 뉴턴의 운동 법칙이 그렇고 맥스웰의 전자기 방정식 또한 그러하다. 실제로 야구공을 하늘로 던져 떨어지는 것을 동영상으로 찍어 놓고, 그것을 거꾸로 돌려보면 하나도 이상하지 않다. 두 사람이 야구 캐치볼을 하는 경우에도 한쪽 사람이 던진 공의 궤적은 다른 쪽 사람이 던진 공을 시간을 거꾸로 돌린 것과 똑같다. 이것은 뉴턴의 운동 방정식이 시간 대칭성을 갖기 때문이다. 이처럼 물리학의 근본 법칙은 시간의 방향을 지정해 주지 않는 듯이 보인다.

그런데 우리는 일상생활에서 시간의 화살이 한쪽 방향으로만 흐른다고 느낀다. 사람은 태어나서 나이를 먹고 늙어 가지, 거꾸로 젊어지는 경우는 상상할 수 없다. 책상 위에 있던 유리병이 깨져 산산조각이 나는 것은 자연스럽지만, 그 동영상을 찍어 거꾸로 돌리면 금방 잘못된 것을 알 수 있다. 이처럼 시간의 방향이 한쪽으로 흐르는 것처럼 느끼는 것은 앞에서 말한 엔트로피 증가의 법칙 때문이다. 즉 자연계의 현상은 항상 무질서도(randomness or disorderedness)가 증가하는 방향으로 일어난다는 것이다. 깨어진 유리 조각들이 다시 모여서 유리병이 되는 것은 에너지 보존 법칙 등에 어긋나지는 않지만 엔트로피 증가 법칙에 어긋나기 때문에 일어나지 않는 것이다. 따뜻한 물에 얼음을 넣으면 얼음이 녹아 미지근한 물이 되지만, 거꾸로 미지근한 물이 뜨거운 물과 얼음으로 분리되는 일은 현실에서 일어나지 않는 것도 역시 엔트로피 증가 법칙으로 설명할 수 있다. 이것을 물리학자들은 열역학적 시간이라고 부른다. 사람들은 오랜 경험을 통해서 이러한 현실에 익숙해 있기 때문에, 인간이 느끼는 시간의 방향은 역시 엔트로피가 증가하는 방향과 같다. 즉 인간의 심리적 시간의 방향은 열역학적 시간의 방향과 같다고 말할 수 있다.

그러면 우주 진화 과정에서의 시간의 방향도 이처럼 인간이 느끼는 시간의 방향과 일치할까? 우리가 현재 이해하고 있는 빅뱅과 우주 팽창 이론은 우주의 시간도 역시 인간의 시간과 같은 방향임을 말해 준다. 왜냐하면 빅뱅 초기의 우주는 아주 매끄럽고 질서 있는 상태라고 생각할 수 있기 때문이다. 이러한 초기 우주가 시간이 지나면서 팽창하고, 인플레이션에 의해 미세했던 밀도의 불균일성이 점점 커지면서, 은하, 별과 같은 존재가 형성된 현재와 같은 울퉁불퉁하고 무질서한 상태로 변화한 것이다. 즉 우주의 시간도 열역학적 시간과 같은 방향으로 흘러왔다고 볼 수 있다. 여기서 매우 흥미로운 질문의 하나는 만약 우주가 팽창을 멈추고 수축을 시작하게 되면 어떻게 될까 하는 것이다. 그렇게 되면 열역학적 시간의 화살이 방향을 바꾸어 무질서가 시간에 따라 줄어들까? 이에 대해서 호킹은 다음과 같이 대답하고 있다.

애당초 나는 우주가 수축하면 무질서가 적어질 것이라고 믿었다. 왜냐하면 우주가 다시 작아지게 되면, 매끈하고 질서 있는 상태로 되돌아갈 것이라고 생각했기 때문이었다. 즉 수축 단계는 팽창 단계의 시간 역전과 같으리라는 것이다. 수축 단계의 사람들은 인생을 거꾸로 살 것이다. 즉 그들은 우주가 수축함에 따라 태어나기 이전에 죽을 것이며 차츰 더 젊어져 갈 것이다. (……) (그러나) 나는 내 실수를 깨달았다. 즉 무경계 조건이 사실은 무질서가 우주의 수축 단계에서도 늘어남을 알려 준다는 것이다. 열역학적 시간의 화살과 심리적 시간의 화살은 우주가 수축할 때에도 혹은 검은 구멍 안에서도 역전하지 않는 것이다. (……) (그러나 다시 수축을 시작할 때의) 우주는 거의 완전한 무질서 상태에 있을 것이다. (따라서 수축기에는) 뚜렷한 열역학적 시간의 화살이 없어질 것이다. 우주는 이미 거의 완전히 무질서 상태에 있으므로 무질서는 크게 늘어날 수 없기 때문이다.[14]

위의 질문은 왜 열역학적 시간의 방향이 우주론적 시간의 방향과 같을까 하는 질문과 크게 다를 바 없다. 즉 왜 우리가 우주의 수축 단계가 아니라 팽창 단계에 살고 있을까라는 질문인 것이다. 호킹은 이에 대해 '약한 인간 원리'[15]를 들어 다음과 같이 설명하고 있다.

그러나 지적 생물이 살아가는 데는 뚜렷한 열역학적 시간의 화살이 필요하다. 인간은 살아가기 위해 식량 ─ 질서 있는 형태의 에너지 ─ 을 소비해서 이것을 열 ─ 무질서한 형태의 에너지 ─ 로 변환해야 한다. 그러므로 지적 생물은 우주의 수축 단계에서는 존재할 수 없다. 이것이 열역학적 및 우주론적 시간의 화살이 둘 다 같은 방향을 가리키는 까닭을 설명해 준다.[16]

과학과 우주관

인류는 오래전부터 우리 주위에 보이는 것에 대해 이해하기를 원하며, 더 나아가 우주의 본질은 무엇인지, 우주와 인간은 어디에서 왔는지, 우주 안에서 인간의 위치는 어떠한 것인지 등에 대해서 알고 싶어 했다. 문명 초기에는 이러한 질문에 대한 대답을 신령(神靈)에서 찾으려 했고, 그에 따라 부족마다 독특한 종교와 우주관이 생기기도 했다. 그러나 인류 문명이 발달하면서 점점 그 해답을 과학에서 찾으려고 했고, 이제 과학의 발달은 그 해답의 실마리를 주고 있다. 물론 19세기 프랑스의 과학자 라플라스가 생각했던 것과 같은 결정론적인 세계관[17]은 옳지 않다는 것을 현대의 양자론은 말해 준다. 대신 현대 과학은 불확정성 원리가 주는 한계 안에서 사건을 예언할 수 있는 법칙을 발견하려고 한다. 궁극적으로 양자역학을 일반 상대성 이론과 통합하는 이론이 완성된다면 특이점이나 경계가 없는 4차원 시공간을 만들 수도 있을 것이다. 그리되면 은하와 별의 진화와 같은 우주의 특성은 물론, 시간의 화살이나 인류의 출현까지도 설명할 수 있는 날이 올지 모른다.

그러나 이렇게 우주가 특이점이나 경계가 없는 완전히 자급자족하는 것이고 통일 이론으로 완전히 설명될 수 있는 것이라면, 이것은 조물주로서의 신이 맡은 역할에 대해서 많은 생각을 하게 한다. 언젠가 아인슈타인은 "신이 우주를 만들 때 얼마나 많은 자유를 가졌을까?"라는 질문을 던진 일이 있다. 우리가 현재 알고 있는 바에 의하면 아마도 신은 큰 자유를 가지지는 못했을 것이라고 생각된다. 어쩌면 아무런 자유도 없었을지 모른다. 우주는 주어진 법칙에 따라 자연히 생성되고, 단순히 그 법칙에 맞추어 진화 발전해 왔을지도 모르기 때문이다. 하지만 만일 과학자들이 그러한 궁극적인 자연의 법칙을 발견해 낸다 하더라도 '왜'라는 질문은 남는다.

즉 과학은 우주가 어떻게 생성되고 진화해 왔는지를 밝힐 수 있을지는 몰라도 그 과학 모델이 설명하는 우주가 '왜' 존재해야 하는지에 대해서는 답할 수 없다. 왜 우주는 존재의 번거로움을 마다하지 않았을까? 통일 이론은 과연 스스로를 태어나게 할 만큼 불가피한 것인가? 아니면 우주의 탄생은 조물주를 필요로 하는가? 만일 그렇다면 조물주는 우주에 어떤 영향을 주고 있는 것일까? 그리고 누가 조물주를 창조했을까? 이러한 질문들의 대답은 과거에는 철학자나 신학자들의 몫이었다. 그러나 과학이 발달하여 완전한 이론이 발견된다면, 많은 사람들이 이 질문에 대한 대답에 참여할 수 있게 될 것이다. 그러면 이것은 인간 이성(理性)의 최종적인 승리가 될 것이다. 왜냐하면 그때 비로소 인류는 신의 마음을 헤아릴 수 있을 것이기 때문이다.**18**

오세정　서울대학교 물리학과를 졸업하고 미국 스탠퍼드 대학에서 물리학 박사 학위를 받았다. 서울대학교 물리천문학부 교수 및 자연과학대학 학장, 한국연구재단 이사장, 기초과학연구원 원장을 지내며 기초과학 연구 활성화와 과학기술 및 과학교육 정책 수립을 위한 사업을 이끌었다. 『과학이 나를 부른다』, 『20년 전 전망과 20년 후 미래 설계』, 『기술의 대융합』, 『우리는 미래에 무엇을 공부할 것인가』 등에 공저로 참여했고 국내외에 173편의 학술 논문을 발표했다. 제6회 한국과학상을 수상했으며 제2기 '닮고 싶고 되고 싶은 과학자'로 선정되기도 했다.

30 참주와 다수의 협주곡

1   Benedetto Croce, "Una questione che forse non si chiuderà mai: La questione del Machiavelli," *Quaderni della critica* 5, no. 14(1949), pp. 1~9.

2   곽준혁, 『지배와 비지배』(서울: 민음사, 2013), 21~34쪽.

3   Niccolò Machiavelli, *Il Principe*, ed. Giorgio Inglese(Torino: Einaudi, 1995), 16,9.

4   Niccolò Machiavelli, *Il Principe*, ed. Mario Martelli(Roma: Salerno Editrice, 2006), 16,10.

5   Niccolò Machiavelli, *Discorsi sopra la prima deca di Tito Livio*, Tomo. 1, ed. Francesco Bausi(Roma: Salerno Editrice, 2001), 1,18,29.

6   Niccolò Machiavelli, *Il Principe*(2006), 9,3; 9,15~16; 19,62.

7   Jean-Jacques Rousseau, *On the Social Contract*, trans. Judith Masters(New York: Saint Martin, 1978), 3,6.

8   Hannah Fitkin, *Fortune is a Woman*(Chicago: The University of Chicago Press, 1999), pp. 3~22.

9   Antonio Gramsci, *Selections from the Prison Notebooks*, trans. Quintin Hoare and Geoffrey Nowell Smith(New York: International Publishers, 1971), p. 135.

10   Cf. Jacob Burckhardt, *The Civilization of the Renaissance in Italy*, trans. Samuel G. C. Middlemore(Vienna: the Phaidon Press, 1950), pp. 1~145.

11   Hans Baron, *The Crisis of the Early Italian Renaissance*, Vol. 2(Princeton, NJ: Princeton University Press, 1955), pp. 379~390.

12   Gennaro Sasso, *Machiavelli e gli antichi e altri saggi*, Tomo. 1(Milano: R. Ricciardi, 1987), pp. 67~118.

13   Gabriele Pedullà, *Machiavelli in tumulto: Conquista, cittadinanza e conflitto nei <Discorsi sopra la prima deca di Tito Livio>*(Roma: Bulzoni Editore, 2011), pp. 87~216.

14   Niccolò Machiavelli, *Il Principe*(2006), 9,2.

15   Ibid., Dedica, 5.

16   Ibid., 6.27.

17   Ibid., 13.14.

18   Ibid., 6.29.

19   Ibid., 9.16.

20   Bartolomeo Scala, "De Legibus et Iudiciis Dialogus," *Bartolomeo Scala: Humanistic and Political Writings*, ed. Alison Brown(Tempe, AZ: Arizona State University Press, 1997), p. 354.

21   Roberto Ridolfi, *Vita di Niccolò Machiavelli*(Roma: Angelo Belardetti Editore, 1954), p. 22.

22   Filippo Casavecchia, "Lettere di Casavecchia a Niccolò Machiavelli, 17 Giugno 1519," *Opere di Niccolò Machiavelli*, Vol. 3, ed. Franco Gaeta(Torino: Unione Tipografico-Editrice Torinese, 2000), p. 309.

23   Francesco Guicciardini, *Considerazioni, Opere di Francesco Guicciardini*, ed. Emanuella Lugnani Scarano(Torino: Unione Tipografico-Editrice Torinese, 1983[1970]), 1.5.618.

24   Niccolò Machiavelli, *Il Principe*(2006), 6.21.

25   Niccolò Machiavelli, *Discorsi sopra la prima deca di Tito Livio*, Tomo. 1, 1.45.9~11.

26   Niccolò Machiavelli, *Il Principe*(2006), 7.27~28.

27   Ibid., 19.9.

28   Luciano Canfora, Julius Caesar: The Life and Times of the People's Dictator, trans. Marian Hill and Kevin Windle(Berkeley, CA: University of California Press, 2007), xiv~xv.

31 애덤 스미스의 도덕철학 체계

1   하늘은 원리이다(天卽理). 하늘은 자의적이고 우연적인 것이 아니다. 하나의 원리이고 하나의 이치이고 하나의 질서이다. 이러한 시각은 동양에서는, 특히 유교에서는 오래된 사상이다. 그러한 의미에서 영국 자연신학의 시각은 동양의 유학 사상과 극히 유사하다. 또한 영국의 경험론과 마찬가지로 유학에서도 인간과 자연은 원리적으로 같다고 본다. 그래서 『중용』에서는 "천명지위성(天命之謂性)"이라고 했다. 하늘이 명령으로 내려 준 것이 바로 인간이나 천지 만물 모두에 공히 나타나는 본성이다. 이 본성 — 자연과 인간의 본성 — 속에 하늘의 이치가 있다. 그래서 본성이 곧 이치도 된다(性卽理). 유가에서는 인간이든 자연이든 이 천리(天理) 즉 성리(性理)를 따라 사는 것을 도(道)라 부르면서 이 길을 갈 것을 권하고 있다.

2   여기서의 숨은 성질은 유교식으로 표현하면 인간의 본성, 인간의 본연지성(本然之性)이다. 주자학 이후의 신유학에서는 특히 인간의 본성에 대한 연구를 심화하여, 거기에서

개인의 완성의 원리 즉 성인(聖人)이 되는 원리와 사회 발전의 원리 즉 평천하(平天下)의 원리를 발견하게 된다.

3 Hiroshi Mizuta, "Moral Philosophy and Civil Society," *Essays on Adam Smith*, ed. A S. Skinner and T. Willson(Oxford at the Clarendon Press, 1975), pp. 114~131.

4 Adam Smith, *The Theory of Moral Sentiments*(Liberty Classics, 1969), p. 47.

5 흥미로운 것은 동양 사상에서 맹자도 유사한 주장을 한다는 것이다. 맹자는 모든 인간이 타인을 차마 해치지 못하는 마음(不忍人之心)을, 즉 인(仁)의 마음을 가지고 있다고 주장한다. 그렇게 주장하는 근거로서 그는 어린아이가 우물로 들어가는 모습을 보고는 모든 사람이 깜짝 놀라 (막으려 하면서) 측은해하는 마음을 가진다는 점을 든다. 이것은 어린아이의 보모와 교분을 맺으려 해서도 아니고 향당과 붕우들로부터 (인자하다는) 명예를 구해서도 아니고 (잔인하다는) 악명을 싫어해서도 아니다. 인간의 마음속에 인의 단서가 되는 측은지심(惻隱之心)이 있기 때문이다.

6 애덤 스미스의 동감의 원리는 공자가 이야기하는 서(恕)의 원리와 대단히 비슷하다. 공자의 가르침 전체를 한마디로(一以貫之) 요약하면 — 그 기본 원리를 요약하면 — 증자가 이야기하듯이 충(忠)과 서라고 할 수 있다. 충은 모든 일에 자기의 마음을 다하는 것(盡己) 즉 정성과 성의를 다하는 것을 말한다. 그리고 서는 자기의 마음을 미루어 남을 헤아리는 것(推己及人)을 의미한다. 자기의 마음을 미룬다는 것은 자기 마음이 원하는 바를 살펴보아 남도 같은 것을 원하지 않겠는가 하고 혜량하는 것이다. 한마디로 애덤 스미스가 주장하는 "상상에서의 역지사지"를 의미한다. 그래서 서를 하게 되면 "자신이 서고자 함에 남을 서게 하고 자신이 이르고자 함에 남을 이르도록(己欲立而立人, 己欲達而達人)" 하게 된다. 이것을 『논어』에서는 인자(仁者)가 하는 일이라고 했다.

그런데 공자와 애덤 스미스 간에는 두 가지 차이가 보인다. 하나는 공자의 서는 동포 인간에게만 국한되는 것은 아니고 천지 만물 전체 — 동물이나 자연 — 에까지 미친다는 점이다. 왜냐하면 인자는 천지 만물과 한 몸이기 때문에 자기 아닌 것이 없기 때문이다.(仁者, 以天地萬物爲一體, 莫非己也.) 그래서 이 서를 추기급물(推己及物)이라고도 정의한다. 다른 하나는 서가 인간 본성에 내재해 있는 덕성이지만 고정되어 있는 것이 아니고 수양을 통하여 — 사심(私心)을 줄이고 인심(仁心)을 키워 — 끊임없이 확충해 나가는 것이라는 점이다. 그래서 공자는 종국에는 모든 사람이 인자 즉 성인이 되어야 하며, 그것이 금수가 아닌 인간이 걸어야 할 길이라고 주장한다.

7 Adam Smith, op. cit., p. 54.

8 여기서 애덤 스미스가 이야기하는 공평한 관찰자란 맹자의 양심(良心), 왕양명의 양지(良知), 그리고 선가(禪家)에서의 공적 영지(空寂靈知)와 같은 의미가 아닐까? 그리고 여기서 애덤 스미스가 이야기하는 마음속의 이상적인 인간이란 기독교의 성령, 불교의

불성, 유교의 천성, 도교의 원신(原神) 등과 같은 의미가 아닐까?

9   Adam Smith, op. cit, p. 167.

10 Ibid., p. 209.

11 여기서 애덤 스미스와 유교의 흥미로운 차이가 하나 발견된다. 즉 자유 사회를 지키기 위하여 정의의 덕만으로는 부족하다고 본 애덤 스미스는 정의의 법의 필요를 강조하고 법과 제도와 치정에 대한 논의로 넘어간다. 그는 결코 인간의 공감 능력을 높이는 문제에 대하여는 논하지 않는다. 그런데 동양의 유학에서는 정의의 덕의 부족 문제를 정의의 덕의 수준을 높이는 방향 — 공감 능력을 높이는 방향 — 으로 풀려고 노력해 왔다. 그래서 법치보다는 덕치(德治)를 강조하면서 인간 본성에 있는 양심 즉 사단(四端)의 확충 즉 인의예지(仁義禮智)의 확충으로 좋은 세상을 만들려고 했다. 모든 사회 구성원을 군자로, 현인으로, 결국은 성인으로 만드는 교육과 교화를 통해 좋은 세상을 만들려 했던 것이 동양의 유교적 방식이었다. 이러한 차이로 인해 이후 애덤 스미스의 영향을 받은 서양에서는 '제도'에 대한 연구에서 큰 성과가 나왔고, 반면에 동양에서는 특히 유교에선 '사람'에 대한 연구, '리더십'에 대한 연구에서 큰 성과가 있었다. 오늘날 각종 글로벌 위기 문제를 풀려면 이 두 가지 접근 방식의 결합 내지 융합이 있어야 하지 않을까? '법과 제도의 문제'와 '사람과 리더십의 문제'를 함께 푸는 방향으로 시각과 발상의 전환이 있어야 하는 것이 아닐까?

12 Adam Smith, op. cit., p. 537.

13 Adam Smith, *Lectures on Jurisprudence*, ed. R. L. Meek, D. D. Raphael and Peter Stein(Oxford at the Clarendon Press, 1978), p. 5.

14 Ibid., p. 9.

15 p. 7. "The first and chief design of all civil government is to preserve justice amongst the members of the state."

16 新村聰, 「アダム·スミスにおける道德と法と經濟」, 《思想》(岩波書店, 통권 679호, 1981년 1월호), 38~59쪽; T. D. Campbell, *Adam Smith's Science of Morals*(Allen & Unwin, 1971), pp. 186~204.

17 Adam Smith, *The Theory of Moral Sentiments*, p. 171.

18 흥미로운 것은 맹자도 유사한 주장을 했다는 것이다. 맹자는 인간의 본성 속에 수오지심(羞惡之心)이라는 마음이 있어 이것이 의(義)의 단초가 된다고 했다. 인간은 누구나 자기의 잘못(惡)에 대하여 부끄러워하는 마음 그리고 남의 잘못(惡)을 미워하는 마음을 가지고 있는데 이것이 정의의 기초라는 것이다.

19 Knud Haakonssen, *The Science of a Legislator*(Cambridge University Press, 1981), pp. 154~177.

20 Adam Smith, *Lectures on Jurisprudence*, p. 554.

21 Ibid., pp. 332~333.

22 Ibid., pp. 486~487.

23 애덤 스미스, 김수행 옮김, 『국부론(상)』(비봉출판사, 2003), 12~13쪽.

24 十寸江太郎, 『經濟政策論』(筑摩書房, 1982), 51~56쪽.

25 Adam Smith, *Lectures on Jurisprudence*, p. 232.

26 애덤 스미스, 『국부론(상)』, 264쪽.

27 상품의 가치가 그 상품으로 지배할 수 있는 타인의 노동량에 의하여 결정된다는 지배노
    동가치설과 상품의 가치가 그 상품을 생산하는 데 투입된 노동량에 의하여 결정된다는
    투하노동가치설은 애덤 스미스가 활동하던 단순 상품 생산 시대에는 큰 차이가 없었다.
    엄격한 구별의 실익이 없었다고도 볼 수 있다.

32 마르크스 경제 이론의 이해

1 별도의 도서명이 표기되지 않은 인용은 카를 마르크스, 강신준 옮김, 『자본』(도서출판
   길, 2008~2010)의 한국어판 쪽수이며, 『경제학 비판 요강』(이하 『요강』)의 인용은 칼
   맑스, 김호균 옮김, 『정치경제학 비판 요강』(백의, 2000)의 한국어판 쪽수임을 밝혀 둔
   다. 나머지 인용은 모두 표기된 원 저작의 쪽수이다.

2 프랜시스 윈, 정영목 옮김, 『마르크스 평전』(푸른숲, 2001), 411쪽.

3 제1권, 60쪽.

4 프랜시스 윈, 앞의 책, 411쪽.

5 Karl Marx, *Zur Kritik der politischen Ökonomie*, Vorwort, MEW Bd. 13, p. 8.

6 제1권, 48쪽.

7 W. S. Wygodski, *Wie "Das Kapital" entstand*(Frankfurt am Main: Verlag Marxistische
   Blätter, 1976), p. 36.

8 MEW Ergänzungsband, Erster Teil, 1968: 537.

9 Karl Marx, *Zur Kritik der politischen Ökonomie*, Erstes Heft: MEGA II/2: 100.

10 MEGA I/2: I, VII.

11 MEGA I/2: I.

12 『요강』 제1권, 58, 65쪽.

13 제1권, 45쪽.

14 『요강』 제1권, 71쪽.

15   『요강』 제1권, 70, 71쪽.

16   『요강』 제1권, 75쪽.

17   『요강』 제1권, 80쪽.

18   MEW Bd. 29, p. 549.

19   『자본』의 경제 이론 연구를 가리킨다.

20   마르크스를 가리킨다.

21   제1권, 75쪽.

22   제1권, 58쪽.

23   제1권, 48쪽.

24   제1권, 59쪽.

25   제1권, 61쪽.

26   제1권, 60쪽.

27   제1권, 87쪽.

28   제1권, 89쪽.

29   제1권, 93쪽.

30   제1권, 240쪽.

31   제1권, 249쪽.

32   제1권, 251쪽.

33   제1권, 963쪽.

34   제3권, 342쪽.

35   제3권, 1094쪽.

36   제3권, 324, 330쪽.

37   제3권, 1095쪽.

38   제1권, 142쪽.

39   MEW Bd. 39, p. 428.

40   U. S. Bureau of Labor Statistics, *International Labor Comparisons*(August 2013).

41   http://stats.oecd.org

42   제1권, 63쪽.

33 현대 자본주의와 민주주의를 이해하는 단초

1   이 글에서 사용한 텍스트는 다음과 같다.

ⓐ (한국어 번역본) 막스 베버, 김덕영 옮김, 『프로테스탄티즘의 윤리와 자본주의 정신』 (도서출판길, 2015. 3, 5쇄); (영어 번역본) Max Weber, *The Protestant Ethic and the "Spirit" of Capitalism and Other Writings*, ed. and trans. Peter Baehr and Gordon C. Wells(Penguin Books, 2002); (독일어판) Max Weber, *Die protestantische Ethik und der Geist des Kapitalismus*, Herausgegeben und eingeleitet von Dirk Kaesler(Verlag C. H. Beck, 2013).

ⓑ (한국어 번역본) 막스 베버, 최장집 엮음, 박상훈 옮김, 『막스 베버, 소명으로서의 정치』(폴리테이아, 2011); (영어 번역본) Max Weber, *The Vocation Lectures "Science as a Vocation" "Politics as a Vocation,"* ed. and with an introduction by David Owen and Tracy B. Strong, trans. Rodney Livingstone(Hackett, 2004), pp. 32~94; (독일어판) Max Weber, *Politik als Beruf*, Zehnte Auflage(Berlin: Duncker & Humblot, 1993).

이 글에서 『프로테스탄티즘』은 김덕영 번역본을, 『소명으로서의 정치』는 최장집 편, 박상훈 번역본을 텍스트로 했고, 영어 번역본과 독일어판을 참고로 했다. 그러므로 텍스트를 인용하는 각주는 특별한 언급이 없는 한 모두 위의 한국어 번역본의 페이지이다. 필자는 『프로테스탄티즘의 윤리와 자본주의 정신』을 번역한 독일 카셀 대학의 김덕영 교수에게 감사한다. 김 교수는 한국 학계에서 회귀하게 보는 베버를 깊이 연구한 베버학자의 한 사람이다. 어려운 텍스트를 더할 나위 없이 훌륭하고 정확하게 번역함으로써 독자들이 베버를 이해하는 데 크게 기여했다. 이 번역이 아니었더라면 이 글이 나오는 데 훨씬 더 큰 어려움을 겪었을 것이다.

2   Dirk Kaesler, *Max Weber: An Introduction to His Life and Work*, trans. Philippa Hurd(University of Chicago Press, 1989), p. 76.

3   Ibid., p. 82.

4   Ibid., p. 83.

5   Ken Morrison, *Marx, Durkheim, Weber: Formations of Modern Social Thought*(Sage publication Ltd, 1995).

6   Richard Swedberg, *Max Weber and the Idea of Economic Sociology*(Princeton University Press, 1998), pp. 225~226.

7   Randall Collins, *Weberian Sociological Theory*(Cambridge University Press, 1996), pp. 62~63.

8   Michael Walzer, *The Revolution of the Saints: A Study in the Origins of Radical Politics*(Harvard University Press, 1965).

9   Joachim Radkau, *Max Weber: A Biography*, trans. Patrick Camiller(Polity, 2009).

34 『종의 기원』의 지성사적 의의

1   이하 다윈의 생애와 『종의 기원』 집필 과정에 대해서는 장대익, 『다윈 & 페일리: 진화론
도 진화한다』(김영사, 2006) 2~3장의 내용을 이 책의 취지에 따라 수정, 정리한 것임을
밝힌다.

35 패러다임과 과학의 발전

1   이 글은 필자가 쿤에 대해서 쓴, 참고 문헌에 밝힌 세 편의 논문과 김명자 전 환경부 장
관과 함께 번역한 『과학혁명의 구조』의 역자 후기로 쓴 글을 바탕으로 작성한 것이다.

36 우주의 역사와 본질

1   이 석좌교수 자리는 케임브리지 대학을 지역구로 가지고 있던 영국 국회의원 헨리 루커
스(Henry Lucas)가 1663년 창설했는데, 현재 세계에서 가장 영광스러운 석좌교수 자리
중의 하나라고 알려져 있다. 근대 과학의 창시자로 불리는 아이작 뉴턴이 1669~1702년
에 제2대 루커스 석좌교수를 역임했고, 호킹은 제17대이다.

2   로저 펜로즈(Sir Roger Penrose, 1931~)는 영국의 유명한 수학자이자 이론물리학자, 과
학철학자이다. 스티븐 호킹과 시공간의 특이점에 관한 이론을 같이 연구하여 초기 우주
론을 확립하는 데 크게 기여했다.

3   당시 조사한 책 중에서 꼴찌를 차지한 것은 출판된 지 석 달밖에 되지 않았던 토마 피케
티의 『21세기 자본(Capital in the Twenty-First)』이었다. 이 책의 호킹 지수는 2.4퍼센트로
타의 추종을 불허했다. 장장 700쪽에 달하는 두꺼운 책인데 '인기 하이라이트' 다섯 개
가 모두 26쪽 이내에서 나왔던 것이다. 이에 대해 엘렌버그는 "스티븐 호킹은 이제 멍에
를 내려놓아도 될 것 같다."라고 썼다.

4   『시간의 역사』가 일반인이 읽기 어려운 책이라는 평판을 얻자 스티븐 호킹은 2005년도
에 『짧고 쉽게 쓴 시간의 역사(A Briefer History of Time)』라는 책을 새로 내어 좀 더 대중
에게 다가가려는 노력을 하기도 했다. 하지만 1988년에 발간된 『시간의 역사』 원본이 과
학적으로 좀 더 자세한 내용을 담고 있기에 이 글은 『시간의 역사』의 내용을 바탕으로
작성했다. 이 글에서 인용한 판본은 스티븐 호킹, 현정준 옮김, 『시간의 역사』(삼성출판
사, 1990)이다.

5 고대 그리스의 수학자, 천문학자, 지리학자, 점성학자로서, 다양한 분야에서 많은 저서를 남겨 이슬람과 유럽 과학에 중요한 영향을 미쳤다. 그중 대표적인 것으로 코페르니쿠스 이전 시대 최고의 천문학서로 인정받고 있는 『천문학 집대성(*Megalē Syntaxis tēs Astoronomias*)』이 있는데 이것의 아랍어 역본인 『알마게스트』란 이름으로 더 알려져 있다.

6 후세의 일부 과학자들은 이 실험이 세계 평화주의자였던 에딩턴 경의 편견에 의하여 조작되었을 가능성을 제기하기도 했다. 당시 유럽은 제1차 세계 대전(1914~1918)의 영향 아래 있었는데, 적대국이었던 독일 과학자 아인슈타인의 이론을 영국 과학자 에딩턴이 확인함으로써 독일과 영국 과학자 사이의 적대감을 해소하고 세계 평화주의를 지원하려는 의도가 있었다는 것이다. 실제로 1919년 당시 에딩턴 팀이 관측한 데이터의 질이 좋지 않았음은 사실이나, 1979년 재분석 결과 에딩턴의 결론이 확인되었다.

7 스티븐 호킹, 『시간의 역사』, 66~67쪽.

8 위의 책, 79쪽.

9 위의 책, 91쪽.

10 아인슈타인은 허블의 실험 결과도 처음에는 믿지 않다가 1931년경 결국 받아들이면서, 일반 상대성 이론에 우주 상수를 도입했던 일을 "자기 일생 최대의 실수"라고 후회했다. 후에 아인슈타인은 빅뱅 이론의 강력한 지지자가 되었다.

11 자세한 설명은 다음 책을 참고. Steven Weinberg, *The First Three Minutes*(New York: Basic Books, Inc., 1977), 스티븐 와인버그, 신상진 옮김, 『최초의 3분』(양문, 2006); 사이먼 싱, 곽영직 옮김, 『빅뱅』(영림카디널, 2006).

12 스티븐 호킹, 『시간의 역사』, 180~182쪽.

13 자세한 상황은 레너드 서스킨드, 이종필 옮김, 『블랙홀 전쟁』(사이언스북스, 2011)에 잘 기술되어 있다.

14 스티븐 호킹, 『시간의 역사』, 225~227쪽.

15 Weak anthropic principle. 우리가 현재와 같은 우주를 보는 까닭은, 만약에 우주가 현재와 달랐다면 우리는 여기에 존재할 수 없었을 것이며 따라서 관측도 할 수 없었을 것이라는 생각, 즉 우리가 현존하기 때문에 지금의 우주를 본다는 생각을 말한다.

16 스티븐 호킹, 『시간의 역사』, 227~228쪽.

17 어떤 시각의 우주 상태가 주어진다면 그 후의 우주 진화를 정확하게 결정할 수 있는 법칙의 체계가 존재한다는 생각을 말한다.

18 스티븐 호킹, 『시간의 역사』, 253~259쪽.

고전 강연 전체 목록

고전 강연

5 근대 사상과 과학

1판 1쇄 찍음 2018년 3월 16일
1판 1쇄 펴냄 2018년 3월 23일

지은이 곽준혁, 박세일, 강신준, 최장집, 장대익, 홍성욱, 오세정
발행인 박근섭·박상준
펴낸곳 **(주)민음사**

출판등록 1966. 5. 19. 제16-490호
주소 (135-887) 서울시 강남구 도산대로 1길 62(신사동)
    강남출판문화센터 5층
대표전화 515-2000 | 팩시밀리 515-2007
홈페이지 www.minumsa.com

ISBN 978-89-374-3661-1 (04100)
    978-89-374-3656-7 (세트)

NAVER
문화재단

이 책은 네이버 문화재단의 후원으로 만들어졌습니다.